Em busca de El Cid

FUNDAÇÃO EDITORA DA UNESP

Presidente do Conselho Curador
José Carlos Souza Trindade

Diretor-Presidente
José Castilho Marques Neto

Editor Executivo
Jézio Hernani Bomfim Gutierre

Conselho Editorial Acadêmico
Alberto Ikeda
Antonio Carlos Carrera de Souza
Antonio de Pádua Pithon Cyrino
Benedito Antunes
Isabel Maria F. R. Loureiro
Lígia M. Vettorato Trevisan
Lourdes A. M. dos Santos Pinto
Raul Borges Guimarães
Ruben Aldrovandi
Tania Regina de Luca

Richard Fletcher

Em busca de El Cid

Tradução
Patrícia de Queiroz Carvalho Zimbres

© 1989 Richard Fletcher

Título original em inglês: *The Quest for El Cid*.

© 1998 da tradução brasileira:

Fundação Editora da UNESP (FEU)
Praça da Sé, 108
01001-900 – São Paulo – SP
Tel.: (0xx11) 3242-7171   Fax: (0xx11) 3242-7172
Home page: www.editora.unesp.br
E-mail: feu@editora.unesp.br

Dados Internacionais de Catalogação na Publicação (CIP)
(Câmara Brasileira do Livro, SP, Brasil)

    Fletcher, Richard
        Em busca de El Cid / Richard Fletcher; tradução Patrícia de Queiroz Carvalho Zimbres. – São Paulo: Editora UNESP, 2002.

        Título original: The quest for El Cid.
        Bibliografia.
        ISBN 85-7139-406-7

        1. Cid, ca. 1043-1099 2. Espanha – História I. Título

02-3767   CDD-946

Índice para catálogo sistemático:
1. Espanha: História 946

Editora afiliada:

Asociación de Editoriales Universitarias
de América Latina y el Caribe

Associação Brasileira de
Editoras Universitárias

Para Rachel,
cumprindo uma promessa
longamente adiada.

Sumário

Agradecimentos   9

Parte I

1   O problema e o método   13

2   Al-Andaluz   21

3   O rompimento do colar   43

4   Os herdeiros dos visigodos   63

5   Poucos homens numa terra pequena   81

6   Contemporâneos   101

Intervalo

7   As fontes   119

Parte II

8   O campeador   149

9   Exílio em Saragoça   171

10 A invasão almorávida   195

11 O príncipe de Valência 221

12 Meu Cid de Vivar 247

Bibliografia 271

Genealogias 281

Índice remissivo 285

Agradecimentos

A pesquisa preliminar para este livro foi auxiliada por uma subvenção da Hélène Herroys Literary Foundation, que tornou possível uma viagem ao Marrocos, em 1987, bem como por contribuições da Universidade de York às minhas despesas de viagem na Espanha, entre 1986 e 1988. Agradeço a ambas as instituições.

Sou grato ao Sr. John Parker, ao professor George Scanlon e ao Dr. David Wasserstein, por seus conselhos com relação às traduções dos textos árabes e sua interpretação. O professor Colin Smith não apenas foi pródigo com as separatas de seus muitos e admiráveis artigos sobre as questões cidianas, como também teve a gentileza de me emprestar as obras dedicadas à vida e aos escritos de Ramón Menéndez Pidal, que se encontram listadas na nota bibliográfica do Capítulo 12 "Meu Cid de Vivar". Num dos encontros mais bizarros que contribuíram para a elaboração deste livro, o Sr. Charlton Heston compartilhou comigo – num momento inconveniente para ele, no camarim de um teatro provinciano inglês, minutos antes de entrar em cena – suas lembranças de Menéndez Pidal atuando como consultor histórico na filmagem de *El Cid*. O professor Bernard F. Reilly generosamente me enviou uma cópia de seu estudo sobre o reinado de Afonso VI, antes de sua publicação, um presente que em boa hora me auxiliou na revisão final do texto do presente livro. A todos eles, expresso minha calorosa gratidão.

Um longo tempo parece ter passado desde o momento em que, sentado nas pilhas de tijolos de uma estufa semiconstruída, numa noite quente de agosto, em 1975, manifestei, pela primeira vez, minha esperança de um dia vir a escrever um livro sobre El Cid. Sem o auxílio dela, a quem fiz essa confidência, essa tarefa jamais teria sido possível. Este livro é para ela.

Richard Fletcher
Nunnington, York, novembro de 1988

Parte I

1
O problema e o método

No verão de 1099, morreu, na cidade de Valência, na costa leste da Espanha, um homem cujo nome era Rodrigo Díaz, mas que ficou mais conhecido para a posteridade como El Cid. *Cid* deriva-se da transliteração da palavra árabe *sayyid*, significando "senhor", ou "amo", termo esse originalmente usado apenas para designar uma determinada linhagem dos descendentes do Profeta, que mais tarde, entretanto, passou a ser usado de forma mais ampla como um título de cortesia, como se verifica nas formas *Sidi* ou *Si*, ainda usadas, hoje, em muitas partes do mundo de língua árabe. El Cid, portanto, significa "o senhor", "o líder", "o comandante", "o chefe", "o velho", equivalendo, talvez de forma impalatável, a *Caudillo, Duce* ou *Führer*. Ao contrário desses três últimos termos, entretanto, a alcunha *El Cid* nunca foi usada como título oficial durante a vida de seu portador. Na verdade, em sequer sabemos ao certo se esse nome foi usado para designá-lo ainda em vida, embora tudo indique que sim. Ainda que não se possa prová-lo, é bastante razoável supor que os seguidores de Rodrigo se referissem a ele desse modo. O termo apareceu pela primeira vez, nos registros que sobreviveram até nós, num poema em latim composto em celebração da conquista de Almeria, no sudeste da Espanha, pelo imperador Afonso VII de Leão e Castela, em 1147. O autor anônimo, que provavelmente compôs seus versos pouco tempo após o triunfo celebrado por eles, por duas vezes, num espaço de poucas linhas, referiu-se a Rodrigo como *meo Cidi*, "meu Cid", de tal maneira a deixar claro que ele esperava que sua audiência reconhecesse de imediato a pessoa a quem ele se referia. O uso do pronome possessivo chama a atenção, e nos induz a especular. Se um homem pode se referir, informalmente, ao "meu senhor", é razoável supor que outros homens tenham outros senhores, a quem eles irão se referir nos mesmos termos. No tempo de Rodrigo Díaz havia, na Espanha e também em outras partes, muitos senhores, líderes, comandantes ou chefes. Nesse tempo, ele não era único, mas apenas um de uma espécie. Quem eram esses chefes militares do século XI? Em que tipo de mundo eles operavam?

No entanto, se havia muitos *cids*, há apenas um único herói nacional da Espanha (e, mais particularmente, de Castela), El Cid – o guerreiro cruzado que lutou guerras de reconquista para o triunfo da Cruz sobre o Crescente e para liberar a pátria dos mouros. Há, aqui, uma discrepância entre a realidade do século XI e a mitologia posterior. Nos tempos de Rodrigo, havia pouco ou talvez nenhum senso de nacionalidade, de cruzada ou de reconquista nos reinos cristãos da Espanha. O próprio Rodrigo, como veremos adiante, estava tão pronto a lutar ao lado dos muçulmanos contra os cristãos quanto vice-versa. Ele era dono de si e lutava visando seus próprios lucros. Ele era um soldado mercenário. Na linguagem anglo-americana moderna, o termo "mercenário" carrega conotações pejorativas. É bem verdade que os soldados mercenários de hoje – os da África pós-colonial, por exemplo – são uma turma não muito palatável. Seus predecessores do século XI talvez fossem igualmente pouco atraentes: não devemos romantizar o Cid. Seja como for, a palavra "mercenário" será usada neste livro no sentido neutro de "aquele que serve mediante pagamento". Rodrigo ganhava a vida lutando em guerras: ele era um soldado profissional. E nisso, por sinal, ele obteve grande sucesso, mais que muitos e menos que poucos. De origens modestas na aristocracia de Castela Velha, ele prosperou tanto que acabou seus dias como governante independente de um principado que ele havia conquistado para si próprio, situado na região do leste da Espanha conhecida como o Levante, cuja capital é Valência. Como ele o conseguiu? Como e por que a lenda póstuma o transformou naquilo que ele não foi em vida? Por que a imagem assim criada mantém sua vitalidade na mitologia nacional espanhola?

Essas são algumas das questões que este livro discutirá. Até o ponto em que ele tem um argumento a defender, este será o de que pode ser útil interpretar o Cid no contexto de seu próprio tempo, com o auxílio apenas das fontes de evidências contemporâneas (ou quase) a ele. O lugar-comum desse objetivo pode causar surpresa entre os que não estão familiarizados com os estudos cidianos. Mas, no caso do Cid, é peculiarmente difícil desemaranhar a história do mito.

Escrever sobre o Cid é também, inevitavelmente, escrever sobre o mais influente de seus biógrafos modernos, Ramón Menéndez Pidal. No decorrer de uma vida muito longa – à sua morte, em 1968, ele estava a quatro meses de completar cem anos –, Don Ramón contribuiu de forma significativa e duradoura para o estudo da filologia, da literatura e da história espanholas. No que se refere ao estudo do Cid, sua obra-prima é o livro *La España del Cid*, publicado pela primeira vez em 1929 e muitas vezes reeditado. Muito aclamado por ocasião de sua publicação, o livro se transformou, instantaneamente, num *best-seller*, vindo a exercer mais influência que qualquer outro, no que diz respeito à construção de uma visão não apenas sobre o tempo do Cid, mas também sobre a Idade Média espanhola em geral, e sobre sua importância para a história da Espanha, da Europa e da cristandade. Quando já octogenário, Menéndez foi convidado a atuar como consultor histórico na filmagem de *El Cid,* e a linha geral de interpretação adotada por Charlton Heston para representar o herói foi de sua autoria: através das telas de cinema, o Cid de Menéndez Pidal tornou-se conhecido a milhões de pessoas em todo o mundo.

Nos últimos sessenta anos, todos os historiadores que tratam da Espanha do século XI trabalharam à sombra lançada por essa grande e excêntrica obra. Chamei *La España del Cid* de excêntrica porque é isso que ela é. Como tentarei mostrar em capítulo posterior, em um certo sentido, o livro de Menéndez Pidal é um tratado para seu próprio tempo, disfarçado em história. (O mesmo pode ser dito de vários trabalhos históricos notáveis.) Um patriota, cuja terra natal atravessava tempos difíceis, ele presenteou seus patrícios com um herói nacional, do qual eles podiam se orgulhar e a cujas virtudes poderiam aspirar. Para Menéndez Pidal, não havia discrepância entre história e lenda. O Cid histórico era, em caráter e em atos, tão desprovido de faltas quanto o Cid da lenda.

Em diversos pontos deste livro criticarei, de forma explícita ou implícita, a interpretação do Cid e de sua época apresentada por Menéndez Pidal. Desejo apenas, antes de prosseguir, registrar, sem nenhuma ambigüidade, que, por mais que minha versão do Cid difira da dele, continuo a ver Ramón Menéndez Pidal como um dos maiores medievalistas dos tempos modernos, cuja erudição deve sempre inspirar respeito. Entretanto, sua forma de retratar o Cid se apoiava, para apresentar as coisas em termos simples, em dois pilares, um técnico e o outro retórico. O técnico era uma questão de erudição. Menéndez Pidal era um estudioso de grande mérito e muitíssimo respeitado. Ele argumentou, de maneira persuasiva, que determinados textos que apresentavam o Cid em uma perspectiva aparentemente lendária incorporavam, de fato, informações históricas confiáveis, ou porque esses textos haviam sido redigidos mais cedo do que pensavam os críticos, ou porque era possível discernir fragmentos de textos mais antigos incrustados nos de épocas mais tardias. A parte retórica de sua argumentação residia em sua afirmação, muitas vezes repetida, de que havia, no Cid, algo de "verdadeiramente" nacional e espanhol. Ele escreveu numa época – que, em alguns casos ainda não passou – em que os historiadores espanhóis preocupavam-se em identificar e delinear a essência ou a alma da hispanidade. Isso constituiu-se num tópico importante de debate nacional. (Para que não sejamos demasiado rápidos em classificá-lo como uma esquisitice, vale lembrar que nossos antepassados dedicaram muita energia ao debate do caráter verdadeiramente nacional ou inglês, por exemplo, do rei Alfredo.) Por causa dessa preocupação, ele se dispunha a comparar o Cid com personagens análogos, extraídos de outras épocas do passado espanhol, anteriores ou posteriores ao século XI. Pode-se, portanto, dizer que o contexto fornecido por ele para o Cid foi "vertical" – um cenário panorâmico da história espanhola, desenrolandose desde a Antigüidade mais remota até o presente – e não "horizontal", ou seja, constituído dos feitos de europeus de outras terras, no século XI.

Deve, neste ponto, já ter ficado claro que meu modesto propósito de devolver o Cid a seu contexto, seguindo um outro método de investigação, é mais vantajoso, e até mesmo mais necessário do que possa ter parecido, quando enunciado pela primeira vez, algumas páginas antes. O leitor deve se familiarizar com o mundo distante, mas não irrecuperavelmente remoto do século XI, antes que a carreira de Rodrigo Díaz possa se tornar compreensível a ele. O mais conveniente é que a busca por El Cid comece com uma tentativa de reconstruir o cenário social e político em que ele nasceu, o qual deu forma às atitudes e expectativas de um homem de sua posição na hierarquia social e de seu tipo. Essa tentativa implicará fazer nosso exame recuar a épocas muito anteriores ao século XI. Grande parte da Península Ibérica tombou sob o controle islâmico no século VIII: tentaremos, primeiramente, traçar um esboço da história e da cultura dessas regiões. O foco, então, se voltará para o mundo bastante diverso dos modestos principados cristãos do norte da Espanha, dando especial atenção à terra natal de Rodrigo, a Castela Velha. Vale a pena, também, ampliar nosso contexto, lançando um olhar para além dos Pireneus. O Cid, com demasiada freqüência, foi interpretado com base numa perspectiva distorcidamente estreita, exclusivamente espanhola. Mas a Europa do século XI, como um todo, estava repleta de guerreiros aventureiros. A tentativa de descrever alguns dos traços característicos da vida aristocrática, comuns às classes nobres da cristandade, àquela época, significa liberar Rodrigo dos grilhões da adoração patriótica ao herói, servindo como auxílio – o que se espera – a uma apreciação mais justa dele, como homem de seu tempo – um homem notável, por certo, mas de modo algum único. Ficaremos por aqui no que diz respeito aos assuntos contextuais. Nesse ponto, então, uma pausa para respirar. Alguns leitores talvez queiram pular o capítulo de interlúdio, que examina as fontes nas quais se fundamenta nosso conhecimento sobre o Cid histórico; outros talvez se interessem em saber quais são elas e onde seus pontos fortes e suas limitações parecem residir. Pois é nelas que se deve basear o tratamento narrativo da carreira de Rodrigo Díaz, que se seguirá então. Por fim, passarei a examinar – de maneira muito seletiva – o crescimento e a persistência das lendas sobre El Cid, do século XII até os nossos dias.

Isso basta quanto ao método adotado. Algumas palavras devem ser ditas sobre o que este livro não é. Em primeiro lugar, ele não é uma biografia, em qualquer das acepções normais do termo. O historiador do século XI é inevitavelmente limitado por suas fontes que, com pouquíssimas exceções, retratam seus personagens de maneira rígida e chapada, o que não abre espaço para que suas idiossincrasias apareçam. As pessoas do século XI são tão formalizadas nas fontes escritas quanto o são nas tapeçarias de Bayeux. Não possuímos nenhum documento pessoal ou informal sobre o Cid. Jamais saberemos se ele era alto ou baixo, paciente ou de temperamento explosivo, tratável ou arredio, austero ou auto-indulgente, ou qualquer outra coisa que queiramos saber sobre ele como personalidade. As fontes de fato sugerem certos traços de seu caráter, mas eu, de forma deliberada, evitei tirar conclusões, preferindo deixar ao leitor essa tarefa. Este livro, portanto, não é nem poderia ser uma exposição sobre o homem "real". Uma empreitada dessa natureza compete ao psico-historiador ou ao autor de romances históricos, não ao historiador.

Em segundo lugar, este não é um livro destinado a uma leitura acadêmica. Isso não significa que não se pretenda que ele se sustente diante de um exame acadêmico: espero que sim, mas se ele se sustenta ou não cabe a outros julgar. Quero dizer, simplesmente, que, em certos aspectos, falta ao livro o tipo de parafernália com a qual estaria equipado um estudo acadêmico, na acepção plena do termo, sobre o Cid. Dois exemplos são suficientes: a cronologia dos acontecimentos públicos na Espanha do século XI é, em diversos pontos, incerta, estando, conseqüentemente, sujeita a controvérsias acadêmicas. Segui o que a mim parece ser a reconstrução mais plausível e defensável, sem me deter nas dificuldades envolvidas, porque me pareceu que isso poderia ser penoso para o leitor. Assim, por exemplo, a intervenção dos almorávidas nas questões espanholas, que situei em 1089, é datada, por alguns investigadores, no ano anterior. O presente trabalho, entretanto, não parece ser um lugar adequado para justificativas laboriosas de minha escolha dessa data. Tomei, também, a decisão de conservar apenas um mínimo de aparato acadêmico, descartando referências em notas de rodapé e fornecendo, em seu lugar, bibliografias curtas e informais, capítulo a capítulo, visando encaminhar o investigador às minhas fontes. Não deixei de levar em conta "esse sujeito pestilento, o leitor crítico", como o chamou H. W. Fowler, e creio que deva ser possível a ele, com um pouco de persistência, rastrear minhas citações a partir de suas fontes, caso ele assim o queira.

Em terceiro lugar, este livro não é o trabalho de um autor que aborda o tema, como tantos o fizeram, por meio do estudo da literatura espanhola em geral e, em particular, do estudo do grande épico vernáculo dedicado às façanhas do Cid, composto, provavelmente, cerca de um século após sua morte, e conhecido para a posteridade como o *Poema de mio Cid* – obra essa que desfruta, na literatura espanhola, mais ou menos da mesma celebridade que *Beowulf*, a *Canção de Rolando* e os *Nibelungos*, nas literaturas inglesa, francesa e alemã. Nele, ao contrário, o tema é tratado por um historiador praticante que, por acaso, tem interesse na Espanha medieval, mas que tem igual interesse na história de outras partes do mundo medieval cristão e islâmico.

Meu primeiro encontro com o Cid deu-se quando eu tinha cerca de sete anos, nas páginas de um livro intitulado *Wonder Tales of World Heroes* [*Contos maravilhosos de heróis de todo o mundo*], de autoria do reverendo J. Crowlesmith. O livro havia pertencido a meu pai, quando ele tinha a mesma idade, como indica seu nome e uma data escritos na página de rosto, e seu surradíssimo estado sugeria que meu pai havia gostado dele. Esse mesmo volume está hoje dando prazer a meus filhos. Não fui capaz de descobrir o que quer que seja a respeito do Sr. Crowlesmith. Não é façanha de pouca monta ter agradado a três gerações de crianças. Tenho de confessar que seu capítulo sobre o Cid me interessou bem menos que suas narrativas sobre outros heróis – os meus favoritos, de longe, eram "Chuchulain, o mastim de Ulster" e "Grettir, o Forte" –, mas olhando em retrospectiva, quase quarenta anos depois, suponho que uma semente deva ter sido plantada, e por isso tenho razões para ser grato ao Sr. Crowlesmith.

A germinação foi lenta. Em 1963, como estudante universitário, fui de férias à Espanha e visitei Burgos, a cidade ao norte de Castela, nos arredores da qual o Cid cresceu, e que sempre sentiu por ele um interesse de proprietária. O velho monge que me mostrou o monastério de Cardeña, situado nas cercanias e venerado como o mausoléu do Cid e de sua família, referiu-se de maneira reverente, porém confusa, ao "El Thith". Foi em conseqüência dessa viagem que li pela primeira vez, e com imenso prazer, o *Poema de mio Cid*, na admirável tradução em verso de autoria de W. S. Merwin (J. M. Dent, Londres, 1959) que, tempos antes, havia sido lida no Terceiro Programa da BBC. Essa é uma obra que merece ser reeditada. Ela alimentou em mim um florescente interesse pela história medieval da Espanha. Àquela época, havia poucos livros sobre esse assunto em qualquer língua que eu, então, fosse capaz de ler, e meus mentores, em Oxford, não me foram de grande valia.

Após me formar, lancei-me a uma pesquisa sobre determinados aspectos da história eclesiástica da Espanha nos séculos XI e XII. Diversos fatos trouxeram-me de volta ao Cid. Um deles foi a necessidade de ler todas as fontes narrativas compostas nos reinos cristãos da Espanha, durante aquele período. Isso me levou a ler, pela primeira vez, a admirável biografia do Cid, escrita pouco após sua morte, conhecida como a *Historia Roderici*. Um outro fato foi a necessidade, ao estudar a diocese de Salamanca, de descobrir todo o possível sobre Jerónimo, seu primeiro bispo após o restabelecimento da Sé, um antigo companheiro do Cid e bispo de Valência. Após a evacuação de Valência, em 1102, ele retornou ao reino de Leão e Castela, sendo-lhe dado o bispado de Salamanca, que ele governou até sua morte, em 1120. Isso me levou a consultar pela primeira vez *La España del Cid*, de

Menéndez Pidal, na qual o autor dedica algumas páginas a Jerónimo. Achei-a uma obra de absorvente fascínio.

No que se refere à pesquisa, mantive-me ocupado, primeiramente, na preparação de uma tese de doutorado e, então, revisando-a para publicação e, subseqüentemente, escrevendo um outro livro que teve origem num trabalho anterior, sobre um bispo de Santiago de Compostela, no século XII. A elaboração desse último livro terminou em 1982. No entanto, uma descoberta casual, feita dez anos antes, havia trazido à minha atenção, como nunca anteriormente, o Cid e os estudos cidianos. Na primavera de 1972, eu havia deparado com alguns documentos, no arquivo da catedral de Segóvia, que me pareceram ter alguma modesta relação com a acaloradamente debatida questão da data em que teria sido escrito o *Poema de mio Cid*. Ao testar essa hipótese e escrever um artigo para uma revista acadêmica, fui de novo levado a ler as fontes relativas à carreira do Cid, mas dessa vez submetendo-as a um exame mais atento. Quando eu dava os retoques finais nesse artigo, no verão de 1975, tive o pensamento de um dia talvez escrever um livro sobre o Cid. A inclinação casual ganhou força, transformando-se numa decisão, mas outros compromissos adiaram o projeto. Eu mal havia acabado de escrever o livro sobre Compostela, quando fui convidado a escrever um outro sobre os anglo-saxões, que só ficou pronto em fins de 1985. Só no ano seguinte pude pegar a caneta para escrever este livro.

Talvez esse atraso tenha sido salutar. Para dar um curso sobre o Cid e sua era, durante os últimos três anos, fui obrigado não apenas a reler todos os livros relacionados ao tema, mas também a traduzir muitas das fontes originais para que os alunos sem conhecimentos de latim utilizassem. Nada concentra tanto a mente num texto como a tarefa de traduzi-lo. Durante a tradução desse material e, mais tarde, ao expor, defender, modificar ou elaborar minha interpretação sobre ele, acho que aprendi muito.

Dessa inicialmente não planejada e inconscientemente longa gravidez o livro a seguir é filho.

2
Al-Andaluz

Há muito tempo, nos primeiros anos do século VII da era cristã, viveu um homem de negócios de meia-idade que passou a se comportar de forma bastante estranha. Ele começou a vagar sem rumo, sozinho, nos desérticos arredores de sua cidade natal. Ele ouvia vozes falando com ele quando não havia ninguém por perto. Ele viu um anjo de pé no céu. O mesmo anjo visitou-o em sonho, e quase o sufocou com um tecido brocado até que o adormecido pronunciasse as palavras:

> Recita: em nome do teu Senhor que
> criou, criou o Homem de um
> coágulo de sangue.
> Recita: E teu Senhor é o mais
> generoso, que ensinou pela
> Palavra, ensinou ao Homem o que
> ele não sabia.

Quando acordou, lembrou-se ele, "era como se essas palavras estivessem escritas em meu coração".

A cidade era Meca, e o nome do homem, Maomé. Como resultado desses misteriosos acontecimentos, o curso da história do mundo foi mudado.

O respeitado orientalista francês Ernest Renan (morto em 1892) fez a audaciosa afirmação de que o Islã nasceu e cresceu "à plena luz da história". Maomé, ao que lhe parecia, era mais acessível a nós do que, por exemplo, Jesus (sobre o qual Renan escreveu um estudo notoriamente polêmico, publicado em 1863). É certo que, a um olhar superficial, os indícios que chegaram até nós, relativos à vida e aos ensinamentos de Maomé, parecem confirmar essa afirmação, uma vez que ela é ampla e diversificada – as revelações contidas no Corão, diversas biografias do Profeta escritas nos primeiros tempos do islamismo, relatos da expansão islâmica de autoria de historiadores árabes da época, os comentários de cristãos contemporâneos a esses acontecimentos, redigidos em grego ou siríaco. A interpretação desses indícios, entretanto, nos coloca dificuldades tremendas. Os estudiosos de hoje tendem a ser muito mais circunspectos que Renan. Um juízo recente, formulado por Fergus Millar, um acadêmico de renome, sugere que a ascensão do Islã foi "uma das seqüências de acontecimentos mais profundamente ininteligíveis da história". O contraste entre essas duas opiniões reflete não apenas um século de estudos meticulosos, mas também uma mudança mais ampla na moral européia. O otimismo quase leviano do século XIX cedeu lugar à resignação acabrunhada do século XX.

As origens e o crescimento do Islã são de fato extremamente difíceis de ser explicados, mas os fatos não são objeto de controvérsia. A pregação de Maomé teve início logo após suas primeiras revelações, por volta de 610. Em 622 ele deixou Meca, dirigindo-se a Medina, a famosa *Hijra* (Hégira), ou migração que, desde então, passou a marcar o Ano I do calendário muçulmano. À época de sua morte, em 632, a comunidade fundada por ele já englobava muitas das tribos que habitavam a Península Arábica. Um novo poder havia nascido. Nas gerações seguintes, os califas que sucederam à liderança do Profeta – e a palavra árabe *khalifa* significa simplesmente "sucessor" – concentraram as energias militares dessas tribos sobre os povos sedentários do Crescente Fértil. Àquela data, essa área era dominada pelas duas superpotências do mundo antigo, os impérios persa e romano. Entre 633 e 651, a Pérsia foi derrotada pelo Islã e invadida em uma série de campanhas-relâmpago, e o domínio islâmico, no Oriente, atingiu as terras que correspondem ao atual Afeganistão. Nos primeiros anos do século VII, o Império Romano consistia nas terras ao sul e a leste do Mediterrâneo, indo da Grécia e dos Bálcãs, através da Ásia Menor, da Síria, da Palestina e do Egito, entrando pelo norte da África e chegando até pontos remotos do atual Marrocos. (Muitas vezes referimo-nos a ele como o Império Bizantino, nome esse derivado do vilarejo sobre o qual foi construída a capital do Império, Constantinopla, mas seus governantes referiam-se a si próprios como imperadores romanos. As províncias ocidentais do Império haviam sido tomadas por invasores germânicos em tempos anteriores.) Entre 634 e 638, a Palestina e a Síria foram conquistadas pelos exércitos islâmicos. O Egito também foi conquistado nos anos 640-642 e, no ano seguinte, as forças árabes começaram a penetrar nas províncias que formam o atual estado da Líbia.

Assim, vinte anos após a morte de Maomé, seus seguidores haviam destruído um antiqüíssimo Império e tomado grandes territórios de um outro. Cidades poderosas como Antioquia e Alexandria caíram em mãos muçulmanas. Os locais mais sagrados da cristandade, os lugares santos de Jerusalém e da Palestina, foram perdidos: só mais de quatro séculos depois os exércitos cristãos tentariam recuperá-los.

A expansão ocidental do Islã não parou no Egito e na Líbia. Logo os exércitos árabes começaram a forçar caminho por entre as terras que hoje são a Tunísia e a Argélia. A cidade de Kairouan, ao sul da atual Túnis, foi fundada em 670. Os ataques atingiam territórios cada vez mais a oeste: eles chegaram a Tlemcen, na Argélia Ocidental, em 675 e, em 683, o comandante de um desses ataques penetrou até o Atlântico, próximo a Agadir, ao sul do Marrocos. Os árabes haviam atingido o limite do mundo conhecido. No entanto, a conquista islâmica de Magreb, na parte ocidental do Norte da África, mostrou-se uma empreitada muito mais lenta que as extraordinariamente rápidas conquistas do Oriente Médio. Isso porque, no extremo ocidental, os árabes depararam com a resistência ferrenha dos berberes. Os berberes, em séculos anteriores, haviam resistido de forma obstinada às tentativas de incorporá-los à cultura dos romanos. Os gregos e romanos do antigo Mediterrâneo chamavam de "bárbaros" a todos os estrangeiros, palavra essa que macaqueava o rude falar desses povos. Apenas em Magreb esse rótulo permaneceu desde então até os dias de hoje: "berbere" deriva-se de *barbari*, bárbaro. O alcance político do Império Romano do Ocidente, um dia, se estendera de fato para além de Cesaréia (Cherchel, a oeste de Argel), ao longo de uma faixa costeira cada vez mais estreita, que atravessava a província da Mauritânia Tingitana, passando por sua capital, Tingis (Tânger), e descendo a costa atlântica até Sala (Salé, nos arredores de Rabat); e um precário domínio imperial na região em torno de Septem (Ceuta), restaurada por Justiniano no século VI, sobreviveu até o final do século VII. Mas as marcas características da civilização romana estavam ausentes. Havia poucas cidades que, além disso, eram pequenas. A religião oficial do mundo romano tardio, o cristianismo, deixara poucas marcas. Os berberes não quiseram ser civilizados pelos romanos, tampouco queriam ser dominados pelos árabes. Eles acabaram sendo conquistados pelos árabes, mas lentamente, ao longo de um período de cerca de quarenta anos (entre 670-710), e com dificuldade, e sua assimilação à emergente cultura islâmica foi ainda mais gradual.

É importante enfatizar esse ponto, uma vez que a chamada conquista árabe ou islâmica da Espanha, nos primeiros anos do século VIII, foi árabe ou islâmica apenas em parte: ela foi especialmente berbere. Ela se deu da seguinte maneira. No ano 711, Musa, o governador árabe da província de Ifrikya – isto é, o Magreb –, enviou um ataque à Espanha, através do Estreito, sob o comando de um certo Tarik (que, ao que se diz, deu seu nome a seu ponto de chegada: *jebel Tarik*, "o rochedo de Tarik", Gibraltar). A força enviada era pequena e a expedição pretendia ser apenas exploratória. No vale inferior do Rio Guadalquivir, talvez não muito longe de Medina Sidônia, Tarik deparou, no mês de julho, com um exército comandado pelo rei visigodo da Espanha, Roderic, ou Rodrigo. À época da invasão, o rei encontrava-se longe dali, ao norte da Espanha, lutando contra os bascos. O exército que ele comandava para enfrentar os invasores havia sido reunido às pressas, as tropas estavam cansadas e, provavelmente, não eram numerosas. No embate que ocorreu, Roderic foi derrotado de forma decisiva e morto, sem deixar um sucessor óbvio. Tarik se apressou a tomar posse da capital, Toledo. Esses acontecimentos totalmente inesperados logo em seguida trouxeram Musa à Espanha, acompanhado de um exército muito mais numeroso. Em uma série de campanhas travadas entre 712 e 715, ele e Tarik conquistaram a maior parte da Península Ibérica, antes de serem chamados de volta a Damasco pelo califa. Seus sucessores completaram o trabalho: por volta do ano 720, toda a Península estava sob o controle dos invasores. A presença islâmica na Espanha, que de uma maneira ou de outra perduraria por grande parte de um milênio, deixando uma marca profunda na cultura espanhola, começou quase por acidente, o sucesso casual em uma única batalha.

Isso, por sua vez, nos diz algo acerca do reino conquistado por Tarik e Musa. Uma longa tradição de escritos históricos espanhóis, de índole patriótica – ainda bem viva, em certos ambientes – tentou apresentar esses acontecimentos a partir de uma perspectiva moralizante. Um bode expiatório tinha de ser encontrado, para carregar a culpa pelo colapso do reino visigótico. O rei Roderic, segundo o boato de tempos posteriores, havia seduzido a filha de um certo conde Juliano, que então convidara Tarik a vir à Espanha para ser o instrumento de sua vingança contra o rei. Essa história é um mito. Outros afirmaram que, no final do século VII e início do século VIII, havia algo de decadente no reino visigótico. A conquista podia então ser apresentada como uma conseqüência, e até mesmo como castigo para os vícios da elite que governava a Espanha; seus resultados trariam a purificação mediante o sofrimento paciente, seguida, à maneira de Fênix, da ascensão de um espírito renovado, limpo e vital, dedicado à nobre tarefa da resistência e da renovação nacionais. Esse é um mito patriótico reassegurador; para o historiador, ele não passa, em poucas palavras, de tolice.

Não havia nada de decadente no reino visigótico da Espanha. Os visigodos haviam invadido e conquistado a Espanha na década de 470. Eles eram um povo germânico ocidental, que já vivia, há cerca de um século, dentro das fronteiras do Império Romano, período esse no qual eles adotaram boa parte do aparato da civilização romana, notadamente sua religião. Eles admiravam o modo de vida romano e adotaram-no por completo. A Espanha visigótica era o mais romanizado dos estados sucessores do domínio romano surgidos nas províncias da Europa Ocidental. Logo após a conquista visigótica, em 483, uma inscrição foi gravada em pedra, em Mérida, registrando o conserto de uma ponte romana sobre o Rio Guadiana. A obra foi realizada por um funcionário visigodo do governo local, a pedido do bispo católico, Zeno. Esse episódio simboliza a determinação dos godos em manter o aparato da civilização romana. Em questões de governo, economia e cultura, entendida na acepção mais ampla, havia um grau muito maior de continuidade do romano para o pós-romano na Espanha visigótica do que o havia na Gália franca ou na Inglaterra anglo-saxã. O nome de rei Recceswinth pode soar rude a nossos ouvidos, mas foi ele que, sob o nome de Flavius Reccesvintus Rex, promulgou, no ano de 654, o mais sofisticado código legal produzido nos primórdios da cristandade medieval do Ocidente. Seu antecessor, o rei Sisebut (morto em 621), era um homem culto que escrevia, em latim, verso e prosa de qualidade. A cultura latina da Espanha do século VII, da qual Isidoro, o bispo polimático de Sevilha (morto em 636) era o luminar, era a mais rica da Europa Ocidental. Uma notável série de arcebispos da Sé Primacial de Toledo presidiu sobre uma sucessão de concílios, que redigiu uma legislação impressionante, tanto por seu volume quanto por sua qualidade, para servir de orientação à igreja espanhola. Os religiosos do século VII ocupavam-se de atividades diversas: eles elaboraram uma liturgia esplêndida, fundaram inumeráveis monastérios, escreveram sobre teologia e impuseram, de forma vigorosa, a observância do cristianismo sobre uma população rural apenas em parte cristianizada. Os, infelizmente, poucos edifícios, esculturas e peças de joalheria que sobreviveram, chegando até nós do período visigótico, sugerem uma rica cultura artística.

Isso não quer dizer que tudo fosse harmonia no estado e na sociedade visigótica. Como aconteceu no restante do mundo mediterrâneo, é provável que a Espanha estivesse começando a passar por uma longa depressão econômica, a partir, aproximadamente, do ano 600. Os sintomas dessa depressão, especialmente o abandono das cidades, vêm sendo trazidos à luz pelos arqueólogos. Suas causas permanecem obscuras, embora a mais importante delas talvez tenha sido a chegada da peste bubônica às costas do Mediterrâneo, em meados do século, que se tornou endêmica durante os dois séculos seguintes. Os efeitos dessa depressão devem ter sido debilitantes. Como as demais monarquias dos primeiros tempos da Idade Média, os reinos visigóticos eram basicamente instáveis. Não havia convenções claras para reger a sucessão ao trono, e eram comuns, nas camadas mais altas da aristocracia, as guerras entre as facções que apoiavam candidatos rivais. Ao que parece, Roderic, nos anos 710-711, foi confrontado por rivais do nordeste do reino, que talvez tenham contribuído para sua derrota, de forma direta ou indireta. O reino era menos unido do que nossas fontes parecem sugerir. É significativo que, à época da invasão de Tarik, o rei Roderic estivesse a centenas de quilômetros de distância, ocupado em tentar subjugar, como tantos governantes espanhóis antes e depois dele, esse povo notoriamente insubmisso, os bascos. Uma outra minoria presente na Espanha era a comunidade judaica, ao que parece bastante numerosa nas cidades do leste e do sul (que sempre foram mais prósperas e sofisticadas que as do oeste e do norte). Por razões nunca esclarecidas, os judeus foram submetidos a selvagens perseguições pelas autoridades visigóticas, especialmente no final do século VII. Seu sofrimento fez que eles olhassem para as hostes de Tarik e Musa como libertadoras, e é possível que eles tenham contribuído para a rapidez da conquista.

Grande parte da cultura romano-gótica da Espanha foi destruída no século VIII. A imagem popular da Espanha mourisca é a de uma terra de abundância e tranqüilidade, onde mesquitas e palácios se erguiam em meio a cidades populosas e bem governadas, cercadas por campos irrigados e laranjais, e onde cortesãos discutiam poesia em frescos jardins. Talvez essa imagem, vez por outra, tenha correspondido à realidade em alguns lugares e em uma data posterior. A realidade dos séculos VIII e IX era totalmente diversa. Há três pontos que devem ser ressaltados. Em primeiro lugar, a história social e política desse período foi de extrema turbulência. Em segundo, o surgimento de uma sociedade distintamente islâmica, na Espanha, foi gradual. Em terceiro, os passos em direção àquilo que viria de fato a se tornar uma sociedade esplêndida foram lentos e hesitantes.

Dentre os invasores, os berberes formavam as tropas e um número muito menor de árabes fornecia a liderança. Quantos eram eles? A estimativa mais recente sugere que pelo menos entre 150 mil e 200 mil guerreiros árabes e berberes migraram para a Espanha no século VIII. Esses números devem ser multiplicados em muitas vezes para incluir mulheres, filhos, escravos e outros dependentes. Em outras palavras, é possível que um milhão de imigrantes tenha se estabelecido na Espanha no decorrer daquele período. No cômputo geral, os berberes talvez superassem os árabes numa proporção de até dez para um. Na colonização que se seguiu à conquista, a minoria árabe tomou para si todos os territórios mais ricos do sul, reservando para a maioria berbere, politicamente menos poderosa, as terras menos lucrativas do centro e do norte. Não é de surpreender que tenha havido fricção entre esses dois grupos. Na década de 740, os berberes se rebelaram contra os árabes e uma guerra civil eclodiu. As lutas duraram, intermitentemente, pelos vinte anos seguintes. Os próprios berberes estavam longe de ser unidos. Sua sociedade era tribal, sendo sua unidade social básica o *qawm* (fração, ou clã), formado por várias centenas de "tendas", ou famílias. Esses clãs deixaram sua marca em muitos nomes de lugares da Espanha, por exemplo a pequena cidade aragonesa de Mequinenza, no vale do Ebro, a jusante de Saragoça, retira seu nome do *qawm* berbere Miknasa. A coesão de qualquer *qawm* era mantida por aquilo a que os antropólogos chamam de casamento endogâmico, ou seja, casamentos dentro de um mesmo grupo. No entanto, mulheres de um *qawm* podiam ingressar em um outro casando com um de seus membros, e elas traziam consigo seu dote nupcial.

A atração ou a captura de mulheres era uma das principais maneiras usadas por um *qawm* para aumentar sua riqueza e seu prestígio à custa dos demais. Uma outra maneira era o roubo de gado, do qual dependia, em grande parte, a economia predominantemente pastoril dos berberes. Ambos os tipos de rivalidade podiam levar a prolongadas e violentas guerras intertribais. A autoridade política acima do nível dos anciãos de cada *qawm* era desconhecida para eles. A sociedade berbere era "segmentária". Guerras tribais constantes eram a norma.

Para complicar ainda mais as coisas, havia dissensões em meio à elite árabe, e a confusão foi ainda agravada pelos perturbadores acontecimentos do meado do século VIII, quando, em 745-750, a dinastia dos califas Umayyad, de Damasco, foi derrubada pela dinastia rival dos Abbasid (que descendiam e levavam o nome do tio de Maomé, al-Abbas). O primeiro califa Abbasid era conhecido pela alcunha al-Saffah, "o derramador de sangue", pela sua inclemente perseguição e eliminação dos membros da família Umayyad deposta. Um desses membros, entretanto, conseguiu escapar das garras de al-Saffah, um jovem de nome 'Abd al-Rahman que, após uma série de aventuras eletrizantes, conseguiu chegar até Magreb. De lá, ele atravessou o mar, chegando à Espanha em 756. Ele armou um golpe militar, depôs o último dos governantes nominalmente leais à autoridade do califa e proclamou a si próprio amir de al-Andaluz (o nome árabe para a área da Península Ibérica sob controle islâmico). A partir dessa data, a Espanha permaneceria politicamente independente das sedes do poder islâmico do Oriente Médio.

A dinastia de 'Abd al-Rahman iria governar o al-Andaluz por dois séculos e meio. Ela produziu alguns governantes de grande competência que, de Córdoba, presidiam uma das civilizações mais ricamente criativas já vistas na Europa. Mas tudo isso, deve-se ressaltar, ainda estava por vir. Sobrevivendo de forma precária, em princípio, os novos governantes só gradualmente conseguiram ampliar o alcance territorial de sua autoridade, e os obstáculos a seu progresso provinham não apenas da resistência das tribos berberes, mas também de lutas recorrentes dentro da própria família, e de disputas sangrentas pela sucessão ao cargo de amir.

O desenvolvimento de uma sociedade islâmica na Espanha ocorreu, como é óbvio, pela conversão de grande número de pessoas ao Islã. É provável que poucos, dentre os berberes, fossem muçulmanos à época da invasão, e havia também os cristãos e judeus naturais da Península.

Em que ritmo as pessoas se converteram de suas religiões anteriores à fé islâmica? Em tempos recentes, algumas pesquisas tentaram responder a essa difícil pergunta. Seus resultados, embora em um certo grau especulativos, como não poderia deixar de ser, dada a natureza dos indícios existentes, sugerem que, na Espanha, apenas 8% da população era muçulmana por volta do ano 800; que essa proporção subiu para 12,5% em 850; que ela saltou para cerca de 25% por volta de 900 e para 50% em 950, antes de atingir seu máximo de 75%, por volta do ano 1000. O período de transferência de afiliação religiosa mais intensa, portanto, ocorreu por volta de 850 e de 950. É possível afirmar que o material estatístico que leva a essa conclusão – com base apenas nos padrões verificados nos nomes próprios – talvez seja corroborado por indícios de outros tipos. Sob a lei islâmica, cristãos e judeus, sendo "Povos dos Livros", são tolerados. As comunidades cristãs que continuaram a viver sob o domínio islâmico, em al-Andaluz, eram conhecidas como moçárabes. No meado do século IX, um certo número de moçárabes cristãos de Córdoba, preocupados com a crescente atração exercida sobre seus correligionários pela cultura árabe e pela fé islâmica, buscou o martírio de forma deliberada, insultando em público o Profeta e seus ensinamentos. É plausível pensar que a época em que ocorreu esse bizarro episódio tenha relação com o crescimento do número das conversões ao islamismo. O mesmo pode-se dizer da migração de grandes números de moçárabes, que deixaram al-Andaluz para ir viver em outros lugares governados por autoridades políticas cristãs, o que foi um traço marcante desse período, especialmente dos anos entre, aproximadamente, 870 e 940, em reação, ao que parece, à rápida islamização da sociedade andaluz. Indícios arquitetônicos apontam na mesma direção: as ampliações sucessivas da grande mesquita de Córdoba – uma das glórias da arte islâmica – foram efetuadas, ao que se pode supor, para abrigar uma congregação de fiéis cada vez maior.

As conversões contínuas, seguidas da integração gradual dos convertidos à condição plena de crentes sob a lei islâmica, foram uma das principais bases sobre as quais repousava o poder paulatinamente crescente dos amires de Córdoba. Os convertidos passaram a representar, por assim dizer, uma nova clientela social. Seus integrantes eram definidos por religião e cultura, e não por etnia e lealdades tribais, formando um público interessado na estabilidade, que podia servir ao governo de formas úteis e pacíficas, como funcionários administrativos, coletores de impostos ou advogados. (É verdade que esses papéis podiam ser desempenhados também pelos que não se haviam islamizado: os cristãos moçárabes remanescentes e os judeus.)

A barganha tácita assim firmada era vantajosa para os novos servidores do amir, já que eles podiam enriquecer servindo o estado. E era conveniente também para os seus senhores, uma vez que as relações monetárias dissolvem as velhas lealdades tribais: burocratas assalariados e soldados profissionais são apoios mais confiáveis, para um governo, que os membros de clãs dilacerados por vendetas. Relações dessa natureza tornaram-se possíveis em razão do desenvolvimento da economia de al-Andaluz. Os tempos difíceis da longa recessão econômica, pela qual todo o mundo mediterrâneo parece ter passado por volta de 600 e de 800, chegaram ao fim, dando lugar a uma lenta melhoria do clima econômico, ao longo do século IX. Tanto as causas quanto os estágios dessa recuperação econômica continuam misteriosos, mas temos que postular a ocorrência dessa recuperação, mesmo que unicamente para explicar a riqueza e o otimismo do século X.

No ano de 948, um viajante árabe, de nome Ibn Hawkal, visitou a Espanha. Cerca de vinte anos depois, ele compôs um manual geográfico, com o ambicioso título de *Descrição do mundo*, que incluía um relatório sobre a Espanha, com base em suas viagens por aquelas terras. Ibn Hawkal era um homem inteligente e observador, e se queremos descobrir como era o al-Andaluz do século X, o melhor a fazer é nos colocarmos em suas mãos.

O que primeiro chamou a atenção de Ibn Hawkal foi a prosperidade geral de al-Andaluz.

> Há *algumas* terras não cultivadas, mas a maior parte do país é cultivada e densamente povoada ... A abundância e o contentamento governam cada aspecto da vida. A posse de bens e os meios de adquirir riquezas são comuns a todas as classes da população. Esses benefícios estendem-se até mesmo aos artesãos e aos trabalhadores braçais, graças aos impostos leves, ao bom estado do país e à riqueza de seu governante – pois ele não tem necessidade de cobrar impostos e taxas pesados.

Ele estava certo ao ver como indicador de toda essa prosperidade a grande quantidade de dinheiro em circulação. A partir do século VIII, a única moeda cunhada na Espanha muçulmana era o *dirhem* de prata, mas na década de 920, Abd al-Rahman III inaugurou um período de bimetalismo, dando início à cunhagem de moedas de ouro chamadas *dinars*. A proporção era de dezessete *dirhems* para um *dinar*, compatível com a proporção praticada no restante do mundo islâmico e no Império Romano do Oriente – o que, por si só, já indica que al-Andaluz era agora parte de uma comunidade comercial mais vasta. A casa da moeda estatal, situada em Córdoba, controlava o peso, a qualidade e o desenho das moedas. O volume de moedas em circulação parecia ser muito grande, o que também indica um comércio próspero, uma vez que apenas uma balança comercial favorável poderia explicar um influxo de metais preciosos capaz de sustentar uma circulação monetária de grandes proporções.

Em última análise, a prosperidade andaluz era baseada na agricultura. Ibn Hawkal ficou muito impressionado com o que viu:

> A terra é bem irrigada, ou pela chuva, que é coletada em boas quantidades na primavera, ou por canais, dos quais há uma rede estupenda, e muito bem cuidada.

Havia dois tipos de irrigação na Espanha medieval. O primeiro deles era gravitacional: o fluxo d'água descendo de sua fonte, em rio ou cisterna, era controlado também por uma rede de canais ou calhas. O tipo mais complexo usava energia: a água era extraída de sua fonte de forma artificial, por meio de uma roda equipada com conchas e baldes e, então, distribuída conforme necessário. Esse foi o modo de irrigação celebrado, entre outros, pelo poeta Ibn Waddah, de Múrcia (morto em 1136), em seu poema *A roda d'água*:

> Ah, aquela que chora enquanto o jardim ri,
> Quando ela derrama suas torrentes de lágrimas.
> O que surpreende a quem a olha é isto:
> O rugido do leão e as contorções da serpente!
> Ela forma lingotes de prata com a água da lagoa,
> E faz-nos crescer nos jardins, na forma de *dirhems*!

Raras vezes, se é que alguma, a horticultura comercial foi tão eloqüentemente cantada.

Há muita polêmica a respeito das origens da tecnologia de irrigação espanhola. Parece provável que os sistemas que utilizavam energia – em especial aqueles nos quais uma roda horizontal, movida por força humana ou animal, era articulada a uma roda hidráulica vertical – tenham tido origem na Síria, no século IX. No espanhol moderno, a quase totalidade dos termos da irrigação é de origem árabe: por exemplo, as duas palavras mais comuns para indicar uma roda hidráulica, *noria* e *aceña*, são ambas derivadas do árabe. Ambas, incidentalmente, deixaram suas marcas nos nomes geográficos espanhóis, como La Nora, próxima a Múrcia. Alguns dos sistemas de irrigação de al-Andaluz eram de grande engenhosidade. Os moinhos fluviais móveis nos soam como o mais notável dentre todos eles. O famoso geógrafo do século XII, Idrisi, registrou a presença de moinhos móveis nos rios Ebro e Segura, em Saragoça e Múrcia, respectivamente. Eles eram montados sobre plataformas atracadas à margem, que podiam ser movidas a fim de melhor aproveitar os trechos mais rápidos da corrente.

Ibn Hawkal ficou particularmente impressionado com as mulas da Espanha, usadas para tração e transporte. Segundo sua avaliação, elas eram ainda melhores que aquelas criadas em outras regiões famosas pela excelência de suas mulas, como a Armênia e a Geórgia. Os haras mais notáveis ficavam na ilha de Majorca. As mulas de Majorca chegavam a alcançar um preço de 150 a 200 *dinars*.

Ibn Hawkal não nos conta muito sobre as lavouras, mas essa falha pode ser suprida em outras fontes. A mais importante destas é a obra conhecida como o *Calendário* de Recemundo. Este era um moçárabe cristão, natural de Córdoba, que teve uma bem-sucedida carreira de servidor público, sob 'Abd al-Rahman III, e terminou seus dias como bispo da comunidade cristã de Elvira (o nome da cidade que antecedeu a Granada). Por volta do ano 960, ele patrocinou um trabalho que, mais tarde, viria a ser conhecido como o *Calendário de Córdoba*, rico em informações sobre modos de cultivo, técnicas agrícolas e lavouras. O *Calendário* de Recemundo contém o mais antigo dos registros que possuímos sobre diversas culturas introduzidas na Espanha pelos árabes: arroz, cana-de-açúcar, berinjela, melancia e banana, por exemplo. Algumas delas dependiam da irrigação. O arroz, por exemplo, era uma especialidade da região em torno de Valência, onde os sistemas de irrigação já eram sofisticados: não é à toa que a *paella* é uma invenção valenciana. Havia diversas outras culturas novas, não mencionadas por Recemundo, mas atestadas por outras fontes do século X e XI, como o trigo de grão duro, o algodão, o espinafre, a alcachofra, as laranjas, os limões e as limas.

Podemos ter um vislumbre do que parece ter sido uma revolução agrícola no al-Andaluz desse período. Uma exploração mais intensa da terra tornou possível aumentar a produtividade. A irrigação, em particular, tornou mais longa a estação de plantio – na Espanha mediterrânea é possível obter quatro safras de legumes por ano, em uma terra bem lavrada e irrigada – e tornou os agricultores menos dependentes de fatores imprevisíveis, como o clima. Rendimentos mais altos e mais estáveis daí resultaram e a maior prosperidade trouxe mais confiança. Isso, por sua vez, aliado aos impostos leves observados por Ibn Hawkal e o mercado livre, de terras e mão-de-obra, incentivou as inovações e a experimentação agrícola. Tudo isso era propiciado pelo mundo cultural unitário do Islã clássico, no qual as viagens eram fáceis e o conhecimento difundia-se com rapidez. E esse mundo era de fato grande. Málaga exportava figos para Bagdá. Uma história contada por Ibn Hayyan, historiador do século XI, sobre o vizir Almanzor (morto em 1002) começava assim: "Um mercador do Oriente, que negociava jóias, chegou uma vez a Córdoba, vindo de Aden...". Um mercador judeu que vivia no Cairo, por volta do ano 1000, vendia na Espanha corantes vindos da Índia. Um de seus contatos pode muito bem ter sido um homem como Abu-Abdallah al-Andaluzi, mercador de Denia, ao sul de Valência, de cujas viagens circulares que, anualmente, o levavam ao Egito e à Sicília temos notícias em uma carta escrita no início do século XI. A sepultura de um mercador de Alexandria foi descoberta em Almeria.

A maior variedade de culturas agrícolas fez mais do que simplesmente diversificar a gastronomia. (Pensem em como seria desolador um mundo sem limões e espinafre.) Uma dieta melhor e mais variada proporciona uma população mais sadia. O trigo de grão duro, o principal ingrediente do macarrão, cresce em condições mais secas que o trigo de grão macio, usado para fazer pão, e pode ser estocado por um tempo prodigiosamente longo por causa do baixo teor de água do grão. Al-Razi (morto em 955) conta que, nos arredores de Toledo, ele podia ser estocado, sem apodrecer, por mais de sessenta anos; e era transmitido como herança, de pai para filho, como os demais tipos de propriedade. Lavouras desse tipo contribuíam para afastar a ameaça das fomes. A prosperidade significava casamentos em uma idade mais precoce, famílias maiores, diversificação, oportunidades, lazer.

O crescimento demográfico, impulsionado por uma base agrária florescente, explica as populosas cidades de al-Andaluz e suas dinâmicas economias. Ibn Hawkal conta que Córdoba tinha quase a metade do tamanho de Bagdá que, à sua época, era, provavelmente, a maior cidade do mundo. A população de Córdoba, numa estimativa conservadora, pode ter sido de cerca de cem mil pessoas, no século X, o que a teria colocado lado a lado com as outras grandes cidades do mundo mediterrâneo, Constantinopla, Palermo e Cairo. Ela, provavelmente, era pelo menos cinco vezes maior que as maiores cidades do Norte da Europa (dentre as quais Londres talvez já fosse a mais populosa). É provável que, depois de Córdoba, a maior cidade de al-Andaluz fosse Sevilha, com uma população de talvez sessenta mil pessoas. Toledo pode ter tido a metade desse tamanho. Valência, Granada e Málaga talvez tivessem, cada uma delas, entre quinze mil e vinte mil habitantes; Badajoz, Lisboa e Saragoça podem ter atingido entre doze mil e quinze mil. Esses números não passam de aproximações, uma vez que as fontes que sobreviveram até nós não permitem estimativas confiáveis, mas elas são úteis, pelo menos, para fins de comparação. Córdoba, a sede do governo, ultrapassava de longe todas as demais cidades espanholas do século X, embora seja possível que, no século XI, já não fosse assim, como veremos a seguir. As cidades mais populosas e mais ricas eram, de modo geral, as do Sul e do Leste, contrastando com as do Norte e do Oeste, que eram bastante modestas. Toledo era a exceção que confirmava a regra.

Aquele era um mundo de cidades em rápida expansão. Almeria foi fundada por 'Abd al-Rahman III, em 955; cinqüenta anos depois, ela, provavelmente, já era uma das "dez mais", e já vimos provas da abrangência geográfica de seu comércio. Entre as indústrias de al-Andaluz, Ibn Hawkal ficou particularmente impressionado com o que hoje chamaríamos, de maneira geral, de artigos de luxo – têxteis, marfim, cerâmica, trabalhos em metal, madeiras finas – e pelos seus produtos de couro. O linho espanhol era exportado para o Egito. Sedas de diversas qualidades, da mais grossa e áspera às de textura mais fina, eram tecidas e tinham grande procura. Quando o vizir Almanzor quis recompensar os nobres cristãos que o acompanharam no saque à cidade de Santiago de Compostela, em 977, ele distribuiu entre eles "2.285 peças do material feito de seda conhecido como *tiraz*, de vários padrões e cores". Os artigos de luxo produzidos em al-Andaluz, hoje exibidos em museus de todo o mundo, são suficientes para nos dar uma idéia, por mais vaga que seja, daquilo que foi perdido. Quanto a outros produtos, só podemos conhecê-los lendo sobre eles: os instrumentos musicais que eram uma especialidade de Sevilha, por exemplo, ou o papel produzido na única fábrica de papel existente na Europa, situada em Játiva.

Outras mercadorias tinham ainda menor possibilidade de resistir ao impacto do tempo: poucas coisas são tão perecíveis quanto o corpo humano. Escravos eram importados para a Espanha, e uma alta proporção deles era reexportada. Aqui fala novamente Ibn Hawkal:

> Um importante produto de exportação são os escravos, homens e mulheres jovens, trazidos da França e da Galícia, e também eunucos eslavos. Todos os eslavos eunucos existentes no mundo são trazidos da Espanha. Eles são castrados neste país, e a operação é feita por médicos judeus.

Quando João, abade de Gorze, na Lorena, foi enviado por Oto I da Alemanha em uma embaixada a Córdoba, em 953, ele levou mercadores de Verdum como guias; quando Recemundo de Elvira foi enviado de Córdoba à corte de Oto I, três anos mais tarde (por razões relacionadas à missão anterior de João), ele fez o mesmo. Esses mercadores de Verdum, quase certamente, eram comerciantes de escravos, pois é ainda um outro homem daquela época, o bispo Liudprand, de Cremona – que encontrou Recemundo na Alemanha, em 956 –, que relata que os mercadores de Verdum auferiam imensos lucros do comércio de escravos. Podemos reunir, a partir de uma variedade de indícios esparsos, uma quantidade razoável de informações sobre esse tão pouco atraente tráfico (que, por sinal, consistia, quase certamente, na maior atividade comercial dos primórdios da Idade Média européia). Os escravos provinham, principalmente, da grande faixa de território indomado que se estendia ao leste da Alemanha, as terras dos eslavos. (Nossa palavra "escravo" deriva da designação étnica *sclavus*, "um eslavo"; comparar com *esclave*, em francês.) É provável que os primeiros caçadores de escravos tenham sido especialmente escandinavos. Os escravos eram distribuídos para o Oriente e para o Ocidente, e Praga era o principal entreposto para os mercados ocidentais. Lá, os mercadores de Verdum (e, sem dúvida, de outras cidades) assumiam o comando, e começava então uma longa viagem, por terra e por mar, que levava à Espanha. Seria fácil e enganoso supor que tinham melhor sorte os que morriam no caminho. Os escravos importados para a Espanha, e que lá permaneciam – pois muitos eram reexportados para o Norte da África – não eram, em geral, utilizados para trabalho braçal. Grande parte deles era convocada para os exércitos de al-Andaluz. Um número menor, embora ainda considerável, era treinado para prestar serviços ao governo, na burocracia ou na administração doméstica da corte. Em ambas essas carreiras, eles podiam ascender a posições influentes, e alguns deles se tornaram muito poderosos. Mais adiante, veremos mais sobre esses escravos.

Essa economia florescente e diversificada serviu de apoio ao governo dos três homens em cujos reinos o poderio de al-Andaluz atingiu seu zênite: o amir 'Abd al-Rahman III, que governou de 912 a 961, tomando, em 929, o título religioso de califa; seu filho, o califa al-Hakam II (961-976); e o vizir al-Mansur, mais conhecido como Almanzor que, entre 981 e 1002, através do califa-fantoche Hisham II, foi o governante de fato, a quem só faltava o título e nada mais. A sede do governo situava-se em Córdoba, sobre o Rio Gualdaquivir. A partir do século VIII, os amires mantiveram sua residência principal em um palácio adjacente à grande mesquita, situada na parte sudoeste da cidade, sobre a qual foi erguido o atual palácio episcopal, próximo à ponte romana sobre o rio. 'Abd al-Rahman III deu início, em 936, à construção de um novo palácio em Madinat az-Zahra, distante cerca de quatro quilômetros e meio de Córdoba em direção ao noroeste. Quando este ficou pronto, cerca de quatorze anos mais tarde, ele mudou-se para lá com a corte e com todas as repartições governamentais. Em inícios do século XI, esses edifícios foram saqueados e destruídos, mas as descrições da época e as escavações realizadas há cerca de oitenta anos nos dão uma idéia razoável de como era o novo palácio. Evidentemente, ele era muito mais que um palácio: possuía quartel, uma mesquita, jardins, residências para os funcionários públicos e para os dignitários visitantes, oficinas, banhos, alojamentos para mercadores, e assim por diante. O palácio do califa, em si, era grande e esplêndido: o Versalhes de al-Andaluz. Diz-se que a ração diária de pão para os peixes de seus lagos era de doze mil bisnagas. Ele possuía aparatos mecânicos cujo propósito era impressionar e intimidar o espectador. Aqui vai uma descrição de um dos mais famosos dentre esses aparatos:

> Uma outra das maravilhas de az-Zahra era o Pavilhão dos Califas, cujo teto era de ouro e de blocos sólidos, mas transparentes, de mármore de diversas cores, sendo as paredes dos mesmos materiais ... No centro do aposento, havia

Em busca de El Cid

uma grande bacia cheia de mercúrio e, em cada um de seus lados, havia oito portas fixadas em arcos de marfim e ébano, ornamentadas de ouro e pedras preciosas de vários tipos, repousando sobre pilares de mármore multicolorido e cristal transparente. Quando o sol penetrava no pavilhão através dessas portas, tão forte era a ação de seus raios sobre o teto e as paredes, que seu reflexo, apenas, era suficiente para privar de visão o espectador. E quando o califa desejava amedrontar um dos cortesãos que se sentavam com ele, bastava ele fazer um sinal, para que um de seus escravos pusesse o mercúrio em movimento e, instantaneamente, parecia que toda a sala estava sendo cortada por raios, e os presentes começavam a tremer, pensando que o aposento estivesse indo embora.

O califa cercava-se de cerimonial elaborado, que intimidava os visitantes não acostumados a ele. Quando concedeu uma audiência à embaixada de João de Gorze, foi considerado como sinal de grande favor o fato de 'Abd al-Rahman III ter amenizado o protocolo a ponto de permitir a João beijar sua mão. A maior parte dos visitantes tinha de se prostrar perante o califa e, daquela postura, apresentar suas solicitações.

'Abd al-Rahman III mantinha um exército permanente de cerca de trinta mil homens e, sob Almanzor, esse número pode ter chegado a cinquenta mil. A principal fábrica de munições de Córdoba conseguia produzir vinte mil setas por mês e três mil tendas por ano. Havia, no vale inferior do Gualdaquivir, nas ricas pastagens ao redor de Sevilha, haras para a criação de animais para a cavalaria. Estaleiros situados em diversos pontos – de Tortosa, no nordeste, em direção a Alcácer, a Sal, próximo a Lisboa – forneciam as frotas que patrulhavam a costa. Os califas não mediam esforços para controlar as comunicações. Sua chancelaria publicava boletins dando a versão oficial de suas campanhas anuais. Seus serviços postais contavam, especialmente, com corredores treinados importados do Sudão. Eles parecem ter usado também pombos e heliógrafo para a transmissão de mensagens. Sua justiça era rigorosa, e as punições tão exemplares e draconianas quanto a lei islâmica o permite. A crucificação pública foi o destino daqueles que 'Abd al-Rahman III considerou culpados pelo crime de traição de responsabilidade, por sua derrota na batalha de Simancas, em 939.

O governo dos califas de Córdoba, no século X, exibia, assim, muitas das conhecidas técnicas da autocracia. Ele impressionava, mas não podemos deixar de nos perguntar quão eficaz ele era. A Espanha sempre foi um país de tendência marcadamente separatista, onde uma autoridade política única sempre teve grandes dificuldades em impor sua vontade sobre as províncias. Isso não se deve a um traço renitente de perversidade ou de orgulho presente no caráter espanhol, mas acontece, simplesmente, em razão do tamanho e da conformação física da Península. Os governantes islâmicos da Espanha do século X enfrentaram os mesmos tipos de problemas que seus predecessores visigodos. O centralismo da Córdoba do século X era tão frágil quanto o da Toledo do século VII. Nossa tendência a ignorar esse fato se deve a duas razões principais: em primeiro lugar, sabemos muito mais sobre a capital do que sobre as províncias – em grande parte porque os propagandistas dos califas fizeram muita questão que assim fosse; em segundo, o mais ilustre dentre os historiadores modernos da Espanha islâmica do século XI foi o estudioso francês Evariste Lévi-Provençal (morto em 1956), que era culturalmente ligado ao centralismo, e via as províncias como ordinárias e desagradáveis. Essa é mais uma razão para lançarmos sobre elas nosso olhar.

As unidades de administração local em al-Andaluz, como em outras partes do mundo islâmico, eram conhecidas como *kuwar*, "províncias" (*kura*, no singular), ou como *tugur*, "fronteiras" (*tagr*, no singular). Cada *kura* era administrado por um governador civil conhecido como um *wali*. A nomeação do *wali* era feita em Córdoba, embora, quase sempre, ele pertencesse a uma família importante da região, e tinha ao seu dispor, para a administração de sua província, um modelo em miniatura do governo dos califas. Com alguma sorte e bom gerenciamento, o *wali* podia ter liberdade de ação, com pouca ou nenhuma interferência de Córdoba, e sua província poderia ser um pequeno estado gerido exclusivamente por ele. As fronteiras – o termo em árabe significa "os dentes da frente" – eram as províncias situadas nos extremos do território. No século X, havia três delas: uma fronteira superior ou oriental, com base em Saragoça, uma fronteira média, com base em Medinaceli, e uma inferior, ou ocidental, em geral sediada em Cória ou em Coimbra. As fronteiras eram, por definição, mais distantes da capital, Córdoba, e correspondentemente mais difíceis de controlar que o *kuwar*. Elas estavam equipadas para a defesa de uma fronteira exposta, e eram administradas não por um governador civil, mas por um *ka'id*, ou general. Elas eram unidades de governo maiores que as províncias mais ao sul, porém mais pobres e mais esparsamente povoadas. Suas unidades de ocupação típicas eram as cidades fortificadas conhecidas como *kal'a* – termo esse que sobreviveu em muitos nomes geográficos na Espanha, como Alcalá e Calatayud – e os castelos, dos quais alguns exemplares magníficos ainda estão de pé, como o de Gormaz, na atual província de Sória, datando, segundo uma inscrição, do ano 965. Os generais das fronteiras e suas famílias eram ainda menos passíveis de controle, por parte do governo central, que os governadores civis das províncias. As campanhas lançadas anualmente pelos califas sobre as fronteiras do norte, que tinham o propósito ostensivo de atacar os cristãos daquela região, provavelmente eram, em igual medida, viagens de inspeção cujo fim era intimidar as fronteiras mais turbulentas. A autoridade de Córdoba só ia até aí. Também nas fronteiras, portanto, residia o potencial para os principados independentes.

A autoridade central de Córdoba acabou por desmoronar de fato, e o califado unitário, no início do século XI, foi substituído por diversos estados sucessores. Esse processo criou o mundo político no qual o Cid cresceu. A história dessas lideranças é muito complexa: no trecho a seguir apresentarei uma versão simplificada.

Quando o califa al-Hakam morreu, em 976, ele foi sucedido por seu filho Hisham, então com dez anos de idade. O poder ficou em mãos de um triunvirato formado pelos antigos ministros do califa, que passaram a atuar como regentes. Dentre eles, um sobressaiu, um funcionário público eficiente, ambicioso e sem escrúpulos, de nome Muhammad ibn Abi 'Amir. Entre os anos 976 e 981, ele inventou modos de eliminar seus dois rivais. De 981 até sua morte, ele foi o governante de al-Andaluz para todos os efeitos, menos no nome. Foi naquele ano que ele tomou o título al-Mansur, geralmente ocidentalizado como Almanzor, "aquele que é vitorioso pela vontade de Deus". Ele já tinha então construído um novo complexo de palácios a leste de Córdoba, Madinat az-Zahira, "a cidade cintilante", com o propósito óbvio de rivalizar em esplendor com os edifícios construídos por 'Abd al-Rahman III, mais a oeste, e foi para lá que ele transferiu todos os órgãos do governo, em 981. A base financeira da posição de Almanzor era frágil. Diz-se que, ao morrer, al-Rakam havia deixado no tesouro de Córdoba reservas colossais: quarenta milhões de *dinars*. Almanzor, porém, cortou impostos para angariar favores, tentou se sustentar com base numa intrincada rede de suborno, despejou dinheiro em construções e aumentou enormemente o tamanho do exército, sobre o qual, em última análise, seu poder se apoiava. Talvez tenham sido as pressões das necessidades financeiras o motivo de Almanzor ter se lançado às campanhas contra os cristãos do norte da Espanha, pelas quais ele é mais conhecido, embora ele tenha tomado todos os cuidados para ser visto, antes de mais nada, como um defensor da causa do Islã:

Ele copiou, de próprio punho, um Corão que sempre levava consigo em suas campanhas, e que lia constantemente ... Ele também levava sempre consigo suas vestimentas mortuárias, estando, assim, preparado para encontrar-se com a morte a qualquer momento em que ela o atacasse. A mortalha era feita do linho cultivado nas terras herdadas de seu pai, e fiado e tecido por suas próprias filhas.

Os versos em sua tumba adotaram um tom mais triunfalista:

> Os traços que ele deixou atrás de si
> te dirão quem ele foi, como se tu
> estivesses vendo-o com teus próprios olhos.
>
> Por Allah, as gerações vindouras
> jamais produzirão um igual a ele,
> e tampouco um que saiba melhor
> como defender nossas fronteiras.

Almanzor morreu em 1002. Seu filho, 'Abd al-Malik, sucedeu-o no cargo e manteve o poder até sua morte prematura, em 1008. Foi então que começaram as dificuldades mais graves, uma vez que a herança que Almanzor deixou ia muito além das glórias militares efêmeras e de uma reputação de homem piedoso. As políticas de Almanzor e de seu filho continham dois enganos fatais. Em primeiro lugar, eles destituíram de fato o califa e, ao fazê-lo, enfraqueceram a já bastante nebulosa base intelectual na qual repousavam as instituições do califado espanhol. Se um aventureiro foi capaz de desbancar a autoridade constituída, outros, então, poderiam fazer o mesmo. Foi essa a reflexão que ocorreu a diversas pessoas, de 1008 em diante. Quando agiram com base nessa reflexão, muitas vezes com resultados que se mostraram fatais a elas próprias, essas pessoas inauguraram um período de extrema instabilidade política, precisamente no ponto onde essa instabilidade teria os efeitos de maior gravidade: no centro, em Córdoba. O segundo legado fatal do período em que Almanzor deteve o poder foi a proliferação do Exército. Além da pressão financeira, essa expansão introduziu novos povos em al-Andaluz, uma vez que Almanzor recrutava soldados entre os berberes do Magreb e entre os escravos importados da Europa Central para a Espanha. As tropas de Almanzor nunca foram assimiladas à sociedade andaluz, permanecendo como um elemento alienígena, visto com rancor pela população, que tinha que arcar com seus custos. Seus generais tinham mais lealdade pessoal para com a casa de Almanzor do que para com o que restava da dinastia dos califas Umayyad.

Na turbulência caótica dos anos seguintes a 1008, esses generais entraram em cena para desempenhar um sinistro papel político.

Durante os 23 anos posteriores a 1008, facções de constituições as mais diversas, formadas por legalistas da dinastia Umayyad, partidários da dinastia de Almanzor, generais eslavos ou berberes e burocratas naturais de al-Andaluz, guerrearam pelo controle daquilo que ainda restava do governo central, tão laboriosamente construído por 'Abd al-Rahman III. A desintegração da autoridade política unitária foi o processo de maior importância ocorrido nesse período. É simbólico que tanto a cidade de Córdoba *quanto* o palácio dos califas, em Madinat al-Zahra, *quanto* o palácio de Almanzor, em Madinat al-Zahira, tenham sido, todos eles, saqueados no decorrer dos anos 1009-1013. O último de uma sucessão de califas incompetentes, fracos e de vida curta, Hisham III foi mandado embora em 1031. Ele era por demais insignificante para que fosse exigida dele a assinatura de um ato de abdicação, quanto mais para merecer ser executado. O califado de Córdoba, como instituição, havia terminado para sempre.

3
O rompimento do colar

Durante o período de anarquia nos assuntos públicos de al-Andaluz, entre 1008 e 1031, quando o centro não mais conseguiu se sustentar, as tendências centrífugas e separatistas da Espanha ganharam espaço para se desenvolver livremente. O poeta al-Shaqundi, rememorando esse processo da perspectiva do início do século XIII, escreveu sobre "o rompimento do colar e a dispersão de suas pérolas". A frágil unidade de al-Andaluz se desintegrou em diversos estados sucessores regionais, que os historiadores conhecem como os reinos *taifa* – nome esse derivado da palavra árabe *ta'ifa*, que significa "facção" ou "partido". O governante de um desses estados, 'Abd Allah, de Granada, em seu notável livro de memórias, deixou uma descrição do que aconteceu então:

> Quando a dinastia amiríada [isto é, de Almanzor] chegou ao fim, e o povo foi deixado sem um imã [o uso dessa palavra faz lembrar a sanção divina que os califas Umayyad afirmavam possuir], cada comandante militar sublevou-se em sua própria cidade, entrincheirando-se por detrás dos muros de sua própria fortaleza, tendo, antes disso, assegurado sua própria posição, criado seu próprio exército e acumulado seus próprios recursos. Essas pessoas competiam entre si pelo poder mundano, cada um tentando subjugar os demais.

Era característico dos reinos *taifa* ter como base a cidade que, anteriormente, havia sido a capital da província ou da fronteira, como Sevilha ou Saragoça, onde já existia um aparato de administração local e um certo grau de solidariedade regional, passível de ser explorado por um oportunista. Em princípio, no período de turbulência máxima, até 1040 mais ou menos, havia cerca de três dúzias desses pequenos principados. Mas os peixes graúdos engoliram os miúdos e, em meados do século, meia dúzia de estados maiores ganharam preeminência: Sevilha e Granada, ao sul; Badajoz, a oeste; Toledo, na região central; Valência, na costa leste; e Saragoça, a nordeste. Somos apresentados ao cenário político da Espanha do meado do século XI, a época da infância e da juventude do Cid que, em certos aspectos, faz lembrar a Grécia pré-alexandrina, a Itália renascentista ou a Alemanha do Iluminismo: diversos principados, em estado de constante rivalidade mútua.

Para examinar mais de perto esse fervilhante cenário, tomemos alguns exemplos desses estados *taifa*, a começar pelo principado de Valência. Havia dois irmãos, de nome Mubarak e Muzaffar. Esses não eram seus nomes originais. Eles haviam sido capturados, ainda crianças, em terras cristãs – possivelmente, embora não se possa ter certeza, em algum lugar da Europa Oriental –, vendidos como escravos na Espanha, castrados e criados na religião e na cultura do Islã. Até esse ponto, nada de diferente da história de milhares de pessoas, nos séculos X e XI. Eles vieram a ser escravos de um homem chamado Mufaris, ele próprio um escravo, que se tornou chefe da polícia de Almanzor, no palácio de az-Zahira. O cargo pouco palatável, mas muito poderoso de seu amo, ao que parece, introduziu os irmãos – literalmente – nos corredores do poder no palácio. Nada sabemos sobre os estágios seguintes de suas carreiras, mas podemos supor que eles se saíram muito bem e prosperaram, uma vez que, em 1010, eles, conjuntamente, eram os responsáveis pela irrigação da *huerta* – a faixa de terra irrigada – de Valência; ou seja, eles detinham o controle do fornecimento de água e de alimentos daquela cidade. Por meio de um golpe, cujos detalhes desconhecemos por completo, eles se tornaram os senhores de Valência e de sua região, e lá governaram, conjuntamente, de 1010 a 1018. Diz-se que seu governo foi cruel. Ao que se conta, eles extraíam 120 mil *dinars* em impostos a cada mês; uma soma gigantesca, na qual mal podemos acreditar. Mubarak, então, morreu num acidente, ao cair de um cavalo. Os valencianos se sublevaram contra Muzaffar e mataram-no. Eles, então, escolheram para governá-los, não se sabe por meio de que procedimentos, um certo Labib, também ex-escravo. Esse Labib, em cerca de 1015-1016, era o governante de Tortosa, uma cidade costeira mais ao norte. É, portanto, possível que ele tenha organizado o levante contra Muzaffar. Enquanto isso, crescia em Saragoça um neto do grande Almanzor, que não era filho de 'Abd al-Malik (que morreu em 1008), mas do meio-irmão deste, segundo filho de Almanzor – com uma esposa espanhola e cristã, por sinal –, 'Abd al-Rahman, morto em 1009, nos violentos episódios ocorridos em Córdoba. Nascido em 1007, tendo portanto apenas dois anos à época da morte de seu pai, o menino, 'Abd al-Aziz, foi levado, em custódia, à longínqua Saragoça, onde foi criado. Durante a queda da dinastia de Almanzor, e em resultado dela, certo número de escravos e empregados que haviam ocupado posições importantes na corte chegou a Valência como refugiado. Em 1022, eles, secretamente, entraram em contato com 'Abd al-Aziz, oferecendo-lhe a chefia do principado. O jovem, então com cerca de quinze anos apenas, aceitou. Com o auxílio vindo de Saragoça, foi dado um golpe, e Labib foi deposto. 'Abd al-Aziz reinou prosperamente sobre Valência por quase quarenta anos. Nós o reencontraremos mais adiante.

Em segundo lugar, examinemos o principado *taifa* de Granada. O nome é equivocado, pois, quando ele surgiu, a cidade de Granada ainda não existia. A capital da província era Elvira, distante cerca de nove quilômetros em direção a noroeste, situada nas terras planas que formam a *vega*, as planícies cultivadas que circundam os morros rochosos que são o núcleo da atual Granada. A *vega* de Elvira foi muito disputada no perturbado início do século XI: uma terra sem governo, esperando por um protetor. A oportunidade foi aproveitada por um dos generais de Almanzor, um berbere de nome Zawi, que assumiu o controle da província por volta de 1013. Ele afirmava, como costumam fazer os que chegam ao poder mediante um *pronunciamiento*, ter agido a pedido dos habitantes de Elvira. Zawi prudentemente mudou a sede de seu poder para um local mais defensável, e Granada começou a surgir sobre sua montanha. Apesar da fragilidade de sua posição inicial, Zawi fundou uma dinastia que governou Granada por quase oitenta anos. Seu último rei, 'Abd Allah, o tataraneto do irmão de Zawi, escreveu as memórias já antes mencionadas, que são a principal fonte de informações sobre a família. Sobre 'Abd Allah, e as desafortunadas circunstâncias nas quais ele redigiu suas memórias, teremos mais a dizer a seguir.

A *taifa* de Saragoça também apresentava uma experiência de outro tipo. Essa cidade, como o leitor deve estar lembrado, era a capital da fronteira superior, durante o governo dos califas Umayyad, de Córdoba. Desde o final do século IX, Saragoça havia sido governada por uma família conhecida como os Tujibidas, nominalmente sujeitos a Córdoba mas, por boa parte desse tempo, praticamente independentes. Nos primeiros anos do século XI, a família simplesmente permaneceu na condição de governante local, após terem desaparecido os últimos vestígios de autoridade central. Em 1039, uma família rival da região, os Banu Hud, ou Hudidas, cujo poder, ao que parece, centrava-se na área de Tudela, organizou um golpe. Os Tujibidas foram depostos e um novo governante, Sulayman ibn Hud, assumiu o poder. A dinastia Hudidas reinou em Saragoça até 1110. As relações do Cid com seus membros viriam a ser estreitas.

Esses três tipos diferentes de transferência de liderança – os burocratas que organizaram a tomada do poder, o general posando como protetor e a família dos chefes locais que foi ficando – não exaurem a totalidade das maneiras pelas quais os principados *taifa* surgiram, embora sejam razoavelmente representativos. O que esses três exemplos também mostram é quão vulneráveis são os governantes, individualmente. E não apenas os governantes individuais, mas, muitas vezes, também os seus reinos. Tomemos o caso de Denia, ao sul de Valência. Aqui, um reino foi formado por volta de 1012, por um certo Mujahid, antes um escravo a serviço de Almanzor. Sua autoridade englobava as Ilhas Baleares, e parece ter se estruturado, em grande parte, em seu poderio naval: em 1015-1016, por exemplo, ele lançou um ousado ataque à Sardenha que, entretanto, acabou por fracassar. Ele reinou sobre Denia por trinta anos, passando o poder para seu filho Ali, que reinou por mais trinta. Denia parecia segura, mas foi repentinamente encampada pelo governante Hudidas de Saragoça, em 1076. Ou tomemos o caso de Sevilha, cujos governantes absorveram, sucessivamente, as *taifa* de Mértola, Huelva, Niebla, Algarve, Algeciras, Silves, Morón, Ronda, Arcos, Carmona, Segura, Córdoba e Múrcia, para tornar-se, por volta de 1070, o mais extenso e poderoso de todos os reinos *taifa*.

Houve também, por sua vez, alguns estados e dinastias *taifa* que sobreviveram sem ser molestados por seus vizinhos. Dois exemplos são os principados sediados em Alpuente e Albarracín, situados a cerca de 60 e 120 quilômetros, respectivamente, a noroeste de Valência, entre as montanhas que dividem o vale do Ebro da Espanha Central, na atual província de Teruel. Em Alpuente, uma família importante da região, os Banu Qasim, tomou o poder em 1009-1010, mantendo-o por quase um século, o mesmo acontecendo com os Banu Razin, que deram seu nome a Albarracín. Esses dois pequenos estados são dignos de nota, principalmente, pela longevidade de seus governantes: 'Abd Allah II, de Alpuente, governou de 1043 a 1106, e Abu Marwan governou Albarracín de 1044 a 1103. Esses homens, já entrados em anos, viriam a receber as atenções nada bem-vindas do Cid, mas ambos conseguiram sobreviver a ele.

Alpuente e Albarracín mantiveram sua independência talvez por não serem atraentes aos predadores. Àquela época, como ainda hoje, as terras agrestes onde eles se situavam não poderiam ter sido nem populosas nem ricas. Mas isso era pouco comum. Em geral, os reinos *taifa* eram ricos. Embora a vida econômica de al-Andaluz deva ter sofrido durante as perturbações dos anos entre 1009 e 1031, há sinais de que a recuperação foi rápida. Os reis *taifa* herdaram a riqueza que al-Andaluz possuía sob o califado. Entre os muitos indícios de um considerável poder de compra, um pode ser visto nas obras públicas realizadas durante esse período. Em Valência, 'Abd al-Aziz ergueu muros em torno da cidade e fez construir uma ponte de pedra sobre o Rio Turia. Em Granada, a dinastia Ziríada realizou obras públicas do mesmo porte. Inumeráveis exemplos poderiam ser citados.

A riqueza dos reinos *taifa* permitiu que eles se dessem ao luxo de se dedicar à atividade pela qual eles são mais lembrados, o patrocínio da literatura, do saber e das artes. É claro que outros fatores, além da riqueza, tiveram influência nesse contexto. O mecenato era uma atividade tradicional dos príncipes, dando prestígio ao patrono e à sua corte. A competição cresceu entre as diferentes cortes: qual príncipe conseguiria atrair os poetas mais talentosos, ou os sábios mais eruditos, encomendar o palácio mais luxuoso, construir os jardins mais elegantes? Devemos também levar em conta as pressões de um passado distante. Ibn Ghalib, de Córdoba (morto em 1044), escreveu um texto intitulado "O contentamento da alma ao contemplar as ruínas antigas encontradas em al-Andaluz". Contentamento para um antiquário, talvez, mas não necessariamente para um governante. Próximo a Sevilha, ainda se encontrava de pé o quarto maior anfiteatro do mundo romano (que foi destruído pela corporação de Sevilha, na década de 1730, a fim de obter pedras para a construção da barragem do Rio Guadalquivir). Por quais monumentos um governante do século XI seria lembrado? Havia também as pressões de um passado mais recente. O palácio de 'Abd al-Rahman III, nos arredores de Córdoba, foi arrasado, nada restando dele, mas todos ainda se lembravam de seu esplendor. A emulação do passado era um incentivo ao mecenato dos príncipes do século XI. Em um certo sentido, além disso, o fim do califado liberou as energias das províncias. A vida cultural, assim como a política, era centralizada no século X. No século XI, a retirada da mão-de-ferro que tentava direcionar todos os esforços artísticos para Córdoba liberou um surto de energia criativa nas províncias. Por um acaso feliz, as condições eram propícias a um florescimento das artes no Islã espanhol, como jamais havia ocorrido antes e nunca ocorreria depois.

Não muito sobreviveu aos assaltos da moda e do abandono, nos nove séculos que nos separam daquela era dourada: o bastante, contudo, para dar uma idéia de quão resplandecente ela deve ter sido. O que sobreviveu consiste em alguns fragmentos arquitetônicos, esculturas decorativas em mármore ou madeira, têxteis, manuscritos, trabalhos em metal, vidro, cerâmica e entalhes em marfim. Esses últimos, especialmente, eram (e continuam sendo) justamente valorizados. Examinemos, por exemplo, a arca ilustrada na Figura 1. Ela é feita de madeira, decorada com painéis de marfim – provavelmente marfim oriundo do Leste da África –, esculpida em trabalho vazado, com frisas de folhagens, pássaros e animais. A inscrição na extremidade inferior da tampa diz, em tradução:

> Em nome de Deus, o Misericordioso, o Compassivo. Bênçãos perpétuas, ventura total, saúde duradoura, felicidade ampla, glória e prosperidade, benefícios e excelência, realização de esperanças a seu proprietário, que Deus prolongue sua vida. Um dos objetos fabricados na cidade de Cuenca, por ordem do camareiro-mor Husam al-Dawla Abu Muhammad Isma'il ibn al-Ma'mun ... no ano de 441 [1049 A.D.]. Trabalho de 'Abd al-Rahman ibn Zayyan.

Cuenca possuía uma importante fábrica de entalhe em marfim durante esse período. O camareiro-mor que encomendou essa peça pertencia à família governante da *taifa* de Toledo: seu pai, al-Ma'mun, governou Toledo de 1044 a 1075. A arca hoje se encontra no Museu Arqueológico Nacional de Madri. Anteriormente, ela pertenceu à catedral de Palencia, em Castela Velha. É provável que ela tenha chegado até lá, direta ou indiretamente, em conseqüência de saque ou tributo. Não sabemos em que data o bispado de Palência a adquiriu, mas é razoável pensar que ela tenha chegado às mãos do rei Afonso VI, de Leão e Castela (1065-1109), à época de sua conquista de Toledo, em 1085, tendo sido dada por ele ao bispo de Palencia. Essas arcas eram muito valorizadas nos círculos eclesiásticos cristãos como recipientes para a guarda de objetos preciosos e, especialmente, relíquias. Elas, algumas vezes, eram "cristianizadas". O painel da arca ilustrada na Figura 2 recebeu tratamento desse tipo: o painel original pode ser atribuído, por razões estilísticas, à mesma oficina de Ibn Zayyan, de Cuenca, datando de cerca de 1050; em uma data muito posterior, um anjo cristão foi inserido, arruinando seu elegante desenho, mas fazendo uma declaração de filiação religiosa. Nem todos esses recipientes eram de forma retangular. No tesouro da catedral de Narbonne, por exemplo, sobrevive uma pequena caixa redonda, aproximadamente do tamanho de uma pequena lata de chá, também produto da escola de entalhadores de Cuenca, como certifica a inscrição em árabe. Há caixas parecidas nas catedrais de Pamplona, em Navarra, e de Braga, ao norte de Portugal, todas fabricadas, originalmente, para 'Abd al-Malik (morto em 1008), filho de Almanzor. Há outras arcas que chegaram até nós, feitas de outros materiais: madeira com incrustações de prata, por exemplo, como a arca encomendada pelo califa al-Hakam II para seu filho Hisham, entre 965 e 976, que hoje se encontra na catedral de Gerona, na Catalunha.

Os têxteis não resistiram tão bem ao tempo. Um fragmento de seda que permaneceu está ilustrado na Figura 3. O motivo nos discos maiores mostra harpias montadas sobre leões; as molduras circulares mostram homens atacados por grifos. Os medalhões menores trazem inscrições dizendo "Esta é uma das coisas feitas em Bagdá". Mas é mentira. O desenho e a urdidura são tipicamente de estilo andaluz, e não de estilo persa, e a grafia da inscrição é peculiar à região do oeste mediterrâneo do mundo islâmico. É quase certo que a peça tenha sido tecida no sul da Espanha. A inscrição "feito em Bagdá" era um logro, provavelmente com a intenção de enganar um cliente; da mesma maneira, "oficina de Chippendale" ou "atrib. a Heplewhite" podem fazer maravilhas com o preço de uma escrivaninha ou cadeira do século XVIII. Essa peça de seda está hoje no Museu de Belas Artes de Boston mas, em tempos anteriores, ela pertenceu a um prelado castelhano, Pedro, bispo de Osma, que morreu em 1109. Após sua morte, ele foi venerado como santo, e a vestimenta da qual essa peça de seda fazia parte foi colocada em sua tumba, na catedral de Burgo, em Osma.

Alguns dos reis *taifa* eram eruditos. Consta que Al-Muzaffar, rei de Badajoz entre 1045 e 1068, compilou uma obra em cinqüenta volumes, hoje perdida, "tratando do conhecimento universal, sendo um repositório de arte, ciência, história, poesia, literatura em geral, provérbios, informações biográficas etc.". Al-Mu'tamin, de Saragoça (morto em 1085), escreveu um trabalho sobre matemática. Mujahid reuniu, em Denia, uma equipe de estudiosos que se dedicou ao estudo textual do Corão. Al-Ma'mun, de Toledo – o pai do camareiro-mor que encomendou a arca discutida aqui –, era patrono de estudos científicos, tendo encomendado do célebre astrônomo al-Zarqal a construção de um *clypsedra*, ou relógio-d'água, que veio a se tornar uma das maravilhas de al-Andaluz. Ele foi colocado num edifício às margens do Tagus, nos arredores de Toledo, e consistia de duas grandes bacias que se enchiam e se esvaziavam de água a cada mês lunar, sincronizadas com as fases crescente e minguante da lua. Conta-se que, cerca de cinqüenta anos após a reconquista cristã de Toledo por Afonso VI, em 1085, seu neto, Afonso VII de Leão e Castela, curioso para saber como o relógio funcionava, mandou desmontá-lo, mas seus artífices não foram capazes de reconstruí-lo, de modo que um dos grandes triunfos técnicos da ciência islâmica foi assim perdido. Essa história pode ser verdadeira ou não; de qualquer modo, ela tem um certo valor simbólico. Devemos esse relato ao historiador al-Maqqari, cujo tradutor novecentista, Gayangos, afirma ter visto as ruínas das bacias em 1836.

A poesia era avidamente cultivada nos reinos *taifa*. Esta é uma historieta que recria, de forma vívida, essa intensidade. Abu Amru ibn Salim, de Málaga, saindo um dia de casa para ir à mesquita, encontrou por acaso seu amigo Abu Muhammad. Ibn Salim continua:

> Sentei-me ao lado dele, e como ele me pediu para recitar alguns versos, repeti os seguintes, de autoria de um poeta andaluz:
>
> > Elas roubaram da manhã a cor
> > de suas faces; elas tomaram
> > da árvore do arak sua forma
> > esguia e delicada.
> >
> > Inumeráveis jóias brilhavam vivamente
> > sobre seus colos; e elas usaram
> > as estrelas cintilantes
> > como colar.
> >
> > Não contentes com a esbeltez da
> > lança e a agilidade do
> > antílope, elas ainda tomaram deste
> > os olhos meigos e as maçãs do rosto ondulantes

Eu não acabara de pronunciar a última sílaba do verso quando, para meu grande espanto, ouvi meu amigo soltar um grito estridente, e vi-o cair sem sentidos no chão. Correndo em seu auxílio, encontrei-o desmaiado, e só depois de passada uma hora ele voltou a si e me disse: "Perdoe-me, meu filho, mas há duas coisas no mundo contra as quais eu não tenho força alguma, ver um belo rosto e ouvir boa poesia".

A poesia panegírica, como é natural, era muito do gosto dos reis *taifa*. Foi assim que al-Ma'mun, de Toledo, foi saudado pelo poeta Ibn Arfa' Ra'suh:

> Segure o amor com força e beba à
>   saúde do Possuidor da
>   Dupla Glória [isto é, al-Ma'mun]
> Que sustenta as terras do Oriente
>   e do Ocidente,
> E que dá socorro aos crentes,
>   descendente de Ya-rub,
> O rei altaneiro, que humilha sultãos,
> Que lidera cavalgadas e é o leão
>   dos campos de batalha,
> Ele é um rei de coração mais bravo
>   que o leão,
> Assim como seus dedos são mais generosos
>   que as nuvens de chuva.

Ou, ainda: um dia al-Ma'mun bebia com alguns cortesãos, conversando sobre os outros reis *taifa*, e improvisando versos sobre eles, quando Ibn Arfa' Ra'suh ergueu sua voz:

> Parem de falar sobre reis e filhos de
>   reis, porque
> quem navega os mares não
>   anseia por rios.
> Não há rei algum tão nobre quanto al-Ma'mun
>   nestas terras;
> Vede o que ouvistes sobre ele
>   confirmado pelo fato!
> Oh, vós que sois Único, sem igual em
>   glória, o homem
> Favorecido por vossas mãos não
>   anseia pela chuva!

Vós surgistes em nosso céu como um sol,
    e a partir de então, olho algum
se ergueu para estrela ou lua, buscando
    liderança:
Aparecestes a nós como a *wusta*
    entre reis,
A partir de então, não mais paramos para olhar
    pérolas miúdas.

A *wusta* é a pérola de tamanho maior, no centro de um colar – com o qual, talvez, o poeta tenha sido recompensado.

Versos panegíricos de sucesso podiam construir a carreira de um poeta. Essa boa sorte coube, em princípio, pelo menos, a Ibn 'Ammar, talvez o maior poeta de al-Andaluz em todo o século XI. Diversos fios da vida e do pensamento do período *taifa* se entrecruzam em sua história. Ele nasceu perto de Silves, na costa sul do que hoje é Portugal, em 1031. Ele vinha de uma família simples que, no entanto, conseguiu dar-lhe uma boa educação. Quando jovem, ele mudou-se para o leste, atraído pela corte de al-Mu'tadid, rei de Sevilha (1041-1042 a 1068-1069). Sob al-Mu'tadid, a *taifa* de Sevilha estava se lançando ao programa de expansão que lhe traria a proeminência entre os reinos *taifa*. Em 1053, ele convidou os governantes de Ronda, Arcos, Morón e Jérez para uma visita diplomática e pacífica a Sevilha. Enquanto eles e seus companheiros banhavam-se, antes de comparecer à recepção dada em sua honra, al-Mu'tadid ordenou que todas as frestas da casa de banhos fossem vedadas, para que os convidados morressem sufocados. Ele pendurou suas cabeças, como troféus, nos muros de sua cidadela. Ele próprio, um poeta de mérito, celebrou em versos seu triunfo:

Agora eu te conquistei, ó Ronda,
És então o colar de meu reino...
Darei fim a meus inimigos,
Se meus dias não findarem cedo,
Através de mim, seus erros perecerão,
e a Tutela Correta crescerá em força!
Quantos rivais eu matei,
Sem cessar, um após outro:
De suas cabeças fiz uma guirlanda
Para adornar o cume do muro lateral!

Na esteira desses acontecimentos, Ibn 'Ammar chegou à corte de al-Mu'tadid, a quem ele dedicou um longo panegírico, o melhor dentre todos os daquele período. Esta é uma tradução livre desses versos:

Passem a taça; a brisa da manhã
Sopra livre por toda a parte,
As estrelas que cavalgam a noite, cansadas da viagem,
Puseram de lado as rédeas.

Vede como a cânfora distante,
A dádiva maior da aurora que se ergue
Cintila, como se a noite retirasse
Do céu, seu dote de âmbar.

O prado, linda donzela, traja
sua veste de todas as cores,
as flores, e usa um colar
cravejado de orvalho.

As rosas, como os rubores tímidos
De menina modesta, florescem vermelhas;
O mirto ondulante cai em cachos
Sobre sua linda cabeça.

Contra o verde do jardim,
Brilha um fio de prata:
Em serena pureza de virgem
Corre o rio silencioso.

Quando a brisa agita sua superfície
brilhante, parece cintilar
A espada de meu monarca, que põe em fuga
As legiões de seus inimigos.

O grande filho de Abbad, cujas mãos generosas
Aliviam toda a falta,
Mantém sempre verde a terra agradecida
Mesmo que os céus estejam negros.

E ele dá, como prêmio pela virtude
Uma donzela pura e linda,
Um cavalo de brio e linhagem,
Uma espada cravejada de gemas.

Um monarca que, quando os reis
Da terra vêm beber,
Eles não ousam descer à fonte
Até que ele deixe suas bordas.

Mais fresca que o orvalho, sua generosidade pousa
Sobre os corações dos
cansados, mais doce aos olhos
Do que o sono repousante.

Ele risca a fagulha da chama ardente;
O fogo da batalha ele
nunca apaga, salvo para acender a chama
da hospitalidade.

Um rei tão virtuoso quanto sábio
Tão encantador quanto discreto,
Jardim que encanta os olhos
Repleto de bons frutos.

O Kauthar de seus presentes a mim
é infinito; sei bem
Que com sua liberalidade
Moro no Paraíso.

Como os ramos com frutos são os mais belos,
Como o disseste bem,
As cabeças daqueles monarcas tu destruíste
Para frutificar tua lança.

Vendo a beleza, sempre,
Em manto escarlate vestida,
Docemente, com o sangue de seus soldados
Borrifaste teu peitoral.

Aceita este tributo, se quiseres
Um jardim encharcou-se de chuva
E recebeu a brisa da manhã,
Antes de estas flores nele brotarem.

Teci, para bordá-los
Um fio de ouro: tua Fama.
E sobre os meus versos, com todo o meu talento
Derramo elogios fragrantes a ti.

Quem ousaria me contradizer.
Já que eu trouxe teu nome
Para arder, como a madeira do aloé
Sobre o braseiro dos meus pensamentos?

(O Kauthar, que ocorre na décima terceira estrofe, é um dos rios do Paraíso.)

Esse poema fez a fortuna de Ibn 'Ammar. Ele foi contratado como um dos poetas assalariados da corte de al-Mu'tadid. Tornou-se amigo íntimo do príncipe herdeiro Muhammad – mais tarde conhecido como al-Mu'tamid, rei de Sevilha de 1068-1069 a 1091. Quando Muhammad foi enviado por seu pai para aprender as técnicas do poder, governando Silves, Ibn 'Ammar acompanhou-o, na qualidade de conselheiro. Uma brilhante carreira parecia estar se abrindo à sua frente. Mas, então, o desastre se abateu sobre ele. Em 1058, al-Mu'tadid mandou-o para o exílio. Não sabemos ao certo de que ofensa ou transgressão ele teria sido acusado: correu um boato de que ele e o príncipe herdeiro teriam um caso amoroso, e trechos de alguns dos versos de Ibn 'Ammar parecem confirmá-lo. Fosse qual fosse a razão, ele teve que deixar a *taifa* de Sevilha. Após breves estadas nas cortes de Almeria e Albarracín, ele, por fim, instalou-se na corte Hudidas, em Saragoça. Lá, permaneceu no exílio por cerca de dez anos, enviando a al-Mu'tadid, de tempos em tempos, versos cheios de autopiedade, na tentativa de amolecer seu coração:

> As nuvens de chuva choram – sobre mim,
> sim!
> As pombas se lamentam – por mim,
> sim!
> Só para mim as estrelas se vestem
> de luto,
> Só para mim elas carpem
> os mortos!

Seus apelos não tiveram sucesso. Mas quando al-Mu'tadid morreu, em 1068-1069, e foi sucedido por al-Mu'tamid, Ibn 'Ammar foi chamado de volta a Sevilha, reassumindo sua carreira de cortesão e conselheiro. Tudo permaneceu em calma por mais dez anos. Mas, em 1078, uma cisão muito mais séria ocorreu entre o poeta e a família real de Sevilha. Ibn 'Ammar insistia constantemente com seu senhor para que este atacasse o estado *taifa* de Múrcia, a sudeste da Espanha. Acredita-se, provavelmente com razão, que ele queria Múrcia para si próprio, para governá-la como príncipe independente. Em 1078, ele foi enviado como comandante do exército que atacaria Múrcia. A fim de aumentar o poderio de sua campanha, Ibn 'Ammar contratou o auxílio militar do conde de Barcelona, em troco do pagamento de dez mil *dinars*. Sem o conhecimento de al-Mu'tamid, ele enviou a Barcelona, como refém, o filho mais velho deste, al-Rashid, como garantia do pagamento. Múrcia acabou por cair. Seu governante, Muhammad ibn Tahir, fugiu para a corte de Valência, onde encontrou asilo junto a Abu Bakr, filho de 'Abd al-'Aziz. Enquanto isso, em Múrcia, Ibn 'Ammar:

> se comportava de forma atroz: ele tratava o povo com mão de ferro, violava as leis de Deus e tornou-se um bebedor de vinho inveterado, a tal ponto que, ao final, ele havia chamado sobre si o ódio da população. Ele encenava obediência a al-Mu'tamid, embora, na verdade, fosse um revoltoso. Não era segredo que ele falava mal de al-Mu'tamid e ridicularizava-o por coisas das quais ele era inocente, à maneira dos vilões e dos biltres.

Essas palavras vêm de uma testemunha extremamente hostil, que anteriormente havia sofrido nas mãos de Ibn 'Ammar, 'Abd Allah, de Granada. Mas a veracidade das acusações pode ser corroborada com base em outras fontes. Em suma, Ibn 'Ammar havia, primeiramente, colocado em risco a vida do filho e herdeiro de seu príncipe, passando a mostrar, então, sinais alarmantes de insubordinação, ao agir, para todos os efeitos, como um governante independente. Em Sevilha, Al-Mu'tamid, impotente para agir, respondeu dirigindo seus próprios talentos poéticos, consideráveis, aliás, para a composição de uma paródia na qual ridicularizava as origens familiares de Ibn 'Ammar. Ofendido, Ibn 'Ammar revidou com uma resposta ainda mais feroz, na qual ele escarnecia do príncipe, de sua esposa favorita e de seus filhos. Abu Bakr, de Valência, conseguiu obter uma cópia dessa peça, escrita na letra do próprio Ibn 'Ammar, e enviou-a para al-Mu'tamid. Esse insulto o rei de Sevilha não poderia jamais perdoar. Nessa mesma época, Ibn 'Ammar foi traído, em Múrcia, por um de seus aliados locais, e forçado a fugir. Valência estava fechada para ele, e como retornar ao reino *taifa* de Sevilha era fora de questão, ele dirigiu-se ao norte, rumo a Toledo, onde tentou encontrar abrigo na corte de Afonso VI de Leão e Castela, desviando, então, para Saragoça, onde passou os anos entre 1081 e 1084 a serviço dos Hudidas (no decorrer desses anos, é impossível que ele não tenha encontrado um outro exilado na corte de Saragoça, o castelhano Rodrigo Díaz). Em 1084, ele foi capturado em conseqüência de um ardil, e vendido a al-Mu'tamid por seus captores. Ele entrou com um pedido de clemência em um último e caracteristicamente notável poema dedicado a seu velho amigo, mas isso de nada lhe adiantou. Al-Mu'tamid, em pessoa, matou Ibn 'Ammar com um machado que havia sido presente do Rei Afonso VI no inverno de 1084-1085.

Sabemos tanto sobre Ibn 'Ammar porque, em parte, ele aparece de forma proeminente nas memórias de seu inimigo, 'Abd Allah, e, em parte, porque sua celebridade como poeta garantiu a ele um lugar nos escritos de outros cronistas e compiladores de dicionários biográficos. Sua carreira é instrutiva. Ela mostra quanto o talento poético era valorizado nos principados *taifa*, e as recompensas que um praticante habilidoso podia alcançar. Suas viagens, no exílio, mostram como eram fáceis os deslocamentos entre as cortes e através da fronteira religiosa. Ele contratou tropas de Afonso VI e do conde de Barcelona: o dinheiro conseguia comprar soldados mercenários para lutar em al-Andaluz. Sua carreira atribulada nos traz à mente as facções, as rivalidades e as traições que caracterizam a história política desse período, de forma mais marcante do que a da maior parte dos demais. Sua aquisição de Múrcia demonstra as oportunidades que se abriam para um aventureiro ambicioso e sem escrúpulos. Em certos aspectos, na verdade, a carreira de Ibn 'Ammar apresenta paralelos sugestivos com a de El Cid.

"Ele violou as leis de Deus e tornou-se um bebedor de vinho inveterado." Nisso, Ibn 'Ammar não era o único. Há indícios abundantes de que, indo contra os preceitos do Corão, bebia-se muito no al-Andaluz do século XI. Boa parte da poesia desse período celebra os prazeres do vinho:

> O vinho coloriu suas faces,
>   como um sol nascente brilhando sobre
>   seu rosto:
> O Ocidente está em sua boca, o Oriente é
>   a mão vivaz do bebedor, segurando a taça.
> Quando o sol se punha por detrás de sua boca
>   deixava em suas faces
>   um crepúsculo rosado.

Pode-se objetar que poemas não são prova concreta de que a prática existia. Mas fontes mais prosaicas podem ser citadas. 'Abd Allah foi surpreendentemente sincero, em suas memórias, a respeito dos hábitos etílicos de seu pai e avô. Uma informação colateral intrigante sobre a comunidade moçárabe nos é dada pela revelação de que, em Toledo, muçulmanos de posses costumavam dar uma passada nos monastérios cristãos para tomar um copo de vinho. Talvez essa prática esteja por trás da confissão do poeta Ibn Shuhayd de que, uma vez, ele havia passado a noite numa igreja cristã, em Córdoba, onde havia bebido vinho. Ao que parece, portanto, os monastérios ofereciam, aos muçulmanos menos rigorosos, um acesso ao álcool, do mesmo tipo fornecido hoje pelos hotéis ocidentalizados, em alguns países islâmicos. Os cristãos forneciam aos muçulmanos ainda outras facilidades proibidas. O renomado jurista al-Turtushi (1059-1126) escreveu um panfleto intitulado "Sobre a proibição dos queijos dos Rum" (esse último termo significando, literalmente, "romanos", sendo comum entre os escritores de língua árabe, para designar os "europeus", ou "cristãos"). É evidente que os "queijos cristãos" agradavam os paladares muçulmanos. O que não está claro é de que maneira eles infringiam as exigências islâmicas quanto à dieta alimentar.

Pode ter havido um certo grau de sincretismo religioso no al-Andaluz do século XI. É surpreendente verificar que o uso do calendário cristão era generalizado entre os muçulmanos andaluzes, e que alguns deles, pelo menos, observavam as festas religiosas cristãs. Um exemplo de sua veneração de um santuário cristão chegou a vir à luz.

É possível encontrar explicações e justificativas plausíveis para essas tendências. Por exemplo, o calendário cristão presta-se para marcar a ocorrência de muitas operações econômicas ao longo de todo o ano, uma vez que ele se vincula às estações, o que não acontece com o calendário lunar muçulmano, com seu ano de 354 dias. Além disso, há uma série de indícios que sugerem que a observância da religião islâmica, na Espanha do século XI, era bastante frouxa. Duas outras práticas que talvez escandalizassem os ortodoxos podem ser citadas. Uma delas era a crença na astrologia. 'Abd Allah, de Granada, acreditava que Almanzor devia seu sucesso ao fato de Peixes e Sagitário estarem exaltados à hora de seu nascimento. Ele registrou que os astrólogos, em 1075, haviam corretamente predito a morte de um governante de Toledo. Ele havia lido uma previsão, feita por um astrólogo célebre que morrera em 1055, de que o reino *taifa* de Denia cairia em 1076, o que de fato aconteceu. Ele deixou registrado que al-Mu'tamin, de Saragoça, "era um erudito que estudara os livros de magia, e os horóscopos", podendo, portanto, predizer o dia de sua morte. Ele viu perigo para os reis de Sevilha nas operações de Ibn 'Ammar, em Múrcia, com base nas previsões de um astrólogo. O capítulo final de suas memórias continha uma longa discussão sobre seu próprio horóscopo e, também, uma ainda mais longa defesa da astrologia. Seu tom, ao mesmo tempo cauteloso e ousado, aparece com clareza no seguinte extrato:

Alguns astrólogos perguntaram: "Por que devemos ser acusados de heresia? Pois não negamos a existência do Criador, apenas falamos sobre criaturas, cada uma delas descrita até onde está ao alcance do conhecimento humano descrevê-las. É a mesma coisa que descrever um homem, ou as árvores ou uma montanha". Diz-se que um sábio foi visto com o Corão em sua mão direita e um astrolábio na esquerda. Perguntado por que ele via como necessário combinar os dois, o sábio respondeu: "No Corão eu leio as palavras de Deus, enquanto, no astrolábio, eu reflito sobre a Sua criação. A astrologia é uma forma de adoração".

Nem todos concordavam com 'Abd Allah.

Recomendo veementemente que vocês reneguem os prognósticos astrológicos, pois aquele que neles acredita encontra-se fora do rebanho da Fé, sendo apenas mais um herege.

Palavras fortes. Elas foram pronunciadas por uma famoso *faqih* andaluz dessa época, Abu'l Walid al-Baji, em uma coleção de prescrições escritas para a orientação de seus filhos. Os *faqihs* eram os doutores na lei islâmica, os guardiães da ortodoxia e da observância correta. Eles eram muito respeitados pela comunidade em geral, e sua opinião em questões dessa natureza eram atentamente levadas em conta. Tolo seria o governante que os alienasse de si.

O outro exemplo é de um tipo bastante diferente, dizendo respeito à situação dos judeus na sociedade andaluz e, mais especificamente, ao seu papel no governo dos estados *taifa*. Judeus que ascenderam a altos cargos de confiança a serviço dos governantes *taifa* podiam ser encontrados em Almeria, Granada, Sevilha e Saragoça; e também, com menos certeza, em Albarracín e Valência: o fenômeno, portanto, não era incomum. A carreira mais notável foi a de Samuel Ha-Nagid, de Granada. Nascido em Córdoba, em 993, ele deixou a cidade quando tinha cerca de vinte anos, em conseqüência do saque, que parece ter incluído ataques à comunidade judaica daquele local. Após uma temporada em Málaga, ele estabeleceu-se em Granada, onde ingressou no serviço de Habus, sobrinho de Zawa. Por ocasião da morte do primeiro, em 1038, Samuel desempenhou um papel importante no processo de assegurar a sucessão para Badis, o filho de Habus – que viria a ser o avô de 'Abd Allah –, contra um irmão deste, que também reivindicava o trono. Desde esse momento até sua morte, Samuel foi o primeiro-ministro de fato do estado *taifa* de Granada. Ele, regularmente, comandava as tropas de Granada em campo de batalha. (Foi observado que "ele, provavelmente, foi o primeiro judeu [fora os Khazars] a comandar exércitos em quase um milênio".) Ele era também um erudito, que se correspondia com outros judeus cultos do mundo mediterrâneo, além de um poeta de mérito. Após sua morte, em 1056, seu filho José sucedeu-o em seu cargo na corte de Granada.

Era uma violação da lei islâmica um judeu exercer autoridade civil ou militar sobre muçulmanos. Samuel Ha-Nagid sofreu ataques de Ibn Hazm, de Córdoba, o maior dos eruditos muçulmanos daquela época, com base nesse fato. O filho de Samuel foi atacado em um poema feroz, escrito pelo *faqih* Abu Ishaq, de Córdoba, endereçado a Badis, pedindo a este para matar seu ministro e pôr fim à influência judaica nos assuntos de Granada. Em 1066, houve tumultos anti-semitas em Granada, talvez provocados, em parte pelo menos, pelo poema de Abu Ishaq: José foi assassinado e, com ele, um grande número de judeus. Em outras cidades, até onde sabemos, as coisas não chegaram a esse ponto tão violento. A opinião geral, àquela época, parece ter sido de crítica aos governantes *taifa*, por estes terem judeus a seu serviço, o que era visto como mais uma demonstração de sua negligência na observância religiosa.

Chegaria o dia em que importaria muito, para os reis *taifa*, se acusações de comportamento irreligioso fossem levantadas contra eles por seus súditos, perante um tribunal especialmente rigoroso e puritano – a seita fundamentalista islâmica conhecida como o movimento almorávida, que cresceu, em Marrocos, no meado do século XI. A pena aplicada a alguns dos reis *taifa* pelos almorávidas, como veremos adiante, foi cabal. Mas, antes disso, eles ainda teriam que se confrontar como outros inimigos, ao norte – os principados cristãos da Espanha.

Em busca de El Cid

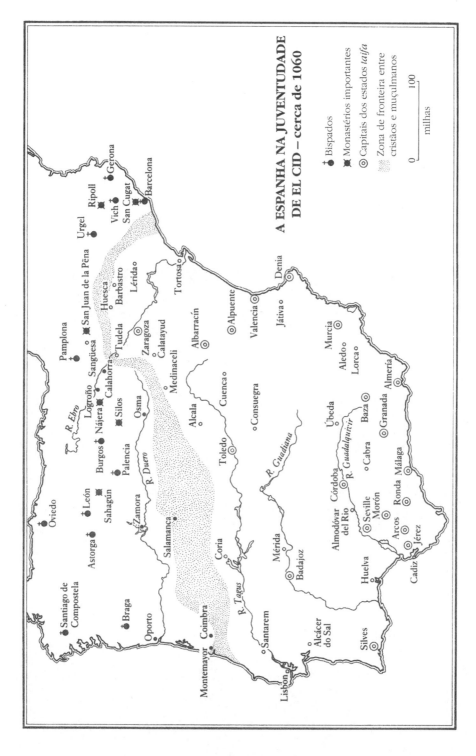

4
Os herdeiros dos visigodos

Os invasores árabes e berberes do século VIII puseram fim à monarquia visigótica, mas não destruíram todos os núcleos de resistência nativa. Os primórdios da história dos pequenos principados cristãos que surgiram ao norte da Península Ibérica são mal documentados. As três zonas nas quais esses estados se originaram, uma ocidental, uma central e uma oriental, apresentavam diferenças marcantes entre si, e conseqüências duradouras para o futuro da Espanha viriam a ter origem nessa diversidade. Os minúsculos estados que cresceram nos séculos VIII e IX viriam a se desenvolver, com o tempo, transformando-se nos reinos maiores e mais sofisticados do século XI, que formavam a paisagem política da Espanha cristã durante a vida do Cid.

No noroeste, os invasores haviam alcançado a Baía de Biscaia, instalando um governador em Gijón, o porto de Oviedo nas Astúrias. A costa úmida e nevoenta não pode ter sido favorável a eles e a seus camelos. Além disso, entre as montanhas da Cordilheira Cantábrica e o mar situava-se um território de florestas acidentadas, propício ao florescimento de movimentos de resistência. Em 718 (ou, possivelmente, em 722), uma batalha foi travada em Covadonga, a oeste de Oviedo, ao pé dos Picos de Europa, que se erguem naquele ponto até uma altura de mais de 2.800 metros. Uma companhia de rebeldes derrotou e matou o governador de Gijón e, na esteira dessa derrota, os invasores evacuaram o norte da província, retirando-se para as planícies de Leão, ao sul da cordilheira. A ação, em si, provavelmente não passou de uma operação de pequeno porte, sem grande importância militar. Ao longo do tempo, a mitificação patriótica viria a transformá-la: o líder dos rebeldes, Pelayo, seria transformado num herói nacional, e sua vitória em Covadonga, no primeiro passo para a reconquista cristã. Mas isso é mais lenda que história. O que a vitória de Pelayo de fato possibilitou foi o surgimento de um pequeno reino cristão em Astúrias, cujos governantes puderam então consolidar seu controle sobre aquela região e sobre a parte norte da Galícia, situada a oeste de seu território, durante os anos de tumulto nos quais al-Andaluz mergulhou, em razão da luta entre árabes e berberes que teve lugar nas décadas seguintes. O reino era pequeno e inseguro, suas instituições eram rudimentares, sua economia era simples, sua cultura, pouco sofisticada. E, na segunda metade do século VIII, ele foi submetido, pelos amires de Córdoba, a assédio constante. O reino, entretanto, sobreviveu.

Ao longo do século IX, seu caráter começou a mudar. Uma das causas para tal foi, provavelmente, de ordem econômica. Apesar de pouco sabermos sobre esses assuntos, parece provável que sua população tenha se tornado mais densa, que a exploração agrícola tenha ganhado em eficiência e o comércio se tornado mais rápido. Essas mudanças devem ter sido graduais, tão graduais a ponto de mal serem perceptíveis para seus contemporâneos, mas mudanças dessa natureza têm de ter ocorrido, como precondição para o que veio a seguir. Uma segunda causa foi a imigração de moçárabes cristãos, vindos do sul. Essa migração vinha pingando pouco a pouco, desde fins do século VIII, até que, um século mais tarde, transformou-se num caudal. Os moçárabes foram importantes para o reino de Astúrias em virtude da cultura que eles traziam consigo. O núcleo do reino localizava-se numa área que havia sido pouco tocada pela civilização romano-visigótica, mas, agora, os moçárabes importaram para lá as tradições culturais dos visigodos. Eles estabeleceram monastérios e centros de saber, onde essas tradições eram cultuadas e elaboradas. Eles incentivaram os reis asturianos a construir uma nova imagem de si. Afonso II (791-842) fixou sua capital em Oviedo, onde construiu um palácio e igrejas. Lá, ele introduziu o cerimonial do poder gótico, tal como existira antes em Toledo. Ele e seus sucessores talvez tenham realizado, como o faziam os reis godos, concílios da Igreja em sua capital; e é certo que, tal como os reis godos, eles colecionavam relíquias de santos, os quais atuariam como seus protetores, intercedendo por eles junto a Deus. Afonso III (866-910) patrocinou a redação de crônicas que davam ênfase ao tema da continuidade existente entre os visigodos e o reino de Astúrias.

Uma terceira causa, ou talvez apenas um sintoma dessas mudanças, residia nos contatos estabelecidos entre o reino asturiano e outras partes da cristandade ocidental. Afonso II mantinha relações diplomáticas com o reino franco de Carlos Magno (768-814) e do filho deste, Luís, o Piedoso (814-840). As preocupações intelectuais da corte de Afonso III eram semelhantes às da corte franca sob o filho de Luís, Carlos, o Calvo (840-77), e pode-se supor que foi dos reis francos que Afonso III obteve as noções sobre o *imperium* – "império" ou "poder imperial" – que levariam à adoção do título de imperador, reivindicado por alguns de seus sucessores dos séculos X e XI.

No decorrer desse período, o reino gradualmente se expandiu em direção ao sul da Cordilheira Cantábrica. A mudança de seu centro de gravidade para o rico planalto da *meseta* espanhola foi reconhecida por meio da mudança da capital de Oviedo para Leão, no início do século X. A partir daí, seus reis passaram a ser chamados de reis de Leão. E os deixaremos aqui, por enquanto.

O país basco era a zona central onde um principado, que mais tarde seria conhecido como o reino de Navarra, surgiu, nos séculos VIII e IX. Se os primórdios da história do reino de Astúrias são mal documentados, os de Navarra praticamente não foram documentados de nenhuma forma, e suas origens estão envoltas em penumbra. Partiremos do fato dado de que, historicamente, os bascos sempre resistiram às influências de outras culturas. Sua língua não se parece com nenhuma outra. Seus nomes geográficos, rudes a nossos olhos e ouvidos, cobrem o solo de sua pátria: Orzanzurieta e Echalecu, Urdax e Egozcue, Esterencuby, Louhossoa e Astigarraga. O impacto da cultura romana sobre aquela região não foi negligenciável, embora tenha deixado uma impressão menos nítida nas terras bascas do que na Espanha do leste ou do sul. Pamplona era uma cidade romana, à beira da estrada que ia da Espanha para Bordeaux, embora fosse um lugar de tamanho modesto e de pouca importância. As famílias proprietárias de terras de origem hispano-romana construíram suas casas de campo nos vales do Ebro superior e de seus tributários ao sul de Pamplona, e algumas delas devem ter sido muito luxuosas, a julgar pelos magníficos mosaicos de Arróniz, que hoje podem ser vistos no Museu Arqueológico Nacional de Madri. Mas esses proprietários de terras não se sentiam atraídos pela região dos Pireneus. O cristianismo fez progressos lentos entre os bascos. Em cerca de 400, havia um bispado em Calahorra, e pode também ter havido um em Pamplona, no século V, embora, até 586, as informações não sejam inteiramente confiáveis. O grande bispo-missionário Amandus, da Aquitânia, pregou para os bascos no meado do século VII, mas com pouco ou nenhum sucesso. Parte das províncias bascas talvez ainda fosse pagã no século XI.

Durante os séculos VI e VII, as tribos bascas se expandiram para o sul, entrando pela Espanha, e para oeste, entrando na parte sudoeste da Gália (à qual eles deram seu nome, Vascônia, Gascônia). Já vimos antes que, à época da invasão árabo-berbere, o último rei visigótico estava em guerra no norte, tentando contê-los. Essa preocupação foi herdada por seus sucessores islâmicos. Em 775, um exército árabe enviado contra os bascos foi derrotado. Essa vitória talvez tenha sido uma espécie de Covadonga navarrense. Jamais saberemos, uma vez que não se sabe praticamente coisa alguma sobre seu contexto.

As preocupações com o problema basco eram compartilhadas pelos reis dos francos. No meado do século VIII, os reis carolíngeos da França, Carlos Martelo e Pepino III, pressionavam em direção à Aquitânia, tentando dar alguma substância às reivindicações francas de domínio sobre aquela região. Como era inevitável, eles depararam com os bascos. O encontro mais famoso ocorreu em 778, quando Carlos, filho de Pepino – mais tarde conhecido como Carlos Magno –, voltava de uma campanha militar na Espanha. A retaguarda de seu exército, comandada por Rolando, foi emboscada pelos bascos, no Passo de Roncevalles, e aniquilada. Embora sendo uma derrota de pouco significado militar, ela foi lembrada por longo tempo, reunindo em torno de si acréscimos lendários, que acabaram por receber forma literária no maior de todos os épicos do francês antigo, a *Canção de Rolando*. Em 781, Carlos colocou seu filho Luís no controle de um sub-reino da Aquitânia. Luís tentou estabelecer condados de fronteira nos Pireneus Ocidentais. Um deles situava-se no vale do Rio Aragão; um outro pode ter tido como base Pamplona, que os francos haviam capturado em 806. No entanto, conseguir a cooperação dos bascos mostrou ser uma tarefa surpreendentemente difícil, e após a derrota dos francos numa segunda batalha de Roncevalles, em 824, a intervenção carolíngea direta chegou ao fim. (Em todo o caso, Luís e seus sucessores tinham preocupações mais urgentes na metade norte de seu reino.) Nessas circunstâncias, um pequeno reino independente, com base em Pamplona, surgiu durante o segundo quartel do século IX, comandado por um chefete da região, de nome Iñigo Arista. Seus descendentes governaram o reino de Pamplona, exercendo uma suserania pelo menos intermitente sobre o país de Aragão, até o início do século X. Eles foram então suplantados por uma outra dinastia local, cujo primeiro representante foi um rei chamado Sancho Garcés I (isto é, Sancho, filho de García), que deteve o poder de 905 a 925. Logo a seguir ouviremos mais sobre ele.

A expansão dos francos em direção ao sul havia trazido os carolíngeos para a extremidade oriental dos Pireneus, e não mais apenas para a extremidade ocidental: uma região de caráter notavelmente diferente. Aqui situavam-se as ricas terras costeiras que se estendiam do Levante espanhol até o delta do Rio Ródano – o mundo mediterrâneo civilizado. Já no século VI a.C., gregos e fenícios haviam fundado colônias comerciais nessa região. Os romanos haviam patrocinado o crescimento de cidades como Tarragona, Barcelona e Narbonne; vilas haviam surgido nas áreas rurais, o latim tomou o lugar das línguas vernáculas e, talvez um século após a morte de Jesus, o cristianismo já havia chegado. Parece provável que, ali, os árabes e berberes houvessem causado menos danos do que fizeram mais ao sul. Luís de Aquitânia conquistou Barcelona em 801, e a área entre a cidade e os Pireneus foi dividida em condados, a unidade padrão de governo local do império franco: Barcelona, Gerona e Empuries, na costa mediterrânea; então Cardona, Vich e Besalu; Cerdanya e Urgel, que faziam fronteira com a atual Andorra; e mais ao interior, Pallars, e mais além, adjacente a Aragão, Ribagorza. À medida que o império franco se desintegrava, e os carolíngeos perdiam o controle direto sobre aquela região, os condados catalãos foram passando a uma situação de independência de fato. Dentre as famílias de aristocratas locais que surgiram como pequenas dinastias, uma iria, de maneira bastante gradual, alcançar a supremacia. Seu primeiro membro importante foi um homem com o inesquecível nome de Wifredo, o Cabeludo, que, à época de sua morte, em 898, concentrava em suas mãos os condados de Barcelona, Gerona e Vich. Seus descendentes, pouco a pouco, viriam a estender seu domínio sobre tudo aquilo a que os francos haviam chamado de Fronteira Espanhola, até que o conde de Barcelona veio a governar sobre toda a Catalunha. Mas esses dias ainda estavam longe no futuro, ao tempo de Wifredo. Ele e seus herdeiros continuaram, por pelo menos mais um século, a ver a si próprios como sendo, formalmente, parte do reino franco. Seus documentos oficiais eram datados com os anos usados pelos reis francos. As casas monásticas da Catalunha continuaram a buscar a confirmação de seus títulos de propriedade junto aos governantes francos, muito após esses governantes terem perdido todo e qualquer poder de fato sobre a Catalunha. Por mais bizarro que possa parecer, isso fazia sentido cultural. Àquela época, como em outras de sua história, os contatos dos catalães com o mundo mediterrâneo da França e da Itália eram mais fortes que os com o interior da Espanha.

No início do século X, já próximo ao tempo de El Cid, existiam, portanto, em estado embrionário, três principados ou grupos de principados cristãos no norte da Espanha. À sua diversidade econômica e de organização social, imposta pela paisagem e pelo clima, somavam-se diferenças de antecedentes históricos, instituições legais e lealdades culturais. O que eles compartilhavam era um inimigo comum do outro lado da fronteira religiosa.

Escrever "um inimigo comum" e "fronteira religiosa" é arriscar-se a representar de forma enganosa a realidade dos séculos IX, X e XI. É importante, portanto, enfatizar que a fronteira não era uma linha, mas uma zona ou uma terra-de-ninguém, de contornos constantemente flutuantes. Alguns estudiosos afirmaram que, nas regiões central e ocidental da península, essa zona era uma terra-de-ninguém no sentido mais literal do termo; que ao longo do vale do Rio Douro e de seus tributários, *grosso modo*, havia ocorrido, durante o século VIII, uma despovoação sistemática, de maneira que a região ficou desprovida de assentamentos humanos permanentes até a conquista e repovoamento da área pelos reis de Leão, por volta de 850 e de 950. (Deve-se ressaltar que o mesmo nunca foi dito sobre o vale do Rio Ebro, a leste, onde se sabe que o povoamento se manteve ao longo de todo esse período.) Essa afirmação foi levada longe demais, e com base em indícios demasiadamente escassos. O vale do Douro não pode ter sido, em tempo algum, completamente despovoado. É provável, entretanto, que sua população tenha diminuído drasticamente, sobretudo em cidades como Porto, Zamora e Salamanca; e que, com o colapso da vida urbana, o aparato de uma administração ordeira e da defesa tenha, gradualmente, minguado e desaparecido. É provável que no século X a zona de fronteira fosse, em boa medida, uma terra sem governo civil. Em 1012, os monges do monastério catalão de São Cugat podiam descrever a zona de fronteira adjacente a eles como um lugar "de grande medo e tremor ... um lugar deserto, visitado apenas por asnos selvagens e veados e outros animais", onde "homens maus" podiam ser encontrados; e é provável que os habitantes de Navarra e de Leão vissem sua fronteira de forma bastante semelhante.

"Homens maus" acoitando-se na terra-de-ninguém não eram a única gente a ser encontrada por lá. A zona de fronteira era permeável, penetrável. Pessoas de todos os tipos e de todas as condições viajavam por ela, durante os séculos X e XI. Havia mercadores trazendo escravos do norte ou têxteis do sul; cristãos moçárabes migrando para novos lares nas planícies de Leão; diplomatas, como João de Gorze; pastores realizando a transumância, a cada estação, para lá e para cá com seus rebanhos; peregrinos indo para os santuários cristãos, como a tumba de São Tiago, em Compostela; criminosos em fuga; estudiosos a caminho de Córdoba, em busca de conhecimentos sobre o Oriente. No entanto, as pessoas que faziam esse caminho com mais regularidade eram os soldados: exércitos muçulmanos atacando os principados cristãos, e exércitos cristãos defendendo a si próprios e retaliando.

Essa imagem de cristãos e muçulmanos engalfinhados em combate é cultivada, dentre os historiadores espanhóis, pelas escolas dos católicos tradicionalistas e dos nacionalistas. Mas ela é enganosa. A realidade era mais complexa. Para compreendê-la, poderia valer a pena examinar o que de fato ocorreu numa dessas campanhas. A expedição de 'Abd al-Rahman contra Pamplona, em 924, é um exemplo apropriado. Nossa principal fonte de informação é o relato transmitido pelo historiador do século XI, Ibn Hayyan (morto em 1076). Embora ele escrevesse um século e meio após os acontecimentos em questão, ele tinha acesso a fontes estritamente contemporâneas a estes, das quais a mais importante, com certeza, era um boletim oficial redigido para circular entre o público imediatamente após a campanha, de modo que seu testemunho tem peso. Há também um poema panegírico celebrando as campanhas de 'Abd al-Rahman, de autoria de um poeta da corte daquela época, Ibn 'Abd Rabbihi.

Nos anos imediatamente precedentes a 924, houve muitas lutas na região do Rioja superior. Sancho Garcés, de Pamplona, havia conseguido arrancar do controle muçulmano Calahorra e algumas localidades menores e, em 923, ele tomou o castelo de Viguera, situado a cerca de dezesseis quilômetros ao sul de Logroño. A campanha de 924 foi realizada a título de revanche.

'Abd al-Rahman e seu exército deixaram Córdoba em 24 de abril. Ele dirigiu-se ao norte, ao longo da costa do Levante, passando por Múrcia, Valência e Tortosa, extinguindo rebeliões, atravessando então o vale do Ebro, passando por Saragoça a caminho de Tudela, onde os Tujibidas, os senhores da fronteira superior, juntaram-se a ele com suas tropas. Em 10 de julho ele deixou Tudela e seguiu, subindo o Ebro, até Calahorra. Sancho havia evacuado o local, que os muçulmanos demoliram e atearam fogo. Eles, então, dirigiram-se para o norte, queimando plantações, saqueando, destruindo fortalezas e fazendas, até chegarem a Sangüesa, em 17 de julho. Nesse ponto, eles haviam deixado para trás o campo aberto do vale do Ebro, ingressando em terras montanhosas e acidentadas, cobertas de vegetação árida, onde eles ficaram mais vulneráveis. Sangüesa era o lugar de nascimento do rei Sancho, e sua destruição

> feriu seu orgulho. Ele reuniu de todas as partes possíveis um exército, até ter juntado um número que ele julgou suficiente para combater os muçulmanos. O exército [muçulmano] podia avistar, sobre os cumes das montanhas, sua cavalaria vestida em armaduras pesadas. Na noite de 21 de julho, 'Abd al-Rahman ordenou que as tropas se enfileirassem em formação de combate e permanecessem em alerta total. De manhã cedo, a marcha foi retomada nessas condições, com fé total em Alah. O exército passou por aqueles cumes e despenhadeiros, enquanto os inimigos de Alah esperavam por uma oportunidade para atacar os flancos ou a retaguarda dos muçulmanos.
>
> Quando o exército se encontrava em meio a esse território acidentado, próximo a um rio chamado Ega, uma brigada da cavalaria infiel atacou, partindo das montanhas, lançando-se sobre as tropas muçulmanas, equipadas com armamentos ligeiros, e houve uma rápida refrega. 'Abd al-Rahman ordenou aos homens que se detivessem e desmontassem, armassem sua tenda e se preparassem para combate. Os muçulmanos caíram sobre seus inimigos como leões vorazes, cruzando o rio e se lançando contra eles em massa. Eles os desalojaram de suas posições, continuando o ataque até pô-los em fuga, transformando-os em pasto para espadas e lanças, perseguindo-os em direção às escarpas íngremes de um monte próximo, o qual os muçulmanos escalaram com a ajuda de Alah, matando muitos e forrando o chão de cadáveres. A cavalaria continuou a ação em solo plano, saqueando todo o tipo de gado e de utensílios. Eles então partiram carregados com o produto das pilhagens, e sem terem sofrido perdas, exceto que Ya'qub b.Abi Jalid at-Tuzari ... caiu lá, como mártir, tendo Alah lhe concedido uma morte feliz. Foram recolhidas muitas cabeças de infiéis, que não puderam contudo ser enviadas a Córdoba, por causa do perigo e da distância da viagem.

A ação parece ter tido lugar entre Sangüesa e o Foz (ou desfiladeiro) de Lumbier, através do qual os invasores devem ter passado em seguida.

Eles seguiram seu caminho, arrasando o território sobre o qual passavam, até chegarem a Pamplona, no dia 24 de julho.

> Por fim eles chegaram a Pamplona, a cidade que dá nome à região, e a encontraram abandonada e deserta. O próprio 'Abd al-Rahman entrou na cidade, atravessou suas ruas, ordenou que todos os edifícios fossem destruídos e que a venerada igreja dos infiéis fosse demolida: todos ajudaram nessa tarefa e ela foi arrasada até o chão.

Os muçulmanos retiraram-se após o saque de Pamplona. Retornaram, então, continuando a incendiar e a saquear ao longo do caminho, perseguidos pelas tropas de Sancho, mas conseguindo mantê-las a distância. O posto avançado mais ao norte dos muçulmanos, a fortaleza de Valtierra, foi reforçado. 'Abd al-Rahman estava de volta a Tudela em 2 de agosto, após uma viagem de ida e volta de cerca de 480 quilômetros, feita em 24 dias. Ele chegou a Córdoba no dia 26 de agosto.

A campanha de 924 foi um ataque punitivo dirigido contra Sancho Garcés, em retaliação à derrota de Viguera, no ano anterior. Ela causou grandes danos, mas deixou a fronteira onde sempre havia estado: os navarrenses conseguiram manter-se em Calahorra e na região do Rioja superior. Em outras palavras, foi uma escaramuça de fronteira de pouco significado militar. Para Córdoba, as considerações de segurança eram de importância máxima. O governo de lá queria fronteiras sem problemas. Os ganhos que podiam ser obtidos se resumiam a saques, resgates, escravos e satisfação, mas não a terras. A conquista territorial não fazia parte dos objetivos bélicos de 'Abd al-Rahman III. Essa é a maneira característica de as superpotências tratarem as dificuldades locais miúdas, ocorridas em suas fronteiras. Deve-se notar que essa campanha visava também ao policiamento interno, sendo dirigida contra os rebeldes do Levante, e destinada a mostrar aos senhores da fronteira de Saragoça, os Tujíbidas, quem mandava em al-Andaluz.

Já foi sugerido que as campanhas de Almanzor contra os estados cristãos, no final do século X, foram marcadas por um tom diferente, de fanatismo e ódio religioso. É bem verdade que ele com freqüência atacava, especificamente, alvos religiosos: o monastério de São Cugat, em 985; os monastérios leoneses de Sahagún e Eslonza, em 988; a igreja de Santiago de Compostela, em 977; e o monastério de São Milão de Cogolla, em Rioja, no ano de 1002. No entanto, os dois primeiros terços de sua vida, anteriores a essas campanhas, não sugerem que ele fosse um fanático religioso.

Ele empregava cristãos em seus exércitos. Ele respeitou o santuário de São Tiago. É provável que ele atacasse igrejas mais porque elas fossem ricas do que porque elas fossem cristãs. Como os vikings, que faziam o mesmo, ele precisava do produto dos saques.

"Por fim, a misericórdia divina dignou-se a retirar esse flagelo dos cristãos ... e Almanzor foi possuído pelo demônio, que o havia dominado em vida, em Medinacelli; e foi enterrado no inferno." Assim escreveu um cronista de Leão, em 1120. Nessa época, idéias relativas a cruzadas de reconquista estavam começando a ganhar corpo na Espanha. As pessoas estavam passando a acreditar que as relações entre cristãos e muçulmanos eram justa e necessariamente hostis, que a guerra cristã contra o Islã conferia mérito espiritual positivo ao participante, e que os muçulmanos deveriam ser expulsos da Espanha. Estariam essas idéias difundidas um século antes? É difícil ter certeza, mas, de maneira geral, parece improvável. Uma afirmação desse teor coloca em questão mitos nacionais venerados, que ainda encontram defensores na Espanha de hoje, de modo que é importante ter muita clareza sobre o que se quer dizer. Não estamos afirmando que cristãos e muçulmanos vivessem lado a lado em harmonia: é claro que não. A guerra do século X, da qual a campanha de Pamplona, de 924, é um bom exemplo, deixou atrás de si um rastro de sofrimento e rancor. Tampouco se pretende afirmar que a idéia de uma reconquista da Espanha jamais tivesse ocorrido. Na corte de Afonso III, onde a memória do reino visigótico era mantida fresca, um escritor anônimo da década de 880, cuja obra sobreviveu até nós, esperava fervorosamente pelo fim iminente, como ele acreditava, da presença islâmica na Espanha. O que se afirma é que, nos séculos X e XI, as idéias sobre uma reconquista cristã não estavam nem claramente articuladas nem eram amplamente compartilhadas. Como os herdeiros dos visigodos viam seus vizinhos islâmicos?

O traço mais marcante da reação da cristandade ao Islã era a incompreensão. Pelo menos, é esse o nome que lhe damos hoje. Os cristãos do início da Idade Média ficariam escandalizados ao ver sua reação caracterizada dessa maneira, mas, hoje em dia, vivemos numa atmosfera de pluralismo religioso. O cristianismo é uma religião entre muitas, e o mesmo se pode dizer do Islã. Para o cristão dos primórdios da Idade Média, esses pensamentos eram, no sentido mais estrito da palavra, impensáveis: eles não seriam capazes de entender essa última frase. Para começar, eles não possuíam uma palavra para "religião", tal como aí usada. Na Europa da Alta Idade Média, o termo *religio* significava aquilo que entendemos por religião "regular", ou "professada", isto é, a vida monástica. O termo mais usado para "religião" era *fides*, fé. A fé era cristã. É claro que havia povos que não eram cristãos, mas – e isso é de importância crucial – eles não representavam um problema ou um desafio intelectual. A revelação foi oferecida aos judeus, mas eles a rejeitaram: era assim que a questão era vista. Havia ainda muitos pagãos pelo mundo, mas eles um dia seriam convertidos – assim dizia a Bíblia –, de maneira que eles não representavam uma fonte de inquietação. Todos os demais eram uma perversão do cristianismo, isto é, heréticos. Era fácil interpretar o Islã como uma heresia cristã. Afinal, ele tinha tanto em comum com o cristianismo – a crença num Deus único, reverência pelos patriarcas e pela Virgem Maria, veneração por Jerusalém etc. Entretanto, o Islã havia pervertido o cristianismo: em sua teologia, por negar a Encarnação e a Trindade, e, em sua ética, por notoriamente tolerar a poligamia. Isso bastava: o Islã era, manifestamente, uma heresia cristã. Os eruditos gregos do Mediterrâneo Oriental adotaram essa postura intelectual logo após o surgimento do Islã, no século VII, e a transmitiram à Europa, onde ela prevaleceu por muitos séculos. É fácil perceber por que razão ela era tão conveniente às pessoas. Ela explicava o Islã de forma clara e convincente, tornando desnecessárias investigações adicionais. O principal ingrediente da incompreensão dos europeus da Alta Idade Média para com o Islã era a indiferença.

Na Espanha, como nos demais países, havia pouquíssimos escritos *sobre* o Islã, e absolutamente nenhum debate *com* ele. Os espanhóis não fizeram nenhuma tentativa de converter os muçulmanos ao cristianismo. Eles não mostravam nenhum interesse nas escrituras sagradas do Islã. O Corão só foi traduzido para o latim na década de 1140, e embora o trabalho tenha sido realizado na Espanha, o incentivo veio de um monge francês, Pedro, o Venerável, abade de Cluny. Isso é ainda mais surpreendente quando sabemos que havia um número considerável de cristãos, na Espanha, para quem o árabe era a primeira língua, os chamados cristãos moçárabes, que viviam sobre o poder islâmico em al-Andaluz. Pode-se supor que o Isaac Velázquez que, em 946, traduziu os Evangelhos para o árabe, em Córdoba, o tenha feito em benefício de seus correligionários que não sabiam latim. O padre de nome Vincent, que traduziu um manual de lei canônica para o árabe, em 1049-1050, dedicando sua tradução a um bispo cristão chamado 'Abd al-Malik – de diocese desconhecida –

presumivelmente o fez porque os clérigos do bispo dominavam melhor o árabe que o latim.

Mas se as crenças dos muçulmanos não despertavam interesse, o mesmo já não acontecia com respeito a outras qualidades que seus vizinhos cristãos lhes atribuíam. Dentre essas qualidades, a principal era a riqueza; a outra era o conhecimento. Em meados do século X, a cultura intelectual da Espanha muçulmana estava se tornando sofisticada, em razão, principalmente, da chegada, na Espanha, do saber acumulado pelo Islã no Oriente Médio, que, por sua vez, se baseava no corpo científico e filosófico da Antigüidade grega e persa. O saber era levado a sério na corte de 'Abd al-Rahman III e de seu filho e sucessor, al-Hakam, este último um erudito de renome. No ano de 949, o imperador bizantino, Constantino Porphyrogenitus – outro governante culto –, enviou um esplêndido manuscrito da obra de Dioscorides, o mais célebre dos farmacólogos da Antigüidade, como presente ao califa de Córdoba. 'Abd al-Rahman reuniu um grupo de eruditos para estudá-lo. Esse grupo incluía um monge grego, de nome Nicolau, enviado pelo imperador a pedido do califa; um árabe da Sicília, que falava grego e meia dúzia de eruditos de al-Andaluz, um dos quais pode ter sido o judeu Hasdai ibn Shaprut, médico particular do califa, e um erudito famoso por seus interesses científicos. Nesse episódio, podemos ver a vitalidade intelectual da Córdoba do século X.

Mais cedo ou mais tarde, os eruditos cristãos da Europa Ocidental se sentiriam atraídos pelo saber a ser encontrado na Espanha, tão vastamente superior a seu próprio cabedal. Um estudioso de época posterior, Platão de Tivoli, que, na década de 1130, fazia traduções para o latim de tratados árabes sobre astronomia, em Barcelona, lamentou "a cegueira da ignorância latina (isto é, ocidental)". Roma, escreveu ele, vem, há muito, sendo inferior não apenas ao Egito e à Grécia, mas também à Arábia. À época de Platão, uma torrente de traduções estava começando a fluir, a partir da Espanha, e essa irrigação dos campos crestados da ciência e da filosofia européias iria, a seu tempo, produzir uma colheita espetacular. No século X, é possível detectar apenas os primeiros e incipientes fios desse fluxo. Por menores e mais hesitantes que eles fossem, contudo, eles têm importância por serem augúrios do que estava por vir, e como indicadores da inquietação e das tendências que então surgiam nas mentes dos homens. Tomemos o exemplo de Gerberto, natural de Aurillac, no Auvergne, que, na década de 960, foi à Espanha à procura de conhecimento. Um cronista francês de meado do século XI nos conta que Gerberto chegou até Córdoba "em busca de sabedoria" mas isso é pouco provável. O certo é que ele passou algum tempo no monastério de Ripoll, na Catalunha. Ripoll havia sido fundado por Wifredo, o Cabeludo, era uma casa bem-dotada e havia usado sua riqueza para construir, entre outras coisas, uma esplêndida biblioteca, particularmente forte em obras sobre matemática e astronomia. Gerberto fez bom uso dela. Além dos monges de Ripoll, ele também encontrou outras pessoas com interesses intelectuais. Alguns anos após seu retorno à França, ele escreveu de Reims a um certo Lobet, de Barcelona, solicitando uma cópia de um trabalho sobre astrologia "traduzido por você". Sabemos, de outras fontes, que Lobet era o arquidiácono de Barcelona, e embora, hoje, não sejamos capazes de identificar a obra que Gerberto queria emprestada, sabemos que Lobet traduziu do árabe um outro trabalho sobre o uso do instrumento científico conhecido como o astrolábio. O próprio Gerberto, mais tarde, escreveu um trabalho sobre o astrolábio, que parece ser derivado de uma outra obra similar (provavelmente não a traduzida por Lobet), escrita na Catalunha, no final do século X.

O astrolábio foi um instrumento de importância crítica para o avanço intelectual da Europa. Ele tornava possível todos os tipos de observações astronômicas, com exatidão até então nunca alcançada; possibilitava medições terrestres rápidas e acuradas, por exemplo, de altura e distância; podia ser usado para usos náuticos, e servia de relógio. O astrolábio foi inventado na Antigüidade, mas os árabes foram os primeiros a perceber seu potencial e a aperfeiçoar seu projeto. Os conhecimentos sobre ele difundiram-se rapidamente por todo o mundo islâmico. Astrolábios fabricados na Espanha islâmica sobreviveram até nós: um deles, produzido em Toledo, em 1067, pode ser visto na Figura 5. Tendo ou não sido Gerberto pessoalmente responsável pela apresentação do astrolábio à cristandade latina, o certo é que, no meado do século XI, surgiu, na Europa Ocidental, um crescente interesse pelo astrolábio e por seus usos. Esse interesse era particularmente forte nas escolas do norte da França e da Renânia, de lá se disseminando até, entre outros lugares, a Inglaterra. O primeiro testemunho sobre o uso do astrolábio na Inglaterra vem de uma vívida peça escrita por Walcher, prior de Malvern, que morreu em 1125. Ele havia estado em 1091 na Itália, onde, nas primeiras horas da manhã de 30 de outubro, assistiu a um eclipse lunar.

Quando voltei à Inglaterra, perguntei sobre a hora do eclipse e um certo irmão me disse o seguinte: ele me contou que havia estado muito ocupado no dia anterior ao eclipse, só chegando em casa tarde da noite. Após cear, ele sentou-se por alguns momentos, quando um empregado, que havia saído, entrou correndo, dizendo que alguma coisa de terrível estava acontecendo com a lua. Ao sair, ele notou que ainda não era meia-noite, pois a lua permanecia a certa distância do sul. Percebi então que várias horas separavam o momento do eclipse na Itália e na Inglaterra, uma vez que eu o assistira pouco antes do alvorecer, e ele o vira antes da meia-noite. Mas eu ainda não tinha certeza da hora do eclipse, e isso me preocupava, porque eu estava planejando construir uma tabela lunar e não tinha um ponto de partida. Então, inesperadamente, em 18 de outubro do ano seguinte, durante o mesmo ciclo lunar, a lua ... passou por um outro eclipse. Eu, de pronto, tomei meu astrolábio e anotei cuidadosamente a hora do eclipse total.

"Eu, de pronto, tomei meu astrolábio." Aí, no relato de um eclipse lunar observado na Inglaterra, em 1092, podemos ter um vislumbre de parte do que o saber árabe da Espanha tinha a oferecer à cristandade.

Nem todos os habitantes muçulmanos da Espanha viam com bons olhos a transmissão desse conhecimento. Ibn 'Abdun, que escreveu um tratado sobre a administração da cidade de Sevilha em cerca de 1100, aconselhou: "vocês não devem vender livros cultos aos judeus ou aos cristãos ... porque eles logo traduzirão esses livros científicos, atribuindo sua autoria a seus próprios povos". O contexto deixa claro que se tratava, particularmente, de livros sobre medicina. Mas era impossível conter esse fluxo. Conhecimentos exóticos estavam disponíveis na Espanha muçulmana, e os intelectuais cristãos iriam consegui-los.

Muitos sentiam o mesmo a respeito da riqueza. No meado do século X, a Espanha muçulmana já tinha uma reputação de riqueza em partes distantes da Europa Ocidental. Hrotswitha de Gandersheim, a extraordinária poetisa alemã desse período, referiu-se aos muçulmanos espanhóis como adoradores de ídolos de ouro. A audiência da *Canção de Rolando*, no norte da França, no século XI, era constantemente lembrada de que Marsile, o rei muçulmano de Saragoça, comandava vastas reservas de ouro. A ignorância sobre as práticas religiosas islâmicas, demonstrada pela referência da poetisa à adoração de ídolos de ouro, é característica, mas a crença de que havia abundância de ouro em al-Andaluz tinha fundamento na realidade. As moedas de ouro lá cunhadas a partir de 920 são os melhores indícios que temos dessa fartura. Teremos algo a dizer, num capítulo posterior, sobre a fonte desses metais preciosos, na África Ocidental transaariana.

Da Espanha, o ouro ia para o norte, chegando a mãos cristãs, por meio do comércio, mas também – e especialmente após cerca do ano 1000 – como pagamento de tropas. Podemos ter certeza de que os nobres de Leão e da Galícia que se alistavam nos exércitos de Almanzor eram recompensados com dinheiro, e também com os tecidos exóticos que ele distribuiu entre eles após o ataque a Compostela, em 997. Em quatro ocasiões, no início do século XI (1010, 1013, 1017 e 1024), exércitos catalãos intervieram nas confusas guerras do sul da Espanha, que viriam a ocasionar a queda do califado de Córdoba. Em 1010, por exemplo, o conde de Barcelona, Ramón Borell, e seu irmão, o conde de Urgel, foram contratados por Wadih, um empregado eslavo de Almanzor, para dar apoio ao seu candidato ao cargo de califa. Wadih prometeu pagar cem *dinars* por dia a cada um dos condes, mais o soldo de suas tropas. Eles levaram tão a sério suas obrigações – o ano de 1010 foi chamado de "o ano dos catalãos" pelos cronistas islâmicos – que, nas batalhas travadas naquele verão, o conde de Urgel e nada menos que três bispos-soldado (Barcelona, Gerona e Vich) foram mortos. O influxo de ouro, durante esses anos, teve efeitos amplos sobre a sociedade catalã. Entre outras coisas, ele foi um auxílio poderoso para que os condes de Barcelona suplantassem seus rivais, que disputavam com eles o poder nos condados da fronteira espanhola. Um outro líder cristão que participou, visando ao próprio lucro, das lutas andaluzes dessa época foi o conde Sancho de Castela (995-1017).

Mais cedo ou mais tarde, soldados aventureiros de países estrangeiros começariam a chegar à Espanha em busca de fortuna. Apesar dos contatos de épocas anteriores entre os governantes asturianos e carolíngeos e dos vínculos culturais existentes entre a Catalunha e a França, resta o fato de que, de muitas maneiras, os principados da Espanha cristã, durante os séculos IX e X, eram relativamente isolados de seus vizinhos da Europa Ocidental. A partir do final do século X, vários fatores começaram a dissolver esse isolamento. Um deles era a vinda de um número cada vez maior de peregrinos ao santuário de Santiago de Compostela, no extremo noroeste da Península Ibérica. Em algum momento da primeira metade do século IX, um corpo que se acreditava ser do apóstolo Tiago, o Maior, foi desenterrado no lugar hoje conhecido como Santiago de Compostela. Embora seja altamente improvável que São Tiago ou qualquer de seus discípulos tenha, algum dia, colocado os pés na Espanha, quer vivo quer morto, os clérigos galegos do século IX estavam convencidos de que haviam achado os restos mortais do apóstolo. Um culto local teve início em torno da tumba. Ao longo do tempo, pessoas influentes passaram a incentivar esse culto, sobretudo o rei Afonso III e seus sucessores no trono de Leão, no século X. Acreditava-se que aconteciam milagres no santuário. A devoção ao lugar santo de São Tiago cresceu e se difundiu, e os peregrinos eram atraídos de localidades cada vez mais distantes.

A essa mesma época, os religiosos passaram a apresentar as peregrinações como um dos principais exercícios religiosos dos quais os leigos das classes dos nobres e dos cavaleiros deveriam participar para a segurança de suas almas. Essa preocupação era particularmente forte entre os monges da grande abadia de Cluny, na Borgonha, e das casas francesas a ela filiadas, cujos vínculos com a alta e a baixa nobreza eram especialmente estreitos. Desse modo, o incentivo às peregrinações a Compostela ajudou a difundir, entre a aristocracia feudal da França, o conhecimento sobre as oportunidades existentes na Espanha. É significativo que a mais antiga das conexões diretas entre Cluny e a Espanha que chegou a nosso conhecimento tenha ocorrido durante esse período. Por volta de 1025 um certo Paternus, abade do monastério aragonês de San Juan de la Peña, foi a Cluny para conhecer a vida monástica de lá. Quando retornou, trouxe consigo alguns monges, para ajudar a difundir na Espanha a observância à maneira de Cluny. Esses monges de Cluny tiveram pouca influência, mas sua vinda estabeleceu um laço que viria a se tornar importante em anos posteriores daquele mesmo século.

A iniciativa de estabelecer relações com Cluny partiu do rei Sancho de Navarra, o tataraneto do Sancho Garcés que havia sofrido nas mãos de 'Abd al-Rahman III, em 924. Esse Sancho posterior, lembrado como *El Mayor*, "o Grande", reinou de 1004 a 1035. Fazendo uso de guerra e diplomacia, ele construiu um império extenso, embora de curta duração, que, à época de sua morte, ia da foz do Gironde às montanhas que separam Leão da Galícia. Ele estabeleceu suserania sobre os condados dos Pireneus de Aragão, Sobrarbe e Ribagorza. Na década de 1020, estendeu sua autoridade sobre a Gasconha, até Bordeaux. Por herança de sua mulher, filha do conde Sancho de Castela, e lucrando com um assassinato suspeitosamente oportuno, ele absorveu o condado de Castela, em 1029. Nos últimos anos de sua vida, ele fez seu domínio avançar em direção ao oeste, até abranger a planície e a cidade de Leão. Nunca antes havia a suserania de um rei de Navarra ido tão longe.

O império de Sancho, o Grande, não sobreviveu a ele. Leão e a Gasconha ao norte dos Pireneus não tardaram a se livrar de sua autoridade. O próprio Sancho havia providenciado a repartição de suas outras terras, para criar três reinos para seus filhos. Navarra foi para García; Castela, para Fernando; e Aragão foi para Ramiro. Dos três, Fernando foi o que se saiu melhor. As iniciativas tomadas por ele, durante seu reinado, em relação tanto aos príncipes muçulmanos dos estados *taifa* quanto aos monges de Cluny, na França, viriam a ser de grande e duradoura importância, até muitos anos depois de sua morte. Mas antes de nos voltarmos a elas, temos que examinar mais de perto a região da qual ele se tornou rei, em 1035. Há uma outra razão para esse exame. Castela era a terra natal do Cid, e foi durante o reinado de Fernando que ele lá cresceu.

Richard Fletcher

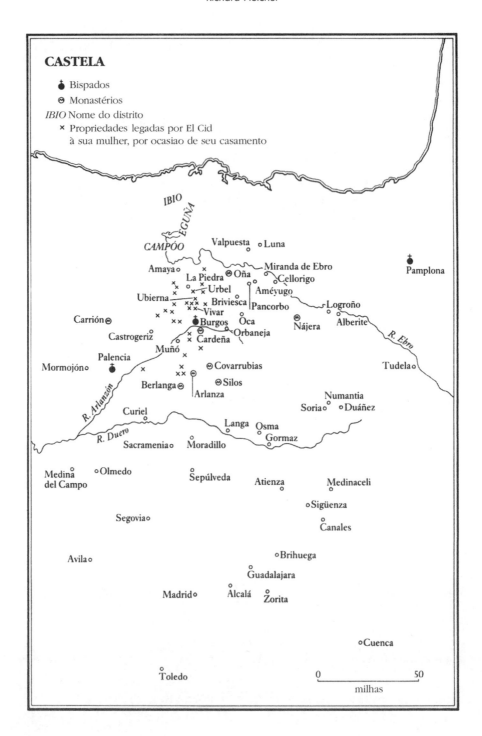

5
Poucos homens numa terra pequena

Um documento do ano 800, que se refere a um local que ficava *in territorio Castelle*, "na terra de Castela", é a referência mais antiga que chegou até nós daquele que viria a se tornar o mais famoso de todos os reinos espanhóis. O nome Castela, *Castilla*, vem do latim *castella*, "castelos" ou "vilas fortificadas", e não é de surpreender que o caráter armado e defensivo dessa região tenha a tal ponto impressionado seus contemporâneos, que deram esse nome àquele território. O núcleo de Castela era o ponto nodal, de vital importância estratégica, onde se encontram três rotas naturais: o vale do Rio Ebro; a estrada vinda da França para a Espanha, através dos passos ocidentais dos Pireneus e de Pamplona; e a rota que corre ao longo do cume da *meseta* central espanhola, logo abaixo dos montes Cantábricos, levando a Leão e a Galícia. Foi em Castela que os celtiberos ofereceram a resistência mais poderosa ao avanço das legiões romanas, e foi a conquista romana da Numância, próxima a Sória, em 133 a.C., que reforçou seu controle sobre a península como um todo. Batalhas decisivas foram travadas em solo castelhano, em outras épocas: em Nájera, em 1367, por exemplo, ou em Vitória, em 1813. Foi sobre o vale do Ebro que os berberes avançaram em 714; foi através do Passo de Roncevalles, e descendo aquele mesmo vale, que Carlos Magno penetrou, em 778; era através de Castela e da *meseta* setentrional que passavam os peregrinos a caminho de Compostela. Durante os três primeiros séculos do domínio islâmico em al-Andaluz, Castela permaneceu como uma zona de fronteira exposta, continuamente atravessada por exércitos, como aquele comandado por 'Abd al-Rahman III, em 924, indo saquear os cristãos das Astúrias e de Navarra. Por essa razão, os reis das Astúrias estabeleceram um subcondado no extremo oriental dos territórios mais ou menos sob seu poder, cujo conde foi incumbido de organizar sua defesa. Foram essas as origens da entidade política de Castela.

Segundo as lendas que, ao que parece, corriam no século XII, por ocasião da morte do rei Afonso II, das Astúrias, em 842, os castelhanos elegeram dois "juízes" para governá-los, Laín Calvo e Nuño Rasura. A lenda dos juízes nos diz mais sobre a auto-imagem dos castelhanos de uma época posterior do que sobre a realidade do século IX: agradava-lhes verem a si próprios como fortes, independentes, criativos e democráticos. Mas são parcos os indícios confiáveis relativos à Castela do século IX. A primeira figura histórica que podemos detectar com algum grau de certeza é um certo conde Rodrigo, que consta de um documento datado do ano de 852. É possível que ele fosse aparentado com a família real e, ao que parece, morreu por volta de 873. A partir de então, podemos, com segurança crescente, verificar a existência de sucessivos condes. Por detrás de seu escudo defensivo, os elementos de uma vida social mais civilizada começaram a surgir – o repovoamento da zona rural e o crescimento das vilas e cidades; a criação de um bispado e a fundação de monastérios e paróquias; o crescimento do comércio e o surgimento de mercados. Lentamente, Castela começou a se expandir a partir de seu núcleo original, próximo à nascente do Ebro, em direção ao vale do Douro, ao sul, e penetrando em Rioja, a sudoeste.

O herói dos primórdios da história de Castela é Fernán González, conde de Castela de aproximadamente 931 a 970, ano em que ele morreu. Lendas sobre suas façanhas parecem ter começado a circular pouco após sua morte e, muito mais tarde, no século XIII, foi escrito um poema épico sobre ele. Mas, mesmo despindo-o dos adornos lendários, ainda podemos discernir nele um homem cujos feitos foram louvados por seus contemporâneos: "o conde mais glorioso", e "o conde ilustre", foi como dois autores se referiram a ele, em 941 e 945. Em um edito em seu nome, o conde refere-se a si próprio de maneira ainda mais imponente: *ego quidem gratia Dei Fredenandus Gundisalviz totius Castelle comes*, "Eu, Fernán González, pela graça de Deus conde de toda a Castela". Esse estilo majestoso pode ter tido a intenção deliberada de marcar a reivindicação da independência política de Castela. E Fernán González vem sendo apresentado a gerações de escolares espanhóis como o patriarca da independência castelhana.

A realidade não era tão simples quanto essa frase altissonante sugere. Fernán González, como era seu dever, lutou ao lado de seu suserano, o rei de Leão, contra 'Abd al-Rahman III, na batalha de Simancas, em 936; e quando ele se rebelou, em 943-944, o rei foi capaz de afastá-lo de seu cargo e de mantê-lo encarcerado por algum tempo. No entanto, Fernán González soube encontrar maneiras astutas de se beneficiar de duas características do cenário político do meado daquele século: a consolidação de uma monarquia mais forte, em Navarra; e uma fase de instabilidade política no reino de Leão, nas décadas de 950 e 960. Ele foi capaz de conduzir uma política externa realmente independente. Ele se casou com uma filha do rei de Navarra e arranjou o casamento de seu filho e herdeiro com uma filha do condado de Ribagorza, nos Pireneus. Ele jogou Navarra contra Leão. Em Castela, ele usurpou as prerrogativas reais, exercendo esses direitos com o intuito de incentivar o desenvolvimento das instituições de uma vida civil ordeira. Em 940, por exemplo, ele fez repovoar a antiga localidade romana de Sepúlveda, bem ao sul do Rio Douro. Sepúlveda permaneceria, ainda por mais de um século, como um precário posto avançado, mas serviu de marco para as ambições territoriais castelhanas, afirmando presença na *meseta* central espanhola. Na época da morte do conde, em 970, Castela era, para todos os efeitos, um principado independente, e essa independência foi fortalecida sob os governos de seu filho e de seu neto, García Fernández (970-995) e Sancho Garcés (995-1017). Uma dinastia havia surgido.

A natureza não havia sido pródiga com Castela. O país é alto e nu, embora, nos primórdios da Idade Média, talvez apresentasse uma vegetação mais densa que a de hoje. Como diz um provérbio local, o clima oscila entre extremos de inverno e inferno. Nomes de lugares como Villafría falam por si só. Os condes dos séculos IX e X, contudo, conseguiram atrair colonos para essa terra inóspita. Muitos desses imigrantes vieram do País Basco. Eles deixaram sua marca na paisagem, na forma de nomes de lugares, como Villa Vascones, significando vila basca, que aparece em um documento de 945. Nos altos do vale do Rio Oja, onde este desce a Sierra de la Demanda em direção a Santo Domingo de la Calzada, há um agrupamento de vilas com nomes bascos: Ezcaray, Uyarra, Zorraquin, Azarulla e outras, e a maior parte dos nomes menores (campos, riachos, morros etc.) também é de basco. Em manuscritos copiados no monastério vizinho de San Millán de la Cogolla há comentários em língua basca, e o poeta do século XIII que ali residia podia partir do princípio que sua audiência entendia o basco. Em 1235, o rei Fernando III de Castela deu permissão para que os habitantes dessa região usassem a língua basca para apresentar petições nos tribunais. É como se essa área houvesse sido deliberadamente "semeada" com colonos bascos por ordem do conde, e somos tentados a associar essa impressão com a fundação do castelo de Grañón, situado naquelas plagas, em 899. Os colonos vinham também do Sul, cristãos moçárabes que abandonavam al-Andaluz para viver entre seus correligionários do Norte. Eles podem ser reconhecidos por seus nomes arabizados, que, evidentemente, causavam dificuldades para os escribas castelhanos, e produziam formações bizarras, como o Abolgomar que vivia perto de Cardeña por volta do ano 900, e o Abogaleb, que era monge em Berlangas por volta de 950. O monastério de Abogaleb guardava as relíquias do mártir-criança cristão Pelayo, morto em Córdoba, em 921, e quase certamente levadas para lá pelos imigrantes moçárabes, e alguns de seus manuscritos do século X contêm notas de margem em língua árabe.

A colonização foi trabalho duro. Sua atmosfera é captada em um dos mais antigos editos castelhanos que possuímos, o documento do ano 800 no qual ocorre a primeira referência a Castela, usando esse nome. Um certo abade Vitulo e seu irmão Erwig estavam reocupando terras no vale do Mena, no extremo norte de Castela:

> Encontramos a área abandonada ... lá construímos igrejas; cultivamos a terra; plantamos, construímos casas, adegas, celeiros, prensas de vinho, moinhos, e criamos pomares de macieiras, vinhedos e de outras árvores frutíferas...

Isso tudo levava tempo e não era compensador em curto prazo, e às vezes era perigoso. Embora os colonos fossem muitos, é provável que estejamos certos ao pensar que a Castela da juventude do Cid era escassamente povoada. Um verso famoso do poema sobre Fernán González descreve os castelhanos do século X como "poucos homens reunidos numa terra pequena". Era assim que eles viam a si mesmos, ou melhor, como seus descendentes do século XIII queriam ver seus antepassados. Ainda na segunda metade do século XI, os governantes continuavam a incentivar a vinda de novos colonos. Em 1071, por exemplo, o rei Sancho II dava terras a um seguidor seu, "com liberdade para dispor os edifícios e colonizar a propriedade com homens que virão a vós de toda a parte". Vastas extensões de terras ainda se encontravam em estado agreste, habitadas por porcos do mato e por gado selvagem, lobos e, provavelmente, por ursos. (Um rei asturiano do século VIII fora morto por um urso.) Elas eram habitadas também por gente voluntária ou involuntariamente marginalizada da sociedade humana, como eremitas ou bandidos. Quando Juan de Ortega tentava se estabelecer como eremita nos Montes Oca, no início do século XII, ele era freqüentemente molestado por assaltantes, que roubavam o material que ele havia conseguido recolher para construir uma capela.

Os colonos eram atraídos pela concessão de privilégios – a princípio, sem dúvida, em forma verbal, mas que, com o correr do tempo, vieram a ser consignados por escrito, em documentos conhecidos como os *fueros*. (Castela, como outras regiões da Espanha cristã, regulava seus assuntos de acordo com as normas do código legal visigótico, promulgado pelo rei Recceswinth no século VII. Uma das razões para a forma escrita dada aos *fueros* é que estes corporificavam modificações dos costumes jurídicos visigóticos.) O mais antigo dos *fueros* que chegou até nós, cujo texto tenha uma aparência mínima de confiabilidade – pois é claro que a tentação de "forjar" essas concessões de privilégios muitas vezes era forte demais para que se pusesse resistir a ela – foi o dado aos colonos de Castrogeriz pelo conde García Fernández, em 974. Suas cláusulas remetem-nos à sociedade dessa conturbada província de fronteira.

> Concedemos esses bons costumes aos soldados montados, para que eles desfrutem da condição de homens nobres ... e que cada homem colonize sua terra ... e se alguém vier a matar um cavaleiro de Castrogeriz, que ele pague uma indenização de 500 *solidi* ... os homens de Castrogeriz não pagarão pedágio ... e que os clérigos tenham os mesmos privilégios que os nobres ... se um cavaleiro de Castrogeriz não possuir um feudo [de terra], ele estará dispensado do serviço militar, a não ser que o *merino* [um oficial do rei] lhe forneça soldo e manutenção ... se ficar provado que um homem prestou falso testemunho, que o conselho de Castrogeriz lhe arranque os dentes.

Esse era um mundo rude e duro, em que a posição social era importante, a justiça era pouco complicada e a guerra nunca estava longe.

Outros documentos revelam um pouco as atividades econômicas que davam sustento a esses cavaleiros turbulentos. Em um deles, por exemplo, ficamos sabendo que, em 943, os monges de Cardeña pagaram quatrocentas ovelhas em troca de direito de pastagem nas cercanias de Sacramênia. Essa é uma referência muito interessante, uma vez que, em primeiro lugar, sugere que os rebanhos monásticos eram grandes e, em segundo, que a transumância já era importante para a economia de Castela: Cardeña fica nos arredores de Burgos, e Sacramênia se situa a cerca de 96 quilômetros ao sul, para lá do Rio Douro (não muito distante de Sepúlveda, que o conde Fernán González havia recolonizado em 940). Isso nos faz pensar nos rebanhos de ovelhas indo e vindo, a cada ano, nas *cañadas*, os caminhos de ovelhas de Castela, conduzidas, sem dúvida, por cães tão ferozes e por pastores tão taciturnos quanto os de hoje. E não apenas ovelhas. À idéia que temos de Castela nos primeiros tempos da Idade Média devemos acrescentar o gado e os criadores de gado, além de tudo o que vai com eles – carne para os mais abastados, grandes quantidades de couro de boa qualidade, trabalho para o ferreiro que fabrica ferraduras e ferretes, para o domador de cavalos e para os ladrões de gado. Uma curta narrativa, anexa ao texto do *fuero* de Castrogeriz, é singularmente informativa.

> Naqueles dias [a referência é o período entre 1017 e 1035] veio Diego Pérez, roubou nosso gado e partiu em direção a Silos: fomos atrás dele e atacamos suas casas e propriedades, matamos quinze homens e causamos muito prejuízo; e trouxemos de volta nosso gado à força ... No tempo do rei Fernando [1037-1065], Nuño Fañez e Assur Fañez vieram e levaram nosso gado para Villa Guimara, e fomos atrás deles e saqueamos suas casas e recuperamos nossos animais ... No tempo do rei Afonso [1065-1109], o *merino* da infanta Urraca veio, e levou nosso gado para a residência da infanta na Villa Icinaz; nós fomos atrás dele e destruímos a casa e a propriedade, bebemos todo o vinho que pudemos encontrar por lá, e o que não conseguimos beber, derramamos no chão ... Numa outra ocasião fomos com Salvador Mundarra atrás de um certo Pedrero, até Melgarejo; e ele se escondeu na mansão de Gudesteo Rodríguez, e nós invadimos a casa e o encontramos lá, e o levamos para a ponte, em Fitero, e o forçamos a pular n'água, e ele morreu.

Deve-se lembrar que a proximidade da fronteira tornava fácil dar destino ao gado roubado. Aqui vai uma outra história, contada num gênero literário bem diferente.

> Havia um homem de nome Estevão, natural da vila chamada Sojuela, que é propriedade do [monastério de] San Millán, o santo confessor de Cristo, situada

próxima de Nájera. Incitado pelo Demônio, a raiz e o autor de todos os males, ele reuniu em torno de si um bando de homens muito maus, com os quais passou a roubar nas florestas e nas montanhas e onde quer que pudesse, infligindo, em sua ganância voraz, todos os danos possíveis às pessoas que moravam nos arredores ... [Em uma ocasião] eles entraram na floresta próxima à dita vila e avistaram um pastor de cabras pastoreando um grande rebanho. Eles o agarraram e o mantiveram de mãos e pés atados até o cair da noite, quando o soltaram, mas eles levaram o rebanho para uma certa cidade dos sarracenos, onde o venderam...

Essa história vem de uma obra hagiográfica sobre a vida e os milagres de São Domingos de Silos. Estevão, identificado pelo pastor, logo foi capturado. Jurando inocência de forma impensada, ele foi cegado como castigo pelo perjúrio, e somente uma peregrinação de penitência e contrição à tumba do santo devolveu-lhe a visão. Deve ter havido outros homens como Estevão que, entretanto, escaparam da justiça.

Um outro tipo de documento que lança luz sobre a economia e a sociedade da Alta Idade Média castelhana é a carta patente de fundação, na qual benfeitores piedosos registravam a fundação e a doação feita por eles a uma comunidade religiosa. Uma carta de concessão desse tipo foi usada pelo conde García Fernández e por sua mulher, a condessa Ava, no outono de 978, quando fizeram uma doação a uma casa religiosa destinada à sua filha Urraca, situada em Covarrubias. Felizmente, o documento original ainda existe, e pode ser examinado na igreja colegiada de Covarrubias, sendo, além disso, uma bela peça de caligrafia. O conde e a condessa foram extremamente generosos. Eles doaram 44 propriedades grandes e separadas, que iam das proximidades de Lerna, a quarenta quilômetros ao sul de Burgos, até Salinas, oitenta quilômetros a nordeste daquela cidade. Foram concedidos também, a seus habitantes, vários privilégios jurisdicionais e de outros tipos, como a isenção do pagamento de pedágios em toda a Castela. Em uma dessas propriedades – Améyugo, entre Pancorbo e Miranda de Ebro – havia um mercado, situado à beira de uma estrada que talvez já estivesse levando peregrinos a Santiago de Compostela. Em duas dessas propriedades, talvez mais, havia minas de sal. É interessante verificar que algumas das propriedades eram parcamente povoadas: em dois locais, soubemos de terras *per populare*, "a ser ocupadas". Os fundadores também doaram mobília, instrumentos musicais, grande quantidade de prata bruta para a fabricação da prataria da igreja, muitos tecidos luxuosos (a maior parte dos quais, provavelmente, originária de al-Andaluz) e grande número de cabeças de gado: em suas próprias palavras, "500 vacas e 1.600 ovelhas e 150 éguas, e 30 mouros machos e 20 mouras fêmeas". Devemos atentar para como o gado humano – os escravos mouros – e o gado animal são listados indiscriminadamente, e note-se também a grande quantidade de reses. Um documento adicional, lavrado na mesma ocasião, amplia a informação da carta principal a respeito de algumas das propriedades:

> Em Salinas de Añana, uma igreja chamada de San Quirce de Yesares, com sua montanha [pasto] e suas fontes, uma forja em frente à igreja; e sete terrenos de terra arável, e quatro vinhedos à beira do riacho que corre em seu meio; e seis salinas ... em Valejo, duas salinas [com o direito a ser enchidas] no quarto dia da semana...

Salinas do tipo aqui mencionado ainda podem ser encontradas no norte de Castela.

Documentos como esse nos fornecem relances fugidios, mas por isso mesmo ainda mais preciosos, da lavoura e dos ofícios da Castela de mil anos atrás. Terras aráveis e vinhedos, criação de cavalos e pastoreio, forjas e minas de sal: uma economia modesta mas laboriosa, que já avançara bem além das exigências da agricultura de subsistência.

A isenção do pagamento de pedágios era um privilégio evidentemente valioso. O mercado de Améguyo pode não ter sido permanente, pode ter sido bem pequeno até, mas, em alguns lugares, o comércio, juntamente com outros fatores, vinha criando assentamentos permanentes e cada vez maiores. A mais importante dessas cidades era Burgos, que, ao que se dizia, havia sido fundada por um dos primeiros condes de Castela, Diego, em 884, embora seja provável que lá já existisse um posto de defesa, em data anterior. Em um documento do ano de 912, Burgos era descrita como *civitas*, palavra que geralmente é traduzida como "cidade", mas que, àquela época, provavelmente significava algo como "centro de uma área administrativa". O uso desse termo mostra que o novo assentamento estava prosperando. No meado do século X, temos a primeira informação sobre nomes distintos dados a diferentes setores ou distritos da cidade, o *Barrio de Eras* e o *Barrio de San Juan*. A multiplicação dos *barrios*, ou bairros, é um outro indicador do crescimento urbano: por volta de 1050, havia pelo menos quatro deles. As terras planas – ou a *vega* –, situadas entre a fortaleza sobre seu rochedo e o Rio Arlanzón, estavam começando a ser povoadas. Em 972, vemos ser mencionado, pela primeira vez, um *concejo*, ou conselho: uma ação judicial foi apresentada "na presença do conde García Fernández e de todo o conselho de Burgos". Em data posterior, o termo *concejo* significaria "conselho municipal", mas, na década de 970, ele provavelmente designava uma reunião dos maiores proprietários de terras dos arredores. Isso mostra, ao menos, que um tribunal de justiça já se reunia em Burgos. Os condes e seus sucessores, os reis de Castela, possuíam uma residência favorita naquela cidade. Burgos era o cenário para cerimônias importantes e para os negócios de Estado, como o casamento, em 1032, de Fernando, filho de Sancho, o Grande, que viria, mais tarde, a ser o primeiro rei de Castela; ou a reunião de um importante concílio eclesiástico, em 1080. Prisioneiros do Estado lá eram mantidos em cativeiro: foi em Burgos que Sancho II manteve presos seus irmãos, em 1071-1072. Enquanto isso, Burgos desenvolvia um comércio florescente. Em 982, os monges de Cardeña acharam que valia a pena adquirir do conde "duas lojas no centro da cidade, uma à esquerda e a outra à direita da estrada pública que leva a todas as partes, do leste ao oeste e do sul ao norte". O entusiasmo do tabelião do conde que redigiu esse documento parece ter sido maior que sua clareza de expressão: pelo que entendo de suas palavras, os monges adquiriram propriedades no cruzamento de estradas localizado ao centro da cidade; sítios urbanos de primeira linha, situados na "rua principal", que sem dúvida mostraram ser um investimento sensato, à medida que os anos se passavam e a cidade continuava a crescer e a prosperar. Outros negociantes foram atraídos a Burgos, os judeus, e por volta de 1060 já existia uma pequena comunidade judaica.

Burgos tornou-se formalmente a sede de um bispado em 1074. A região que viria a ser conhecida como Castela, ao que parece, ganhou seu primeiro bispado no século IV, ou, pelo menos, é o que se pode inferir dos indícios disponíveis. A sede do bispado, àquela época e durante o período visigótico, era em Auca, ou Oca, a cerca de trinta quilômetros a leste de Burgos. Após a conquista islâmica, os bispos de Oca retiraram-se para a segurança das Astúrias e, então, perdemo-los de vista. Eles só reapareceram à meia-luz da história no início do século IX, quando se estabeleceram em Valpuesta, no vale superior do Ebro, a cerca de quarenta quilômetros a noroeste de Miranda de Ebro. À medida que o centro de gravidade do condado de Castela se deslocava para o sul, o mesmo aconteceu com a sede do bispado: ao tempo de Fernán González, a diocese era governada a partir de Muñó, às margens do Rio Arlanzón, a cerca de quatorze quilômetros a sudoeste de Burgos. Na época das campanhas de Almanzor contra os estados cristãos, em fins do século X, os bispos começaram a passar boa parte do tempo em Burgos, inicialmente apenas como local de refúgio, mas, pouco a pouco, foi se tornando óbvio que a cidade seria o local mais apropriado para a sua sé. Em 1074, as *infantas* Elvira e Urraca, irmãs do monarca então reinante, Afonso VI, deram ao bispo Simeon uma igreja em Gamonal, uma localidade bem próxima a Burgos, "a fim de lá estabelecer a nova sede para o bispo". A igreja foi ampliada ou reconstruída e, quatro anos mais tarde, consagrada como a nova catedral. Por alguma razão, esse local parece não ter sido satisfatório, pois, em 1081, encontramos Afonso VI doando ao bispo uma nova catedral em Burgos (sobre a qual foi construída a catedral gótica de hoje) e a residência real adjacente, para servir como palácio episcopal.

Os primeiros bispos de Castela, anteriores ao século XI, são figuras nebulosas. Temos alguns nomes e datas, mas praticamente nada além disso. Graças aos documentos que casualmente sobreviveram, temos informações muito melhores sobre os monastérios, os mais importantes dos quais, em ordem aproximadamente cronológica, eram Cardeña, Arlanza, Covarrubias, Berlangas, Silos e Oña. Todos eles mantinham vínculos estreitos com a dinastia reinante. Cardeña foi fundado em 899. Situado próximo a Burgos, sua sorte estava intimamente ligada à daquela cidade. Em seu arquivo, excepcionalmente rico em documentos dos séculos X e XI, podemos detectar suas relações com os condes de Castela e perceber, aliás, quão rico o monastério se tornou graças a essas relações. O corpo do conde García Fernández foi trazido a Cardeña para sepultamento, após sua morte em cativeiro, em Córdoba, no ano de 995. Arlanza foi fundado por volta de 912, no local de uma antiga vila romana, como hoje o sabemos, com base em escavações recentes. Fernán González e sua mulher foram benfeitores generosos, tendo escolhido aquele lugar para serem sepultados – ela, reutilizando um magnífico sarcófago hispano-romano, que hoje pode ser visto no monastério próximo a Covarrubias, onde algum tipo de comunidade religiosa já existia em 937. Sua reinauguração, em 978, como já vimos, foi obra do conde García Fernández e de sua mulher, como presente à sua filha. Ela chefiava, como abadessa, uma casa dupla, tanto para homens como para mulheres. A primeira referência a Berlangas data de 942, quando esse monastério recebeu uma doação de Fernán González. Silos foi fundado por Fernán González em 954 ou por volta daquela data; Oña, pelo conde Sancho, em 1011, para sua filha Tigrídia, que mais tarde seria venerada como santa, e ele lá seria sepultado, assim como seu filho García Sánchez.

Os monastérios da Europa dos séculos X e XI não eram apenas comunidades de homens e mulheres devotos, levando uma vida dedicada à oração e à adoração em conjunto. "Vistos pelos mestres monásticos como arcas de salvação numa inundação de perigos mundanos, eles continuaram sempre como parte integrante da sociedade que os havia criado." Esse comentário, proferido a respeito dos monastérios da Normandia, poderia perfeitamente ser aplicado aos da Espanha. Os monastérios de Castela eram depositários das tradições dinásticas, mausoléus e usinas de lealdade à família dos condes. Urraca, a filha do conde García Fernández, para quem Covarrubias foi reinaugurado em 978, ainda chefiava aquela comunidade em 1024 e, possivelmente, até 1032. Por lá, não havia perigo de o conde ser esquecido, e tampouco em Cardeña, onde seu corpo repousava e onde, regularmente, orações eram feitas pedindo por sua alma. É possível imaginar quantos outros abades e abadessas não seriam também parentes dos fundadores. Muitas vezes, ou usualmente, esperava-se que os ingressantes nos monastérios fizessem doações substanciais para a casa à qual eles se filiavam: essa exigência informal de poder financeiro poderia, de fato, restringir o acesso aos monastérios apenas às classes mais abastadas (ou àqueles de seus dependentes aos quais eles resolvessem favorecer). Os vínculos entre a aristocracia proprietária de terras e os monastérios eram, então, extremamente próximos. Os nobres esperavam das casas monásticas que eles, tão freqüentemente, patrocinavam com generosidade uma série de serviços recíprocos e de expressões de gratidão. O fornecimento de hospitalidade era um deles: um patrono esperava ser hospedado (juntamente com toda a sua comitiva humana e animal), e provavelmente com algum estilo, em "seu" monastério, como se este fosse uma espécie de hotel particular. A hospedagem buscada podia ser permanente. A carreira ativa de um guerreiro aristocrata podia ser tão curta quanto a de um jogador de futebol profissional do século XX, e ele precisava ter algum lugar onde passar o que poderia vir a ser uma longa aposentadoria. Seria provavelmente correto ver os monastérios desse período abrigando, em sua comunidade, mais que poucos cavaleiros idosos ou incapacitados: com conforto e segurança garantidos, cercados por gente de seu nível social, alguns dos quais talvez seus parentes, posicionados em lugar ideal para receber notícias e saber dos boatos, eles provavelmente passavam seus anos de declínio de maneira bastante agradável. Os historiadores da literatura medieval tendem, cada vez mais, a dar ênfase ao papel desempenhado pelas comunidades monásticas na formação dos épicos heróicos: em um ambiente de velhos soldados, rememorando as lutas e as rixas do passado, é bem provável que eles tenham toda a razão.

Outro serviço oferecido pelos monastérios era a atividade bancária. Eram lugares seguros, onde bens de valor podiam ser depositados. Como comunidades ricas que eram, possuidoras de metais preciosos, estavam em condições de conceder empréstimos. Um homem de nome Domingo, de Soto de San Esteban, próximo a Osma, foi capturado pelos sarracenos. Sua família não conseguiu levantar a soma considerável exigida como resgate – 500 *solidi* –, de modo que eles se voltaram para outras fontes, "como de costume", comenta a testemunha que nos relata a história. Eles apelaram, entre outros, ao abade Domingos, de Silos, que contribuiu para o seu fundo oferecendo-lhes um cavalo. Embora não sejamos informados de seu valor, é possível que representasse boa parte da quantia que lhes era necessária. Os cavalos podiam valer muito. Em 1042, o bispo Gómez, de Burgos, recentemente promovido da Abadia de Cardeña, ofereceu a seu rei um cavalo baio e uma mula parda, cada um valendo 500 *solidi*. Aqui há um outro ponto de interesse. É de notar que, nesses e em outros episódios relatados, fica claro que os abades do século XI possuíam cavalos valiosos a serem dispensados. Pode-se supor que em Castela, como em outras partes, a criação de cavalos para seus patronos aristocráticos era um outro serviço prestado pelos monges. Somos lembrados da prodigiosa quantidade de éguas doadas a Covarrubias, em 978: é bem provável que fosse esperado da abadessa Urraca que ela dirigisse um haras para seu pai, o conde.

O que acabou acontecendo foi que a família que pediu auxílio financeiro ao abade de Silos não teve necessidade de sua generosidade mundana. Ele rezou uma missa para o cativo, que então foi milagrosamente libertado. (E essa é a razão de possuirmos essa história: ela foi escrita porque demonstrava a santidade do abade.) Em um ambiente tão pouco controlável, num mundo social tão violento e mutável, as orações intercessórias eram, de todos, o serviço mais valioso que os monges podiam prestar a seus patronos. Eles eram os especialistas. Suas orações teriam maiores probabilidades de captar a atenção de Deus, pois Ele tinha que ser abordado com circunspecção, como um rei terreno, por meio de intermediários familiarizados com os rituais que o agradavam. Isso explica a veneração conferida aos cortesãos de Deus, os santos. Eles tinham acesso privilegiado a Deus, e as petições humanas encaminhadas, por assim dizer, por intermédio dos santos tinham melhores chances de sucesso do que aquelas que não contavam com esse patrocínio. A maneira mais eficaz de se dirigir a um santo era, literalmente, ir a seu encontro na qualidade de suplicante: daí o atrativo das peregrinações ao túmulo de São Tiago, em Compostela, dentre muitíssimos outros lugares. Essa era a razão de a competição pela posse das relíquias de um santo ser tão intensa, de os corpos dos mortos sagrados serem exumados, vendidos, roubados, fragmentados, multiplicados. Essa é a razão pela qual os relatos do transporte, ou "traslado", de relíquias – por exemplo, das de Santa Cristeta, da Ávila então deserta a Arlanza, em 1062 –, sobrevivem com tamanha abundância, e o porquê de esses relatos serem marcados por um tom de possessividade triunfante. Cristeta, ao que se acreditava, havia morrido como mártir muitos séculos antes. Mas, na Castela do século XI, havia santos vivos, como o abade Domingos de Silos (morto em 1073), e santos que foram venerados se não antes, pelo menos pouco após sua morte, como Iñigo, abade de Oña (morto em 1069), ou Sisebut, abade de Cardeña (morto em 1086).

É óbvio que homens e mulheres como esses, quer santos ou não, estariam entre os grandes da terra, sendo poderosos no Estado, tanto quanto na Igreja. Também não nos surpreende saber que os cargos eclesiásticos, assim como os seculares, permaneciam nas mesmas famílias da aristocracia. Gómez foi sucedido no bispado de Burgos por seu sobrinho Simão, ou Jimeno, enquanto um outro sobrinho o sucedeu na Abadia de Cardeña. Embora a família fosse proprietária de terras, podendo estar estabelecida em Castela há um longo tempo – já que nada sabemos de suas origens –, ela deveu seu espetacular sucesso, no século XI, aos favores da realeza. Numa carta régia datada de 1042, onde é lavrado o registro de uma doação real, e que é o nosso mais antigo indício de que Gómez ocupou esse bispado, o rei Fernando I o elogiou como "lealíssimo", afirmando estar lhe recompensando "pelos bons serviços que me prestastes, e pelos que prometestes prestar" no futuro. Fraseado idêntico ocorre na primeira concessão feita por Fernando ao sobrinho de Gómez, Simão, em 1062. Termos como esses, em cartas reais desse tipo, geralmente indicavam que o fiel servo em questão era um conselheiro da confiança do rei, e é razoável supor, embora seja impossível prová-lo, que o bispado tenha sido parte dessa recompensa.

Pode-se suspeitar de que parte dos serviços prestados por Gómez, como abade de Cardeña, anteriormente a 1042, tenha consistido em ele ter conquistado àquela comunidade uma aceitação plena da nova dinastia reinante. Como vimos no último capítulo, quando Sancho, o Grande, de Navarra, adquiriu o condado de Castela, em 1029, seu filho Fernando, então com cerca de apenas dezoito anos, foi designado para governá-lo como representante de seu pai. Em 1032, Fernando casou-se com Sancha, irmã do rei Bermudo III, de Leão. Quando Sancho morreu, em 1035, Castela coube a Fernando na partilha de seus reinos. Dois anos mais tarde, Fernando derrotou e matou Bermudo III na batalha de Tamarón, incorporando o reino de Leão (juntamente com a Galícia) a seus domínios. Ele foi coroado e ungido em Leão, em junho de 1038.

O reinado de Fernando I, rei e imperador do reino conjunto de Leão e Castela, de 1037 até sua morte, em 1065, é mal servido pelas fontes que sobreviveram até nós, e – em parte por essa razão – atraiu pouca atenção dos estudiosos modernos. Esse reino continua envolto em mistério, mas não pode haver dúvida quanto ao feito de Fernando, em sua época, ser considerado um grande rei. Parte dessa grandeza consiste em que ele conseguiu se impor, primeiramente em Castela, e depois em Leão e na Galícia, embora os meios usados por ele para esse fim não estejam de modo algum claros, pelo menos até o momento. Uma boa dose de violência foi usada: os que se interpunham no caminho do rei corriam risco de morte ou de exílio. O lado pacífico e construtivo do reinado é que foi formada uma equipe de partidários leais; homens do rei saídos das famílias poderosas, ou criados para formar novas famílias como essas, vassalos a quem o rei podia confiar a administração rotineira do reino. (A família daquele empregado leal, o bispo Gómez, parece ter sido uma dessas dinastias.) Fernando I só era capaz de atrair e manter a lealdade desses vassalos na medida em que pudesse recompensá-los com terras, produtos de saques, poder e oportunidades. Disso ele era capaz, especialmente tirando partido da vulnerabilidade de seus vizinhos do sul, os reinos *taifa* de al-Andaluz. Fernando lucrava com a fragilidade desses reinos de duas maneiras. Uma delas era a expansão territorial à sua custa. Nesse ponto, a conquista mais célebre de Fernando foi a cidade e as terras circundantes de Coimbra, ao centro de Portugal, em 1064. Mas a maneira evidentemente mais importante era a cobrança de tributos.

Essa operação era bastante simples, consistindo essencialmente, para usar as palavras de um historiador recente, numa "rede de proteção". Fernando extraía tributos de um rei *taifa* em situação de dependência em troca de sua "proteção". Nada havia de original nisso, mas Fernando I mostrou-se excepcionalmente hábil ou excepcionalmente cruel (ou ambos) na extorsão do dinheiro dos desafortunados régulos muçulmanos que habitavam mais ao sul. Na época de sua morte, em 1065, e quase certamente por muitos anos anteriores, Fernando vinha regularmente cobrando tributos de Saragoça, Toledo e Badajoz e, esporadicamente, de Sevilha e Valência. Esses tributos, conhecidos como *parias*, eram um traço tão marcante da vida da Espanha do século XI que teremos de lhes dedicar um pouco de atenção.

As fontes relativas ao reinado de Fernando são tão parcas que não podemos conhecer, com algum grau de detalhe, praticamente nenhum dado sobre o funcionamento do sistema de *parias*. No entanto, dois documentos datados de uma época ligeiramente posterior são reveladores. O mais antigo deles é o texto de um tratado firmado entre um governante muçulmano e um rei cristão. Após a morte de Fernando I, al-Muqtadir, de Saragoça, libertou-se do protetorado de Castela, voltando-se então para o reino de Navarra. Em 1069, um tratado foi negociado com Sancho IV, sendo renovado em 1073. Numa ocasião posterior, após jurar paz e amizade, al-Muqtadir comprometeu-se a pagar a Sancho doze mil *mancusos* (um dos vários termos latinos para designar o *dinar* andaluz) anuais. Em troca, Sancho prometia fornecer ajuda militar, quando necessária, "tanto contra cristãos quanto contra muçulmanos". As tropas de Navarra enviadas para servir na *taifa* de Saragoça deveriam receber, "por dia, aquilo que se costuma pagar aos homens de Castela ou de Barcelona" – uma indicação menor, mas que nos informa sobre a facilidade e a freqüência com que tropas mercenárias podiam ser contratadas na Espanha do século XI. Tratados como esse provavelmente foram compostos e colocados em forma escrita também por ocasião da negociação dos acordos relativos à cobrança de *paria*, de iniciativa de Fernando I (e, mais tarde, de seu filho, Afonso VI). O segundo documento consiste em informações sobre o pagamento de tributos, anotadas pelo ex-rei de Granada, 'Abd Allah, nas memórias que ele escreveu no exílio, em Marrocos, na década de 1090. É particularmente informativo o seu vívido relato, longo demais para ser reproduzido aqui, das negociações entre ele e Afonso VI, ocorridas em

1074. Os mesmos elementos estão presentes. "Foi firmado um acordo entre nós", escreve 'Abd Allah, "estipulando que nenhum de nós atacaria o outro", e especificando um pagamento anual de dez mil *dinars* para o rei cristão. Supõe-se que esse acordo tenha sido consignado por escrito em um documento semelhante ao tratado firmado no ano anterior, entre al-Muqtadir e Sancho IV de Navarra. O relato de 'Abd Allah sugere que barganhas pesadas precederam o acordo, e nos conta também como o pagamento em dinheiro foi acompanhado de presentes: tecidos de seda, tapetes e prataria. Esse é um dos fatores que dificultam o cálculo da quantidade de dinheiro que chegava às mãos dos reis cristãos: uma proporção desconhecida compunha-se de mercadorias, além do pagamento em espécie. Mas podemos ter a certeza de que o montante total pago aos reis cristãos era enorme.

Os governantes da Catalunha também costumavam extrair *parias* de seus vizinhos muçulmanos. Naquela região, a documentação que sobreviveu até nós é muito mais abundante que a de Castela e, com seu auxílio, podemos avaliar em parte os efeitos sociopolíticos desse ingresso de ouro. Entre 1048 e 1076, o gasto *contabilizado* com a compra de castelos, feito pelo conde Ramón Berenguer I, de Barcelona, totalizou 32 mil *uncias* de ouro. Essa é uma unidade quantitativa (originalmente, de peso) equivalente a algo entre 224 mil e 320 mil *mancusos* ou *dinars*. O dinheiro também era usado para o pagamento de tropas. Os soldados podiam ser contratados mediante um soldo diário, como o tratado de 1073 deixa claro. É de supor que os especialistas, tais como Adalbert, o engenheiro (*ingeniator*) que, em 1058, encontramos no comando do aparato de cercos do conde – uma novidade, que aqui aparece pela primeira vez –, ganhassem salários mais elevados que os soldados comuns. (Se o seu nome alemão pode nos servir de base, ele havia sido importado de terras distantes, e os técnicos militares estrangeiros não costumam cobrar barato.) A instituição que, em outros lugares, viria a ser chamada de feudo monetário, isto é, a contratação de um cavaleiro por um salário anual, é encontrada pela primeira vez em 1040, no condado de Barcelona. Para dar apenas um exemplo entre muitos, um certo Roland Guillem aceitou, em 1067, servir o conde por um salário de vinte *uncias* por ano. Um documento que por acaso sobreviveu, datado de 1056 ou pouco antes, e evidentemente elaborado por um tabelião do conde, é uma lista de nomes, cada um deles seguido por uma soma de dinheiro, provavelmente desembolsos feitos pelo conde a membros de sua casa: "A Guillem Berenguer, sete *mancusos*... A Bremo, o senescal, cinco ... três *uncias* aos três amanuenses...", e assim por diante. Essa nova riqueza contribuiu para levar a seus estágios finais o processo por meio do qual os condes de Barcelona suplantaram seus rivais na luta pelo poder catalão. E permitiu também que eles passassem a fazer algo que nenhum governante da Europa Ocidental fizera por mais de três séculos: a partir de 1037, eles estavam cunhando suas próprias moedas de ouro, em Barcelona.

Da mesma maneira, no reino de Leão e Castela, o dinheiro era distribuído aos vassalos pelo principal recipiente dos *parias*, o rei, na forma de salários e donativos. O total de riqueza líquida, de dinheiro vivo, posto em circulação no reino por meio de transações comerciais, surpreenderá a qualquer um que pense que a economia do século XI era morosa, ou de alguma forma "primitiva". Tomemos o caso do conde Gómez Díaz, patrono (e talvez fundador) do monastério de São Zoil de Carrión, na Castela Ocidental, um homem de importância entre os partidários aristocráticos de Fernando I. Um documento redigido em 1057 registra a aquisição de vastas extensões de terras, por meio de 44 transações distintas, efetuadas com diferentes indivíduos (a maior parte por meio de compra, algumas por troca). O conde gastou dinheiro naquilo que hoje nós chamaríamos de "desenvolvimento" da cidade de Carrión, por exemplo, construindo uma ponte sobre o rio, para facilitar e aumentar o tráfego. Não podemos *provar* que os recursos para esses investimentos proviessem do ouro mourisco que chegara a suas mãos por intermédio de seu rei, mas isso parece bastante provável. Da mesma forma, não podemos demonstrar que as 1.600 peças de ouro muçulmano, legadas pelo conde Gonzalo Salvadórez ao monastério de Oña, em 1082, chegaram-lhe, direta ou indiretamente, vindas do rei, embora isso também seja provável.

O próprio Fernando I podia se dar ao luxo de ser um generoso patrono da Igreja. Ele comprou de Sevilha as relíquias de Santo Isidoro, depositando-as na esplêndida casa religiosa fundada por ele em Leão, em honra daquele santo. Foi ele quem encomendou a artesãos estrangeiros o relicário de prata banhada em ouro que conteria as relíquias e o crucifixo de marfim presenteado por ele e pela rainha Sancha, em 1063 (ilustrado na Figura 7). Sua doação mais famosa, entretanto, foi feita a uma igreja de fora da Espanha – o monastério de Cluny.

Em algum momento da segunda metade de seu reino, que não pode ser determinado com precisão, talvez por volta de 1055, Fernando comprometeu-se a fazer um pagamento anual de mil peças de ouro (*aurei,* isto é, *dinars*) ao monastério de Cluny. Com a possível exceção de Montecassino, Cluny, àquela época, era a casa monástica mais rica da Europa Ocidental. A dotação anual de Fernando excedia toda a renda que Cluny obtinha de seu amplo patrimônio. Ela era colossal: "de longe, o maior presente que Cluny já recebera de um rei ou de outro doador laico, e que jamais viria a ser suplantado" – exceto por Afonso VI, filho de Fernando, que dobrou essa quantia, em 1077. A criação do *census* de Cluny, como a dotação veio a ser chamada, fortaleceu o elo que unia o monastério e a dinastia, forjado, originalmente, por Sancho, o Grande. Outros elos o seguiram. Entre 1073 e 1077, Afonso VI entregou aos monges de Cluny quatro casas monásticas espanholas que estavam sob o patrocínio real; essas foram as primeiras das muitas comunidades peninsulares a ingressar na vasta rede subordinada a Cluny. A alta nobreza de Leão e Castela seguiu o exemplo de seu rei: em 1076, a condessa Teresa, viúva de Gómez Díaz, transferiu para Cluny o monastério de Carrión, de propriedade da família. Em 1079, o casamento de Afonso com Constança de Borgonha, sobrinha do abade Hugo, de Cluny, estabeleceu os interesses daquela congregação no coração da corte real. No último quartel do século, religiosos de Cluny chegavam à Espanha em números cada vez maiores, buscando fazer carreira na Igreja espanhola, sob o patrocínio do rei. O mais famoso e influente deles foi Bernard, sucessivamente abade de Sahagún e, a partir de 1086, arcebispo da Toledo recém-reconquistada, a quem reencontraremos a seguir.

A marca de Cluny na Igreja espanhola foi profunda e duradoura. Mas os monges de Cluny não foram os únicos religiosos estrangeiros a desempenhar um papel no reino de Leão e Castela. Aqui vai um outro exemplo: dentre os protegidos da rainha Constança, havia um monge francês de nome Adelelm, do monastério de La Chaise Dieu, em Issoire, no Auvergne, que veio à Espanha a convite dela, por cerca de 1081, sendo posto mais tarde na direção da comunidade religiosa de Burgos, dedicada a prestar assistência aos peregrinos a caminho de Santiago de Compostela. A rainha deixou claro que as responsabilidades de Adelelm não se limitariam a isso. Ela esperava que ele aperfeiçoasse a observância religiosa na Espanha. O que ela certamente tinha em mente eram as alterações na liturgia que vinham convulsionando a vida religiosa em Leão e Castela, naquela época.

Durante o período visigótico, os religiosos espanhóis haviam desenvolvido uma liturgia que lhes era própria. Mais tarde, quando a Igreja espanhola permaneceu em grande medida isolada do restante da cristandade ocidental, ela não foi tocada pelas pressões para padronizar a liturgia, que partiam dos reformadores eclesiásticos carolíngeos e do papado. Os observadores estrangeiros do século XI, portanto, viam-se confrontados com determinados costumes litúrgicos que lhes pareciam estranhos. O calendário eclesiástico era diferente na Espanha, de modo que, por exemplo, a Quaresma não começava na quarta-feira de Cinzas, mas na segunda-feira anterior. Dias de santos diferentes eram celebrados na Espanha: ninguém, do outro lado dos Pireneus, jamais ouvira falar de São Nunilo de Huesca ou de São Veríssimo de Lisboa. Os clérigos espanhóis usavam paramentos diferentes e recitavam orações e trechos diferentes dos Evangelhos. Os fiéis comungavam pão e vinho; quando recitavam o Credo, eles diziam *natum non factum*, em vez de *genitum non factum*, "nascido, não feito", em vez de "gerado, não feito"; quando o Pai-Nosso era rezado, eles diziam amém após cada verso, e não apenas uma única vez, ao final. E a lista de diferenças não pára por aí.

Esses desvios de uma norma que, em outras partes, vinha sendo imposta com rigor cada vez maior eram malvistos pelos reformadores eclesiásticos. As pressões para a observância dos padrões universais da cristandade latina cresceram, à medida que o século avançava, tornando-se imperativas durante o papado de Gregório VII (1073-1085). Ele tinha a intenção inabalável de fazer que a antiga e muito amada liturgia espanhola fosse substituída pelo rito romano, e perseguiu esse objetivo de maneira obsessiva e extremada, em suas negociações com os eclesiásticos e os monarcas espanhóis; dentre esses últimos, especialmente com Afonso VI. Por fim, ele conseguiu o que queria. No Concílio de Burgos, realizado em 1080, foi tomada a decisão de adotar a liturgia romana. A substituição de um ritual por outro parece ter sido um processo gradual, que pode ter sido tempestuoso. Fosse como fosse, esse processo estava em curso no decorrer dos últimos vinte anos daquele século. Dentre os agentes dessa imposição estava uma nova espécie de recém-chegados à cena eclesiástica espanhola, os legados papais, havendo, entre eles, algumas figuras proeminentes, como Geraldo, bispo-cardeal de Óstia, em 1073; o cardeal Richard, de Marselha, que presidiu o Concílio de Burgos de 1080; o abade Jarenton, de Dijon, em 1084; e o cardeal Rainierius, mais tarde o papa Pascoal II (1099-1118), que realizou um concílio da Igreja em Leão, em 1090.

Essa, então, era a Castela onde Rodrigo Díaz nasceu e tornou-se homem feito. Seus precários primórdios haviam ficado para trás, embora sua memória ainda fosse cultuada. A Castela do século XI prosperava sem cessar. Por mais escassos que sejam os registros de seus rebanhos e cavalos, de suas cidades e de seus mercados, de cavaleiros e de nobres, de bispos e abades, dão testemunho de sua vitalidade frenética. A fronteira ainda estava próxima, mas seus perigos haviam recuado, após a desintegração do poder político de al-Andaluz. Para os castelhanos, o sul mourisco agora não representava perigos, mas oportunidades. O ouro muçulmano aguçava apetites, abria perspectivas, sugeria possibilidades. O Eldorado que então se abria não poderia permanecer inexplorado por muito tempo. Os monges de Cluny foram os primeiros grandes beneficiários dessa bonança. Houve muitos outros que dela queriam participar, provenientes da aristocracia feudal da Europa Ocidental, cujas necessidades religiosas eram tão bem avaliadas e tão satisfatoriamente atendidas pelos monges de Cluny e de outras ordens. Temos que tentar captar o tom e o temperamento da vida aristocrática do século XI, pois ela, tanto quanto sua pátria castelhana, faz parte do mundo de Rodrigo Díaz.

6
Contemporâneos

Enquanto o califado de Córdoba agonizava, e Fernando I, em Castela, aprendia a arte de governar, uma outra luta desenrolava-se ao norte, a centenas de quilômetros de distância dali. No verão de 1030, Olaf Haraldson, o rei da Noruega havia pouco deposto, tentou reconquistar suas terras dos regentes que as governavam em nome do grande Canuto, rei da Dinamarca e da Inglaterra. Olaf foi derrotado e morto na batalha de Stiklestad, local próximo a Trondheim, e a partir de uma data pouco posterior à sua morte ele passou a ser venerado como santo, São Olavo. Nessa batalha, ele contou com o auxílio de seu jovem meio-irmão, Harald, filho de um membro de uma das muitas dinastias principescas da Noruega, um chefete de nome Sigurd Sow. Harald Sigurdson foi ferido na luta, mas conseguiu escapar atravessando as montanhas, chegando à Suécia em segurança. No ano seguinte, ele embarcou e atravessou o Báltico, a fim de entrar para o serviço do rei Jaroslav, da Rússia. Há registros em que ele aparece lutando nas guerras russas contra os poloneses. Alguns anos mais tarde, ele se dirigiu ao sul, chegando a Constantinopla, onde passou a servir no exército do imperador Miguel IV. A saga de sua vida, que tomou sua forma final na Islândia do século XIII, tem muito de lendário no relato de suas façanhas no exército bizantino: como ele conquistou oitenta cidades; como ele incendiou uma cidade sitiada, capturando e ateando fogo às andorinhas que faziam ninhos sob os beirais dos telhados de palha das casas; como a imperatriz Zoé mandou prendê-lo instigada por ciúme sexual;

como ele escapou milagrosamente, arrancando os olhos do imperador e raptando sua sobrinha Maria, antes de zarpar em fuga. Há muitas outras coisas assim, e elas devem ter sido de grande utilidade nas fumacentas casas comunais da Islândia medieval, ao aliviar o tédio esmagador das noites de inverno. Mas nem tudo é fantasioso. Em fins da década de 1070, um velho general bizantino, Cecaumenos, aposentado em sua propriedade próxima a Larissa, na Tessália, escreveu uma obra conhecida como *Strategicon*, um livro de conselhos para seus descendentes. Cecaumenos não era dado a excessos de fantasia: um homem cauteloso e prosaico, que desconfiava de floreios e artifícios, confiável como fonte de informação. Ele tinha algo a dizer sobre "Araltes" e sobre seu irmão "Julavos" – Harald e Olaf. Segundo Cecaumenos, Harald serviu contra os muçulmanos da Sicília sob as ordens do maior comandante bizantino da época, George Maniaces, entre 1038 e 1041. Em outra ocasião, ele acompanhou um exército comandado pelo imperador em pessoa, indo esmagar uma rebelião na Bulgária, campanha na qual Cecaumenos também serviu. É possível que Harald tenha também lutado na Ásia Menor e no norte da Síria, e ele fez uma peregrinação a Jerusalém. Quaisquer que tenham sido os detalhes precisos de suas aventuras, foi dito, mais tarde, que elas fizeram dele um homem rico. A saga se torna monótona, ao descrever, repetitivamente, os tesouros adquiridos por Harald:

> Harald acumulou uma imensa quantia de dinheiro, de ouro e de tesouros de todos os tipos. Todo o produto dos saques que ele não gastou com suas despesas, ele enviou, a cuidado de mensageiros de sua confiança, a Novgorod, para ser guardado em segurança pelo rei Jaroslav.

A fonte pode ser tardia, mas seu relato a respeito das riquezas acumuladas por Harald tem de ser verdadeiro. O que aconteceu a seguir o demonstra. Por volta de 1044, Harald deixou o exército bizantino e, atravessando a Rússia, retornou à Escandinávia. Capaz de contratar guerreiros – a prova de sua riqueza –, ele conseguiu forçar seu sobrinho Magnus, que havia herdado o reino da Noruega, a dividir com ele o poder. Quando Magnus morreu, em 1047, Harald tornou-se o único governante da Noruega. Por dezenove anos, ele reinou de forma violenta e triunfante, até embarcar em sua última aventura, a invasão da Inglaterra em 1066. Lá, ele encontrou seu fim no campo de Stamford Bridge, nas mãos de seu homônimo, o rei Harold II da Inglaterra. O "relâmpago do Norte", como o chamava seu contemporâneo, o cronista alemão Adam de Bremen, não atacaria de novo.

A guarda varangiana, mantida pelos imperadores de Constantinopla, era recrutada especialmente na Escandinávia e na Rússia, mas também na Inglaterra – especialmente após 1066, quando a conquista normanda obrigou muitos a partir para o exílio. Essa guarda desempenhou um papel importante na instituição militar, desde seus primórdios, no século X, até a queda de Constantinopla, para os exércitos da Quarta Cruzada, em 1204. Glamourizada por escritores modernos – a iniciativa parece ter partido de Scott, no *Conde Roberto de Paris* –, a guarda varangiana não corre o perigo de ser esquecida. O que pode facilmente passar despercebido é que os varangianos eram apenas um dos muitos contingentes estrangeiros das forças militares e navais bizantinas. Como seus predecessores romanos, em cujo exemplo eles tão freqüentemente se miravam, os imperadores do século XI recrutavam para seus exércitos, de fora das fronteiras imperiais, um caudal ininterrupto de mercenários: georgianos e turcos, do Oriente; petcheneges e cumanos do além-Danúbio; varangianos do norte e normandos do Ocidente.

Dentre esses últimos, um, em particular, alcançou especial notoriedade no Império Bizantino, cerca de uma geração após as aventuras sicilianas de Harald Sigurdson. Roussel de Bailleul era um normando de cujas origens nada se sabe, além da suposição de que fosse natural de Bailleul, próximo de Argentan, no sul da Normandia. Um autor quase contemporâneo seu nos conta que ele teve participação na conquista da Sicília, comandada pelo também normando Roger Guiscard. Nas fontes bizantinas que chegaram até nós, ele surge, de repente, como um capitão mercenário importante, comandando, em 1066, uma força da cavalaria franco-normanda. Suas tropas acompanharam o imperador Romanus Diógenes na sua malfadada expedição contra os turcos seljúcidas, na Ásia Menor Oriental, no ano de 1071. O exército bizantino foi derrotado e o imperador capturado na batalha de Manzikert. As tropas de Roussel mantiveram-se à margem, não participando da luta; talvez, ao que diziam os boatos, subornado à inatividade pelos turcos. Qualquer que tenha sido a verdade acerca da campanha de 1071, o fato é que Roussel continuou no comando de suas tropas e de posse de seu emprego no exército imperial. Durante os anos que se seguiram à derrota de Manzikert, a autoridade do governo central se deteriorou e a Ásia Menor resvalou para a anarquia. A autoridade organizada recuou para as cidades e para os territórios imediatamente adjacentes. Os invasores turcos primeiramente saquearam, para depois passarem a colonizar as zonas rurais. Os refugiados vagavam a esmo. No governo de Constantinopla, facções rivais tentaram por diversas vezes, mas de forma hesitante, restaurar a ordem e coletar impostos.

Oportunidades abundavam, aguardando o surgimento de um franco-atirador ousado. Em 1073, Roussel de Bailleul foi enviado contra os saqueadores turcos, com um exército bizantino comandado por Isaac Comnenus, sobrinho de um antigo imperador. Roussel desertou seu comandante (que foi capturado pelos turcos) e partiu com suas próprias tropas para o norte da Anatólia, onde se estabeleceu em Amásia, a alguma distância da costa do Mar Negro, no centro da Turquia setentrional. Lá, ele criou o que de fato veio a ser um principado independente. Ele derrotou os exércitos enviados contra ele e apresentou um "candidato" ao trono imperial e, para apoiá-lo, enviou um esquadrão de ataque, que chegou até o Bósforo. Quando enfim capturado, sua mulher pagou seu resgate. Ele conseguiu conquistar o respeito dos cidadãos de Amásia, ao que se supõe por defendê-los de fato – um chefe local, capaz de oferecer um pouco de paz a uma comunidade sofrida. Por fim, Alexius Comnenus, irmão de Isaac, e que mais tarde viria a ser imperador entre 1081 e 1118, foi enviado contra ele. Alexius conseguiu subornar um chefete turco a capturar Roussel e mandá-lo de volta a Constantinopla "como um leão enjaulado". Nada mais soubemos de Roussel, e temos razões para crer que seu destino tenha sido atroz, mas, por algum tempo, ele soube aproveitar sua fortuna.

As façanhas de Roussel de Bailleul não fizeram que as autoridades bizantinas desistissem de empregar tropas estrangeiras. Na verdade, elas não poderiam deixar de fazê-lo por duas razões. Esse tipo de recrutamento estava em consonância com a tradição da política imperial que já vigorava há quase um milênio e, durante o século XI, os periclitantes estados do império, atacados por novos inimigos vindos de todos os lados, tinham necessidade absoluta de contingentes estrangeiros. Desse modo, apesar de sua experiência com Roussel, Alexius I continuou adotando essa política após se tornar imperador. Aqui vai um outro exemplo. Voltando de uma peregrinação a Jerusalém, provavelmente em 1089, o conde Roberto de Flandres, um dos maiores magnatas da França, encontrou-se com Alexius e concordou em fornecer-lhe tropas. Os detalhes do acerto não são conhecidos. No entanto, é provável que seus termos fossem semelhantes àqueles firmados entre o filho de Roberto e o rei Henrique I da Inglaterra, em 1101 e, novamente, em 1110: mil cavaleiros flamengos para servir na Inglaterra e na Normandia, por uma soma total de quinhentas libras a ser paga ao conde que os fornecera, os próprios cavaleiros sendo remunerados e compensados por perdas "como é de costume". Tropas flamengas certamente foram enviadas ao Império Bizantino, onde foram empregadas contra os petchenegs, em 1091. A utilização de mercenários flamengos alcançou sucesso tão grande que Alexius tomou coragem para tentar de novo. Em 1095, seus embaixadores apareceram em um concílio da Igreja presidido pelo papa Urbano II, em Piacenza, no norte da Itália, e pediram ajuda militar ao Ocidente. É quase certo que Alexius queria uma força pequena e manejável, de soldados bem armados e bem treinados, como a que havia sido fornecida pelo conde de Flandres. O que ele acabou por conseguir foi uma imensa e indisciplinada ralé, que os historiadores chamam de os exércitos da Primeira Cruzada, embora seus contemporâneos não lhes dessem esse nome. Mas essa é uma outra história.

O Império Bizantino, apesar das dificuldades por que passou no século XI, era resistente, como sua história no século XII viria a mostrar. Ele manteve a reputação que tinha na Europa Ocidental, de fonte de riquezas ilimitadas, oferecendo boa remuneração e boas perspectivas para os soldados. Mas não era o único. Consideremos uma outra família normanda, os Tosny. Estritamente falando, os Tosny eram de origem mais francesa que normanda: devemos, portanto, resistir à tentação de associar às suas características algum nomadismo atávico, herdado de ancestrais vikings. O membro mais antigo da família do qual podemos obter uma impressão foi Ralph de Tosny, vassalo do duque Ricardo II da Normandia no início do século XI. Por razões que desconhecemos, ele se desentendeu com seu senhor e foi exilado. Ele volta a aparecer no sul da Itália, onde se alistou nas forças dos rebeldes apulianos em luta contra a autoridade do imperador bizantino (que, àquela época, ainda dominava a Apúlia e a Calábria). Depois disso, não temos mais notícias dele. Seu filho Roger parece ter se envolvido no episódio que fez que seu pai perdesse os favores ducais, porque na mesma época em que Ralph lutava na Itália (por volta de 1020) Roger podia ser encontrado na Espanha, onde entrou para o serviço da condessa Ermesenda de Barcelona, que enviuvara pouco antes, e que governava o país como regente, em nome de seu jovem filho. Roger foi empregado na defesa do principado contra seus vizinhos muçulmanos, em especial contra Mujahid, do reino *taifa* de Denia, tendo se saído muito bem. Lendas sobre seus feitos naquelas terras não tardaram a surgir. Após no máximo quinze anos, já se dizia que ele apressara a rendição de seus inimigos cometendo atos de canibalismo contra seus prisioneiros de guerra muçulmanos. Qualquer que seja a verdade por detrás dessa história fantástica – como observou um comentarista do século XII, ela parece dever algo à lenda de Atreu e Tiestes –, Roger ganhou notoriedade por suas aventuras espanholas: na Normandia, ele era conhecido como "Roger, o espanhol". Reconciliado com a família ducal, ele voltou à Normandia no início da década de 1030. A fundação da Abadia de Conches, patrocinada por ele em 1035, foi ao menos em parte possibilitada pela riqueza que ele acumulara na Espanha. Roger não viveu muito após seu retorno. Ele foi morto em 1040, no decorrer de uma rixa com uma família vizinha, os Beaumont. O filho de Roger, Ralph, herdou o título e as propriedades do pai. Ele também caiu em desgraça com seu senhor, o duque Guilherme, sendo mandado para o exílio por volta de 1060. Chamado de volta em 1063, quando a invasão do Maine por Guilherme tornou conveniente uma reconciliação com os barões do sul da Normandia, Ralph, a partir de então, serviu fielmente a seu duque. Ele lutou em Hastings, em 1066, e embora ele próprio não tenha adquirido terras na Inglaterra, outros membros de sua família o fizeram: o livro Domesday revela que havia propriedades da família Tosny em Nottinghamshire, Lincolnshire e Yorkshire. Como seu pai Roger, Ralph visitou a Espanha (entre 1066 e 1076), não sabemos se em busca de aventuras militares ou se como peregrino a Santiago de Compostela. Ralph viveu até idade avançada. Antes de morrer, em 1102, viu seu genro, Balduíno de Borgonha, um dos líderes da Primeira Cruzada, estabelecer-se no Oriente, primeiramente como conde de Edessa (1098-1100), e depois como rei de Jerusalém (1100-1118).

O mundo dos Tosny e de suas conexões era vasto: Normandia, Apúlia, Catalunha, Inglaterra, Síria. E era ainda maior que isso. Um parente de Roger de Tosny, de nome Ansgot, também guerreiro subordinado ao duque da Normandia, abandonou a vida secular para tornar-se monge. Ele veio a ser o prior do hospital de peregrinos em Melk, situado às margens do Danúbio, entre Linz e Viena. Nossa fonte para essa informação, bem como para grande parte do que consta acima, é Orderic Vitalis, um monge anglo-francês de Saint-Evroul, no sul da Normandia, um cronista muito observador dessa época, que nos deixou um relato de riqueza incomparável sobre a aristocracia normanda de seu tempo. Seu informante era Goisbert, o médico de Ralph de Tosny, e que posteriormente foi, por cerca de trinta anos, monge no mesmo monastério que Orderic. Orderic sabia do que estava falando.

É digno de nota que as viagens dos Tosny tenham sido, na maioria das vezes, involuntárias: o exílio compulsório. Os duques da Normandia, como outros governantes do século XI, costumavam, com freqüência, usar o exílio como forma de punição. Essa solução saía mais barata que manter um encrenqueiro na prisão, e o governante ainda lucrava com o confisco dos bens do exilado. A expectativa geral era de que o exílio, em circunstâncias normais, não seria demasiadamente longo. Sua duração dependia de uma série de variáveis: a natureza da transgressão, a posição social e os contatos do transgressor, a relativa pobreza do governante, ou sua necessidade de guerreiros, a quantia que o exilado poderia desembolsar para reconquistar as boas-graças de seu senhor, e assim por diante; mas, exceto em casos muito especiais, o mais provável é que ele não durasse mais que alguns anos. Para os guerreiros aristocratas do século XI, uma ou duas temporadas no exílio eram acidentes da vida, tão comuns quanto passar algum tempo no arquipélago de Gulag o era para os dissidentes russos do século XX, mas nem de longe tão desagradável. Uma comparação menos lúgubre seria com os expatriados britânicos (às vezes, um eufemismo) que se estabeleceram no Vale Feliz, no Quênia, nas décadas de 1920 e 1930.

As guerras entre famílias rivais eram uma outra característica da história dos Tosny. Como vimos, Roger de Tosny foi morto durante uma dessas guerras, em 1040, embora não saibamos ao certo o que a teria provocado. Ao que parece, ela surgiu da competição pelo poder travada entre duas famílias rivais da aristocracia. Diz-se que Roger de Tosny declarou guerra a Humphrey de Vieilles. O filho de Humphrey, Roger de Beaumont, matou Roger e dois de seus filhos. Em retaliação, um vassalo dos Tosny, então, matou um irmão de Roger de Beaumont. Depois, ao que parece, a paz entre as duas famílias foi mediada ou imposta pelo duque, pois não mais ouvimos falar dessa vendeta.

Orderic Vitalis relata diversas outras guerras entre famílias semelhantes a essa, mas para que não fiquemos com a impressão de que os normandos eram particularmente dados a rivalidades dessa natureza, nosso próximo exemplo virá da Inglaterra. Em 1016, o conde Uhtred da Nortúmbria foi assassinado, por instigação de seu cunhado, por um outro nobre nortumbriano, de nome Thurbrand. Ealdred, filho de Uhtred, vingou a morte de seu pai matando seu assassino. Carl, filho de Thurbrand, herdou essa guerra. Nesse ponto, amigos intervieram, numa tentativa de reconciliação. A paz foi celebrada entre as duas famílias, e Carl e Ealdred chegaram a fazer planos de irem juntos em peregrinação a Roma, em sinal de amizade. Mas, por alguma razão, o conflito foi reaceso: Carl matou Ealdred por volta de 1038. Ealdred não deixou filhos homens, mas uma de suas filhas foi dada em casamento ao conde Siward da Nortúmbria, que, por sua vez, herdou o dever de vingança, passando-o para seu filho Waltheof. Este conseguiu encurralar todos os filhos e netos de Carl, quando eles festejavam numa reunião de família em Settrington, próximo a Malton, em Yorkshire, massacrando a todos, exceto dois deles. A vendeta só chegou ao fim com a execução do próprio Waltheof, em 1076, nas mãos de Guilherme I (por razões que não tinham nenhuma relação com a vendeta). Essa guerra entre famílias durou sessenta anos, atingindo quatro gerações de dois dos principais clãs da aristocracia do norte da Inglaterra, envolvendo parentes e vizinhos e, provavelmente, ameaçando seriamente a ordem e a estabilidade sociais.

Os mais célebres dos aventureiros aristocráticos do século XI foram os líderes da conquista normanda do sul da Itália e da Sicília. Conquista, aqui, é uma expressão taquigráfica, que rotula de forma simplificada um processo demorado e confuso. Como todos os rótulos, este pode ser enganoso. A conquista "normanda" foi apenas em parte normanda e, decididamente, não foi uma conquista planejada, como o foi a da Inglaterra pelo duque Guilherme; e os invasores em ação na Itália não faziam a mínima idéia de que, no século seguinte, um estado unificado passaria a existir, e menos ainda de que os historiadores o chamariam de o reino normando do sul da Itália e da Sicília. A Itália ao sul de Roma, no século XI, convidava à exploração da mesma maneira que o al-Andaluz dos reis *taifa* e a Ásia Menor depois de Manzikert. Ela era um emaranhado de pretensões rivais e de iniciativas abortadas, em que um governo centralizado havia muito tinha se fragmentado (se é que algum dia existira). Os postos avançados bizantinos na Apúlia e na Calábria; os chamados "ducados lombardos" de Benevento, Cápua e Salerno; as cidades-estados efetivamente independentes, como Nápoles e Amalfi; os amirados muçulmanos da Sicília – todos viviam numa desconfortável coexistência, com estrangeiros esporadicamente intervindo em seus conflitos armados intermitentes, como as tropas alemãs, os exércitos do papa ou a expedição que partiu de Constantinopla, comandada por George Maniaces, na qual Harald Sigurdson lutou.

Mercenários chegavam a essas terras vindos da França, da Normandia e do norte da Itália, trazidos por toda a sorte de fatores: acaso, desespero, tédio, perda de herança, piedade na forma de peregrinações ao santuário de São Miguel – o patrono dos guerreiros, em Monte Gargano –, o aguilhão do exílio, a perspectiva de ganhos fáceis em forma de saque e terras. Os mais empreendedores dentre eles não demoravam muito a agarrar as oportunidades. Um normando de nome Rainulf comprou a cidade de Aversa, próxima a Nápoles, em 1029; seu sobrinho, Richard, estendeu seus domínios em 1058, tomando Cápua após um longo cerco; e sua dinastia governou o principado de Cápua até a década de 1130. Do outro lado da península italiana, um outro normando, Robert, o filho de Tancred de Hauteville, apelidado de Guiscard, "o Astuto", pouco a pouco conseguiu amealhar para si um principado em Apúlia: a cidade de Bari, o último posto avançado do poder bizantino, sucumbiu-lhe em 1071, o ano de Manzikert. Seu irmão mais novo, Roger, invadiu a Sicília em 1061 – Messina rendeu-se naquele ano; Palermo, em 1072, e Siracusa, em 1085. Em seus últimos anos de vida, Robert Guiscard, acompanhado de seu filho, Bohemond, levou sua luta contra o Império Bizantino para o outro lado do Adriático: ele tomou Corfu em 1081, Durazzo (a atual Dürres, na costa albanesa) em 1082 e invadiu a Tessália em 1083, para lá sofrer uma grave derrota. Na época de sua morte, em 1085, Robert planejava uma nova invasão dos Bálcãs. Seu filho Bohemond herdou essas ambições da mesma forma como um homem herdaria um feudo.

A guerra como meio de ganhar a vida, o acúmulo de seguidores, tesouros e terras, o cultivo de inimizades herdadas e a experiência do exílio: essas atividades eram de importância central para a qualidade da vida aristocrática na Europa do século XI. O elemento central a todas elas era o *movimento*. Esse era um mundo de gente num constante ir e vir. É lugar-comum dizer que os reis desse período governavam de forma itinerante. É menos lembrado que os súditos desses reis também eram intensamente móveis. E não apenas os leigos. Examinemos, por exemplo, as origens dos dez papas que ocuparam a Sé de São Pedro durante a vida do Cid, de Clemente II (1046-1047) a Urbano II (1088-1099): um suábio, dois bávaros, três renanos, um natural de Champagne, um lombardo, um campânio e apenas um romano. "Porque amei a justiça e odiei a iniqüidade, eu morro no exílio", disse – nas palavras do salmista – o único romano dentre eles, Gregório VII, em seu leito de morte em Salerno. Seu sucessor, Urbano II, fez seu grande *tour* da França em 1095-1096, durante o qual ele lançou a Primeira Cruzada, em parte, pelo menos, em razão de encontrar-se exilado de Roma. Essa foi uma época na qual dois arcebispos de Canterbury sucessivos, Lanfranc e Anselm, eram naturais do norte da Itália. O arcebispo Adalbert, de Bremen (morto em 1072), enviou clérigos alemães para a Islândia e para a Groenlândia. Missionários ingleses trabalhavam na Suécia. Um borguinhão tornou-se bispo de Santiago de Compostela em 1094, e o normando Arnulf de Chocques veio a ser patriarca de Jerusalém em 1099. A busca por uma vida religiosa mais pura podia levar homens a lugares distantes. Ansgot de Melk estava longe de ser único. São Bruno, o fundador da ordem cartuxa, nasceu na Renânia, lecionou em Rheims, fundou sua primeira casa monástica perto de Grenoble e a seguinte na Calábria. Anastasius, natural de Veneza, tornou-se monge em Cluny, transferiu-se para Mont-Saint-Michel, no litoral da Bretanha, pregou na Espanha, embora sem sucesso, para os muçulmanos, e findou seus dias como ermitão, nos Pireneus franceses.

E não eram apenas os de grande nobreza ou de grande riqueza que se mudavam de um lugar para o outro. Os superpovoados Países Baixos enviaram colonos para lugares tão diversos como a Saxônia, o Pembrokeshire e a Palestina. A conexão comercial anglo-portuguesa data do século XII. Um século antes, os mercadores ingleses que viajavam para a Itália já tinham influência o bastante junto a seu governo para que Canuto negociasse privilégios para eles, durante sua peregrinação a Roma, em 1027. Já na segunda metade do século XI (se é que não antes), negociantes italianos podiam ser encontrados em Constantinopla e em Alexandria. Eslavos podiam acabar nos mercados de escravos de Fustat ou de Córdoba. Soldados de Pisa lutaram na Tunísia em 1087. Quatro bispos alemães levaram um vasto grupo de peregrinos para a Terra Santa, em 1064. Artesãos de Constantinopla trabalhavam em Montecassino; fundidores alemães eram empregados das casas de cunhagem inglesas; havia procura por médicos de Salerno na Galícia; arquitetos franceses praticavam sua arte em Navarra; judeus alemães perseguidos fugiam para a Inglaterra.

A lista poderia ser mais longa, e conteria surpresas e enigmas. Quantas histórias de viajantes, contadas em primeira mão, não terão sido perdidas, em 1060, no Condado de Wexford, quando "Domnall Déisech, chefe dos

Gaedil em piedade e caridade, ele que viajou todas as jornadas feitas por Cristo nesta Terra, descansou no Senhor em Tech Munnu". Contudo, o que estaria fazendo um bispo grego no noroeste da Espanha, em 1012? Não temos a menor idéia, mas seu nome – *Andreas episcopus de Grecia* – consta entre as testemunhas de uma carta patente para a Igreja de Oviedo. Teriam o cavalheiro Ulf, de Lincolnshire, e sua mulher Madselin chegado a Jerusalém, para onde eles estavam prontos para partir quando Ulf fez seu testamento, em 1067? Não saberemos jamais. Teria o menino judeu de Przemysl, a sudeste da Polônia, que foi capturado na guerra e vendido como escravo em Praga, e cuja liberdade foi comprada por um outro judeu de Constantinopla, chegado algum dia a rever seu lar? De todas, a carreira mais estranha talvez tenha sido a de Guynemer: um pirata de Boulogne, que atacava navios no Canal da Mancha e no Mar do Norte, ele acabou como governador de Tarsus, na Cilícia, em 1097.

Esses padrões se repetem na Espanha, fato que não é de surpreender, mas que recebeu menos ênfase do que merece. É de importância fundamental levar isso em conta, se quisermos entender o contexto social da carreira do Cid. Já vimos soldados profissionais do norte cristão se alistando nos exércitos de al-Andaluz e, a seu momento, encontraremos mais exemplos desse fenômeno. Por enquanto, aqui vai um: quando al-Muqtadir, de Saragoça, tentou assassinar seu irmão Yusuf de Lérida, em 1058, ele usou como matador um cavaleiro de Navarra que se encontrava a seu serviço. Da mesma forma, patrões cristãos poderiam recrutar tropas muçulmanas. Ramón IV, conde de Pallars, nos Pireneus, contratou assaltantes muçulmanos e soltou-os sobre seus inimigos internos. Ele deve ter temido que os rebeldes contra sua autoridade tentariam retribuir na mesma moeda, pois ele fez que seus barões jurassem não vir jamais a fazê-lo. O épico castelhano *Los siete infantes de Lara* – talvez o mais antigos dos poemas épicos que chegaram até nós da Espanha medieval – centra-se numa guerra entre famílias, traições e vingança, num cenário de fins do século XI: ele não faria sentido para uma audiência que não estivesse intimamente familiarizada com as vendetas da aristocracia. O exílio era tão comum na Espanha quanto em outros países. O *infante* Ramón, que, em 1076, assassinou seu irmão, o rei Sancho IV de Navarra, empurrando-o num precipício, passou o resto de seus dias exilado no reino *taifa* de Saragoça. Afonso VI de Leão e Castela – que, em 1072, havia vivido exilado por alguns meses em Toledo – mandou para o exílio o conde Rodrigo Ovéquiz, em 1088. O aliado do conde na rebelião, o bispo Diego Peláez, de Compostela, foi forçado a renunciar à sua sé e exilar-se no reino de Aragão. O conde Pedro Ansúrez foi exilado por Afonso VI entre 1103 e 1109.

O conde Pedro passou seu exílio no condado catalão de Urgel. Ele tinha uma ligação familiar com aquela região, por intermédio de sua filha, que havia se casado com o conde de Urgel. O casamento, dessa maneira, unia clãs aristocráticos separados por grandes distâncias. E podia também, é claro, unir os reinos espanhóis a outras partes da Europa. A primeira mulher de Afonso VI era filha do conde Guilherme VIII da Aquitânia; sua segunda mulher, Constança, era irmã do duque de Borgonha; e sua terceira mulher pertencia a uma dinastia não identificada da nobreza do norte da Itália. O rei Sancho Ramírez de Aragão (1063-1094) casou-se com Felícia de Roucy em 1071. O pai desta, Hilduin de Roucy, um barão importante de uma família eminente do norte da França, lutara lado a lado com os aragoneses na captura de Barbastro, nos Pireneus, em 1064. O irmão da rainha, Ebles de Roucy, planejava, em 1073, uma campanha na Espanha, contando com o incentivo de Gregório VII. Um dos sobrinhos dela, Rotrou de Perche, lutou nos exércitos de seu filho, Afonso *el Batallador*, rei de Aragão entre 1104 e 1134, que conquistou Saragoça em 1118. Um outro sobrinho, o bispo Bartolomeu de Laon, esteve presente na consagração da Catedral de Saragoça, em 1119: em sua oração de bênção, ele benzeu também as armas dos que partiam para lutar na Espanha. Um sobrinho-neto de Felícia, Bertrand, encontrou a morte no campo de batalha de Fraga, a última luta e a única derrota de Afonso, *el Batallador*, ocorrida em 1134: seu óbito foi celebrado, em seu país, na catedral de seu tio, em Laon.

A campanha contra Barbastro contara com a participação de outros guerreiros nobres da França, além de Hilduin de Roucy: Guilherme VIII da Aquitânia, Robert Crispin e, talvez, Guilherme de Montreuil. Robert Crispin, mais tarde, passou a lutar contra o Império Bizantino, como Roussel de Bailleul. Guilherme de Montreuil, um normando – ele pertencia à família Giroie, que estivera entre os fundadores do monastério de Orderic, Saint-Evroul –, havia ido para a Itália por volta de 1050, entrando para o serviço de Ricardo de Cápua, transferindo-se, mais tarde, para o serviço do papa Alexandre II, cujas tropas ele comandou na Campânia.

As peregrinações ao santuário de São Tiago traziam centenas, talvez milhares de pessoas para a Espanha, a cada ano. Colonos franceses chegavam para repovoar as cidades e as vilas espanholas. Interesses comerciais quase certamente estavam por trás da participação das frotas de Gênova e de Pisa no cerco de Tortosa, em 1092. Mercadores do sul da França atravessavam os Pireneus para comerciar na Catalunha, em Aragão e em Navarra; e há provas de que os mercadores ingleses já estavam no noroeste da Espanha nos primeiros anos do século XII.

O tráfico não acontecia apenas em mão-única. Afonso VI enviou relíquias para a condessa Ida de Boulogne, mãe do cruzado Balduíno. A filha do rei, Elvira, casou-se com o conde Raimundo IV de Toulouse, o mais destacado dos líderes da Primeira Cruzada. Pelo menos três bispos de seus domínios estiveram presentes ao Concílio de Clermont, do papa Urbano II, no qual foi lançada a cruzada, em 1095. Cavaleiros espanhóis participaram da cruzada, para a desolação do rei Afonso: este, a seguir, fez que o papa ordenasse que esses soldados permanecessem na Espanha, pois havia infiéis o bastante a serem combatidos no próprio país.

Peregrinos, artesãos, noivas, portadores de cartas ou presentes, eclesiásticos, refugiados, negociantes, escravos, colonos, eruditos: as pessoas viajavam em grandes números e pelas mais diversas razões, no século XI tanto quanto em qualquer outro. A idéia amplamente aceita de que os povos da Idade Média tinham menos mobilidade que seus descendentes é gravemente equivocada. No presente contexto, o que deve ser especialmente ressaltado é que os guerreiros-aventureiro da aristocracia viajavam especialmente, embora não de modo exclusivo, visando ao lucro.

"Mantenham-se firmes, confiando de todo o coração na fé de Cristo e na vitória da Santa Cruz, porque, hoje, todos vós (com a graça de Deus) sereis homens ricos." Essa foi a palavra-de-ordem passada entre as fileiras cruzadas, antes de elas se lançarem contra os turcos na batalha de Dorylaeum, em 1097. O relato do qual provém essa citação foi redigido por uma pessoa que havia tomado parte na batalha, no máximo quatro anos após sua ocorrência. Não se poderia pedir uma declaração mais franca dos motivos ambivalentes que animavam os exércitos cruzados. Um outro exemplo desse apelo à cupidez pode ser encontrado numa peça de propaganda crua, mascarada em carta do imperador Alexius ao conde Roberto de Flandres, que mal conseguia disfarçar o convite feito aos cavaleiros da Europa Ocidental para virem pôr as mãos nos tesouros de Constantinopla. Apesar de que seria frívolo negar que muitos dos que participaram da Primeira Cruzada eram inspirados por motivos do mais elevado idealismo, ou que motivos dessa natureza podiam coexistir com outros mais interesseiros, não resta dúvida de que um grande número de cruzados estava lá para abocanhar tudo o que pudesse. Dentre os líderes, isso era particularmente verdadeiro para Bohemond, o filho de Robert Guiscard.

O imperador Alexius Comnenus ficou apreensivo ao saber que Bohemond havia se juntado à Cruzada, em 1096. Como vimos antes, Bohemond acompanhara o pai na invasão das províncias balcânicas do império, em 1081-1084. Havia sido prometido a Bohemond que ele poderia manter sob seu poder quaisquer terras que ele lá conquistasse, podendo transformá-las em principado seu. Ele sentia uma hostilidade inabalável para com o Império, tendo talvez convencido a si próprio de que possuía algum tipo de direito sobre parte de seu território. A recepção em Constantinopla, na primavera de 1097, foi de extrema reserva, enquanto Bohemond, por seu lado, temia que o imperador tentasse envená-lo. "Ele não apenas se recusava a provar qualquer comida, como tampouco aceitava tocá-la com as pontas dos dedos", recordou Ana, a filha do imperador, nas memórias que escreveu sobre seu pai. A preocupação de Alexius mostrou ser plenamente justificada. Depois de os exércitos cruzados terem atravessado a Ásia Menor, eles, em outubro de 1097, montaram acampamento para sitiar Antióquia. A cidade lhes foi entregue por traição, em junho de 1098. Os comandantes da cruzada haviam jurado a Alexius que devolveriam ao seu controle quaisquer territórios anteriormente romanos que eles viessem a reconquistar. Mas quando, nos primeiros dias do ano novo de 1099, eles seguiram viagem para Jerusalém, sob o comando de Raymond de Toulouse, Bohemond não foi com eles. Deixou-se ficar na qualidade de "Príncipe de Antioquia", título que ele tomou para si pouco depois.

Bohemond dedicou o resto de sua vida à tentativa de consolidar seu poder sobre a Antioquia e seus territórios circundantes, e a repelir seus inimigos cristãos bizantinos e muçulmanos sírios. Expulsou de Antioquia o clero grego, substituindo-o por padres latinos. Concedeu privilégios comerciais aos genoveses, em troca de auxílio naval. Recrutou soldados e colonos em suas propriedades na Apúlia. Mas não teve sorte. No verão de 1100, foi capturado por um dos amires turcos da Anatólia, passando três anos no cativeiro. Durante esse período, seu sobrinho Tancred governou o principado da Antioquia como seu regente. Liberado em troca de um resgate colossal, em 1103, Bohemond retornou a Antioquia. Reveses militares ocorridos em 1104 o convenceram de que era de importância vital reunir tropas maiores do que as que lhe estavam disponíveis no Oriente e, desse modo, ele retornou à Europa Ocidental, novamente delegando a regência a Tancred – e passou os anos de 1105 e 1106 na Itália e na França, recrutando homens e levantando dinheiro. Em 1107, abriu combate contra o Império Bizantino sitiando Durazzo. O imperador Alexius, à essa época, encontrava-se em situação muito mais forte do que um quarto de século antes, quando Bohemond e seu pai haviam lutado pela primeira vez nos Bálcãs. Vencidos pela estratégia superior das tropas bizantinas, Bohemond viu-se obrigado a firmar uma paz humilhante, em 1108. A seguir, ele se retirou para a Apúlia, onde morreu em 1111, sendo enterrado num peque-no mausoléu, um lindo edifício que ainda está de pé em Canossa di Puglia.

Bohemond pode ter morrido na desolação, mas seus descendentes governaram o principado de Antioquia fundado por ele até 1268. Sua car-reira nos oferece um exemplo notável das possibilidades que se abriam para os aventureiros aristocráticos do século XI. Os feitos de El Cid foram moldados na mesma forma que os de Bohemond. Valência era uma cida-de menos importante que Antioquia, faltando-lhe a grandiosidade numinosa do passado imperial e cristão da cidade asiática. Rodrigo não deixou her-deiros varões para assumir o principado que ele fundou em 1094, e que não durou mais que oito anos. No entanto, a fama do Cid foi bem mais longe que a de Bohemond. Como podemos saber o que pensamos saber sobre ele?

Intervalo

7
As fontes

As fontes escritas que chegaram até nós, tratando da vida de Rodrigo Díaz, podem facilmente ser lidas no decorrer de um único dia. Elas são, portanto, relativamente abundantes, se comparadas com os atuais índices de sobrevivência dos documentos do século XI. Um exame minuciosamente crítico delas, contudo, levaria um tempo muito mais longo, pois sua interpretação é sabidamente difícil. O esboço a seguir representa uma tentativa de fornecer uma introdução à natureza e às deficiências dessas fontes.

Os escritos históricos da Alta Idade Média, na Espanha cristã, eram parcos e medíocres. Essa pobreza da historiografia espanhola foi muitas vezes notada, mas nunca satisfatoriamente explicada. Talvez a razão principal seja, simplesmente, que na Espanha nunca houve mestres na arte da composição histórica, que poderiam ter inspirado uma tradição viva de estudos e escritos, e tampouco havia muita familiaridade com as obras dos mestres de outros países. A grande obra-prima dos escritos históricos da Alta Idade Média, *A história eclesiástica do povo inglês*, de autoria do monge nortumbriano Bede, concluída em 731, teve efeitos de longo alcance sobre a produção de escritos históricos, não apenas na terra natal de Bede, mas também por todo o reino dos francos, onde a obra alcançou grande notoriedade. Mas a *História eclesiástica* não circulou na Espanha, e tampouco a Espanha chegou a produzir seu próprio Bede. É bem verdade que a erudição latina era cultivada com grande seriedade na Espanha visigótica e que, no século VII, os estudiosos mais cultos e as bibliotecas mais bem fornidas da Europa Ocidental lá se encontravam. No entanto, parece que o estudo da história era considerado pouco atraente. O erudito mais eminente da época, Isidoro de Sevilha (morto em 636), chegou a escrever alguns trabalhos históricos, dentre muitas outras obras, mas eles eram esparsos, curtos e, a nossos olhos, bastante decepcionantes. O mais influente dos legados de Isidoro aos historiadores da posteridade foi uma série de breves notas sobre os reinados dos monarcas visigóticos, intitulada *História dos godos*. Essa tradição de composição histórica foi retomada no reino das Astúrias, no século IX, talvez sob o estímulo da importação das obras de Isidoro, trazidas por imigrantes moçárabes chegados de al-Andaluz. Sob o patrocínio da corte real do tempo de Afonso III, foram escritas crônicas que davam continuidade às de Isidoro – tendo em comum com estas a mesma natureza escassa – relatando a história dos reis do século VII no meado do século IX. Estas, por sua vez, foram mais tarde retomadas pelo bispo Sampiro de Astorga (morto em 1042) e pelo bispo Pelayo de Oviedo (morto em 1153): a crônica de Sampiro abarca o período de 866 a 982, e a de Pelayo, o período de 982 a 1109.

A crônica de Pelayo ao menos nos fornece um esboço dos acontecimentos públicos do reino de Leão e Castela à época de Rodrigo. Mas deve-se ressaltar que se trata de um esboço muito elementar. Se comparado às crônicas muitíssimo mais sofisticadas que vinham sendo produzidas em outras partes da cristandade latina, o trabalho de Pelayo era extremamente superficial. Como exemplo, aqui vai uma tradução de seu relato sobre o reino do rei Afonso V de Leão, que governou de 999 a 1028:

> Com a morte [de Bermudo II], seu filho Afonso, de cinco anos, sucedeu-o no trono na Era de 1037 [999 A.D.]; e ele foi criado pelo conde Menendo González e por sua mulher, a condessa Mayor, na Galícia. Eles deram a ele em matrimônio sua filha Elvira, de quem ele teve dois filhos, Bermudo e Sancha. Naqueles dias, o rei Fernando, filho do rei Sancho [de Navarra], casou-se com Sancha, filha do dito rei Afonso. Então, o dito rei Afonso foi a Leão, e lá realizou um conselho, com bispos, condes e homens importantes, e repovoou a cidade de Leão, que havia sido arrasada pelo rei muçulmano Almanzor, e em Leão ele promulgou ordens e leis para serem obedecidas até o dia do fim do mundo, e que foram escritas ao fim da história dos reis dos godos e dos aragoneses. Ele reinou por 26 anos [sic], e foi morto por uma flecha, na cidade de Viseu, em Portugal. Ele foi enterrado em Leão, com sua já citada mulher, Elvira.

Isso é tudo que nossa principal fonte tem a dizer sobre um reino que durou quase trinta anos: um parco material.

Os anais, quer eles se ativessem a relatos ano a ano ou, como aqui, à linha sucessória dos reis, eram um dos principais gêneros da composição histórica nos primórdios da Idade Média. Um outro deles era o que poderia ser chamado, em sentido bastante lato, de biografia cristã. Aqui, o principal componente era a hagiografia, escritos tratando de homens e mulheres que eram vistos como sagrados, os santos. O primeiro objetivo do hagiógrafo não era o simples registro de informações, mas a celebração de seu personagem e, por esse meio, a transmissão de ensinamentos. Exemplos de vidas virtuosas e mortes santas, de resistência a tentações e realização de milagres visavam elevar os devotos e incentivá-los à veneração e à emulação. É fácil zombar de trabalhos dessa natureza, mas eles representam uma das principais fontes de informação sobre os primeiros tempos da Idade Média das quais dispõe o historiador de hoje. Se manuseadas com sensibilidade, as vidas dos santos têm muito a nos dizer sobre crenças, suposições e esperanças, temas impossíveis de ser colhidos de outras fontes, além de trazerem muitas informações sobre os negócios mundanos da vida cotidiana. Por exemplo, o episódio sobre São Juan de Ortega e os gatunos que roubaram seu material de construção, citado num capítulo anterior, foi retirado de uma vida do santo, escrita no século XII. Aqui também, contudo, a tradição literária espanhola era bastante fraca. Apenas três obras hagiográficas do período visigótico sobreviveram até nós, em contraposição às dúzias delas escritas na França, na Itália e nas Ilhas Britânicas durante os séculos VII e VIII. Como aconteceu com as crônicas, também a hagiografia espanhola sofreu com a escassez de modelos mais antigos, o que parece ter inibido seu desenvolvimento posterior. A única vida de santo que chegou até nós da Espanha do século XI é a *Vida de São Domingos de Silos* (morto em 1073), e seu autor foi um imigrante francês.

A combinação da hagiografia com elementos de uma tradição clássica redescoberta – em especial, a *Vida dos césares,* de Suetônio – fez surgir um outro tipo de biografia cristã, a vida de um rei. O pioneiro foi *A vida de Carlos Magno,* escrita por Einhard no século IX, e no século XI esse gênero literário já estava bem estabelecido. Desse período chegaram até nós as vidas de três imperadores alemães, de dois reis ingleses e de um rei francês. Nem sequer uma única biografia real dessa natureza foi escrita na Espanha. É bem verdade que o autor da crônica conhecida como a *Historia silense* – que, apesar do nome, foi composta em Leão, por volta de 1120 – pretendia escrever a vida de Afonso VI (1065-1109), pois isso ele nos afirma. Se a obra chegou a ser escrita, ela foi perdida; mas o mais provável é que nunca tenha sido redigida.

Crônicas e história eclesiástica, vidas dos santos e biografias de reis – esses eram os principais tipos de escritos históricos em prosa latina comuns na cristandade ocidental no século XI. A contribuição espanhola foi escassa ou nula.

A poesia também podia ser veículo de escritos históricos. Vidas de santos ou histórias de comunidades religiosas podiam ser postas em versos, como no poema de Alcuin, escrito no século VIII, sobre a história da igreja de York. A redescoberta da poesia panegírica clássica e uma disposição a ampliar o potencial dos hinos levaram à celebração dos acontecimentos públicos em versos latinos – a libertação de Paris dos ataques dos vikings, os feitos de Oto I da Alemanha, a expedição dos soldados de Pisa contra a cidade tunisiana de Mahdia ou os triunfos da Primeira Cruzada. Aqui, também, a contribuição espanhola foi medíocre, embora exceção deva ser feita à Catalunha, onde determinados centros de erudição, principalmente o monastério de Ripoll, cultivavam uma tradição de poesia pública.

A primeira composição literária dedicada às aventuras de Rodrigo Díaz foi um poema desse tipo. Hoje na Bibliotèque Nationale de Paris, ele chegou a nós num manuscrito que foi levado da Catalunha à França no século XVII. O manuscrito havia sido copiado em Ripoll, por volta do ano 1200, certamente antes de 1218. Ele contém três poemas do tipo encomiástico discutido antes. O primeiro trata da conquista de Jerusalém pelos cruzados, em 1099, e o terceiro é um elogio ao conde Ramón Berenguer IV de Barcelona (morto em 1162). É o segundo que nos interessa: um conjunto de versos em latim celebrando os primeiros feitos militares de Rodrigo Díaz, que é mencionado diversas vezes pelo título *campi doctor* (do qual teremos mais a dizer a seguir). Essa característica forneceu aos estudiosos o nome pelo qual o poema, sem título no manuscrito, é geralmente conhecido: *Carmen Campi Doctoris*, ou "Canção do campeador". Na cópia manuscrita, o poema está incompleto, consistindo de 129 linhas, divididas em 32 estrofes de quatro linhas mais a primeira linha de uma trigésima terceira. Não há indicação de autoria.

O poema se inicia com algumas estrofes convencionais, nas quais o autor anônimo lamenta ser indigno de cantar o herói Rodrigo. Ele, então, se volta para o exame dos antecedentes de Rodrigo, para seu triunfo, ainda quando jovem, sobre um campeão de Navarra e para os serviços sucessivamente prestados por ele às casas reais de Sancho II de Castela e de Afonso VI. Ele prossegue relatando como os inimigos que Rodrigo tinha na corte envenenam a mente do rei contra ele, fazendo que fosse mandado para o exílio. Rodrigo derrota um exército enviado contra ele pelo rei Afonso, comandado pelo castelhano conde García Ordóñez. O autor então se volta para uma terceira façanha militar, a vitória de Rodrigo sobre o conde de Barcelona em Almenar, próximo a Lérida. Essa luta é tratada por meio de uma elaborada descrição do herói armando a si próprio, mas o poema, tal como o possuímos, é interrompido nesse ponto, antes de a batalha ter início. (A parte que falta no texto – algo em torno de dez estrofes – foi deliberadamente apagada do manuscrito, por razões que só podemos tentar adivinhar.)

Aqui vai uma amostra desses versos, seguida de uma tradução em prosa (estrofes 6 e 7, linhas 25-32):

> *Hoc fuit primum singulare bellum*
> *cum adolescens devicit Navarrum;*
> *hinc campi doctor dictus est maiorum*
> *ore virorum.*
> *Iam portendebat quid esset facturus,*
> *comitum lites nam superatus,*
> *regias opes pede calcaturus*
> *ense capturus.*

Essa foi a primeira luta que ele combateu sozinho, quando, ainda jovem, derrotou o campeão de Navarra; por essa razão foi chamado *campi doctor* pelos mais velhos.

Ele já dava mostras do que mais tarde faria: pois ele iria derrotar os esforços dos condes, e pisoteá-los, e conquistar com a espada a riqueza dos reis.

Obviamente, a verve do original se perde na tradução em prosa. O poema foi composto com ritmo e métrica – tecnicamente conhecidos como ritmo sáfico com rimas homotelêuticas –, que, com freqüência, embora não exclusivamente, eram usados em hinos, com o claro objetivo de serem recitados em voz alta.

O autor, evidentemente, era um homem culto, capaz de escrever versos de qualidade em bom latim. Ele conhecia a Bíblia e conhecia Virgílio.

Além disso, ele deve ter escrito para uma audiência igualmente culta, para a qual não apenas sua dicção, mas também suas alusões a Homero, a Enéas e à Guerra de Tróia eram inteligíveis. A maior parte dos estudiosos vê como muito provável a hipótese de a *Carmen* ter sido composta no monastério de Ripoll. A data de sua composição já foi objeto de muitos debates. Uma data pouco posterior ao último acontecimento mencionado no poema, ou seja, a batalha de Almenar, que teve lugar em 1082, foi recentemente apontada, e defendida, com argumentos muito convincentes. Embora nem todos aceitem a argumentação em favor dessa data, ela me parece sólida o bastante para justificar a adoção da hipótese de trabalho de que a *Carmen* teria sido composta por volta de 1083. Em um capítulo posterior, teremos mais a dizer sobre as circunstâncias nas quais ela foi composta.

A segunda obra literária em latim dedicada a Rodrigo Díaz é de natureza totalmente diversa, mais importante para nós que a *Carmen* e muito mais desconcertante. Trata-se de um relato em prosa sobre os feitos de Rodrigo, ao qual os estudiosos convencionaram chamar de *Historia Roderici*. Esse não é o título original, mas sim um título moderno. Na mais antiga das cópias que sobreviveram, hoje preservada na biblioteca da Real Academia de la Historia, em Madri, o trabalho traz simplesmente o cabeçalho de *Hic incipiunt gesta Roderici campi docti*, ou "Aqui começam os feitos de Rodrigo, o Campeador". Não há indicação de autoria nem dedicatória.

Os editores modernos dividiram a obra em 77 capítulos: embora essa divisão não se encontre nos manuscritos, a convenção é útil, e será aqui mantida. Os primeiros seis capítulos narram de forma muito sumária os primeiros trinta e poucos anos da vida de Rodrigo, até seu casamento: é evidente que o autor sabia pouco sobre o início da carreira de seu personagem. A seção seguinte do texto, do capítulo 7 ao capítulo 24, relata, em um grau de detalhe consideravelmente maior, os acontecimentos que levaram Rodrigo a ser exilado de Castela, em 1081, e o que ocorreu durante seu exílio em Saragoça, entre 1081 e 1086. Os capítulos de 25 a 27 contam por alto seu retorno às boas-graças de Afonso VI e à sua terra natal, nos anos de 1086 a 1088. O autor então nos fornece uma narrativa muito mais detalhada (capítulos 29-64) das atividades de Rodrigo entre 1089 e 1094, culminando com o sítio e a captura de Valência. Sobre os anos 1095 e 1096 nada é dito, e os capítulos finais (65-75) relatam os acontecimentos dos dois últimos anos da vida de Rodrigo, 1097-1099. Um epílogo, nos capítu-

Em busca de El Cid

los 76 e 77, arremata a história com a narrativa da evacuação de Valência, em 1102.

A cobertura da carreira de Rodrigo é, portanto, desigual; o autor anônimo parece ter sabido muito mais sobre determinadas fases do que sobre outras. Ele aliás o reconhece, na única sentença que constitui o capítulo 27:

> Nem todas as guerras e aventuras bélicas que Rodrigo fez com seus cavaleiros e companheiros estão escritas neste livro.

Essa é uma confissão curiosa: honesta, despojada e direta. Há de fato determinadas qualidades do autor e de sua obra que chamam a atenção do leitor a cada página. Ele era um homem comum, que escrevia em latim simples. Há uma sugestão clara de fraseologia bíblica no capítulo 28, mas nenhuma indicação de que o autor possuísse cultura literária. Ele se comunica de forma direta e lacônica. Ele não usa artifícios. Seu estilo é austero ao ponto da frieza; em toda a obra, a única figura de linguagem é uma metáfora, usada por duas vezes: "Rodrigo permaneceu imóvel como pedra". A *Historia* será abundantemente citada nos próximos capítulos, mas apenas para dar ao leitor uma primeira prova de seu sabor, aqui vai uma passagem curta, traduzida do capítulo 15, que trata das guerras do ano de 1082:

> Bem, Rodrigo estava baseado, àquela época, no castelo de Escarp, entre os rios Segre e Conca, que ele havia tomado antes, com grande ousadia, fazendo prisioneiros todos os seus habitantes. De lá, ele enviou um mensageiro a al-Mu'tamin, contando-lhe dos sofrimentos do castelo de Almenar e da ameaça que pairava sobre ele, e para informá-lo que os que se encontravam no castelo estavam exaustos e famintos e quase ao fim de suas forças. Novamente, Rodrigo, com grande ansiedade, enviou outros mensageiros levando cartas suas a al-Mu'tamin, implorando-lhe que viesse libertar o castelo que ele havia construído. Al-Mu'tamin veio imediatamente a Rodrigo, encontrando-o no castelo de Tamarite. Lá, eles reuniram-se em conselho...

O autor mantém esse nível de sobriedade estilística, essa absoluta ausência de verve, ao longo de toda a obra.

O mais antigo dos textos da *Historia Roderici* que sobreviveram até nós está contido em um manuscrito copiado na primeira metade do século XIII. Quando ele, pela primeira vez, foi trazido à atenção dos especialistas, nos anos finais do século XVIII, ele foi guardado no monastério de San Isidoro,

125

em Leão. É provável, entretanto, que essa cópia tenha sido feita mais a leste, talvez em Castela ou na região de Rioja. Alguns historiadores sugerem que esse manuscrito sobrevivente talvez seja o mesmo manuscrito mencionado em um documento de 1239, e copiado para o prior de Carrión, em 1232 ou 1233, a partir de um exemplar existente no monastério de Nájera; hipótese plausível, embora pouco provável. O manuscrito contém uma vasta coleção de outros textos históricos dos primeiros tempos da Espanha. Isidoro está lá, e também a narrativa do século VII, de autoria de Juan de Toledo, sobre a rebelião do conde Paulo contra o rei visigótico Wamba, as crônicas do reino de Afonso III, a compilação datada do século XII conhecida como a *Crónica Nájerense Crônica de Nájera*, além de vários outros documentos de diversos tipos, tais como genealogias reais. Entre eles, a *Historia Roderici* é incluída sem nenhum comentário.

É evidente que o editor ou o escriba do manuscrito que chegou até nós não era o autor da *Historia*. O texto contém uma série de erros de transcrição, mostrando que o escriba copiara de um exemplar colocado à sua frente (ou a ele ditado). Desse modo, nosso manuscrito mais antigo é uma cópia de segunda mão, talvez mais, do original perdido. O problema é descobrir em que ano anterior à data aproximada de 1230, provável ano da cópia que possuímos, o autor anônimo compôs sua obra. Essa é uma questão que já foi objeto de discussões acaloradas e sempre inconcludentes. O último acontecimento passível de datação a ser mencionado no texto é a evacuação de Valência, realizada por Jimena, a viúva de Rodrigo, em 1102, três anos após a morte de seu marido. Isso nos fornece um *terminus post quem*: a obra só pode ter ganho sua forma final depois de 1102. Mas quanto tempo depois?

Duas considerações fazem que eu me incline a cautelosamente optar por uma data imediatamente subseqüente. A primeira delas é suscitada pelo que poderia parecer não passar de um lapso trivial de cópia, na grafia do patronímico "Sánchez" (filho de Sancho), no capítulo 23 do manuscrito mais antigo: a letra "a" foi substituída pela letra "u". Esse é um erro de pequena monta, mas ele significa mais do que parece à primeira vista. Durante os últimos anos do século XI e os primeiros do século XII, a escrita tradicionalmente usada na Espanha, conhecida como a escrita visigótica, foi gradualmente substituída pela escrita conhecida na Espanha como *francesa*. Essa troca fez parte do conjunto de mudanças eclesiásticas e culturais que vinham transformando a vida espanhola àquela época, já mencionada num capítulo anterior. A nova escrita devia seu nome ao fato de ter origem no reino franco, no tempo de Carlos Magno, a era da chamada renascença carolíngea: daí ser ela muitas vezes denominada escrita carolina ou carolíngea. Nela, as formas eram, essencialmente, as mesmas ainda hoje usadas por nós. Embora a escrita visigótica ainda fosse usada nas regiões mais conservadoras do norte e do oeste da Espanha – as Astúrias e a Galícia – até a segunda metade do século XII, em Aragão, em Castela e em Leão seu uso já era raro por volta de 1125 e praticamente nulo por volta de 1140. Um dos pontos de diferença entre a escrita visigótica e a francesa era a forma da primeira letra do alfabeto: na escrita visigótica a letra "a" era aberta no topo, assemelhando-se muito à letra "u", tal como grafada por um escriba que se utilizasse da escrita francesa. Quando ocorre um erro do escriba, no qual o "a" de topo aberto é grafado como "u", é razoável supor que o manuscrito sendo copiado pelo escriba estivesse grafado em escrita visigótica. Esse erro é comum nos manuscritos espanhóis desse período. Parece, pois, provável que o original perdido da *Historia Roderici* estivesse grafado em escrita visigótica. Embora, é claro, isso não sirva como prova de que o original tenha sido redigido antes de 1125, essa é uma hipótese provável.

A segunda consideração é de natureza diferente, não está relacionada à forma na qual a obra foi transmitida, mas a seu conteúdo. O autor anônimo estava tão bem informado sobre algumas passagens da carreira do Cid que é difícil crer que ele não houvesse estado presente para testemunhar os acontecimentos descritos por ele (ou que, pelo menos, ele tivesse conversado com pessoas que lá haviam estado). Consideremos, por exemplo, este relato das atividades de Rodrigo na costa oriental da Espanha, nos primeiros meses do ano de 1090, que ocorre no capítulo 36:

> Após o rei ter regressado a Toledo, Rodrigo acampou em Elche, e lá celebrou o dia de Natal. Depois da festa ele partiu de lá, seguindo pela costa até chegar a Polop, onde havia uma grande caverna cheia de tesouros. Ele a sitiou e apertou o cerco; após alguns dias ele derrotou os que a defendiam e ousadamente entrou nela. Dentro, ele encontrou muito ouro e prata e sedas e inúmeros objetos preciosos. Ele tirou do que havia encontrado as riquezas de que necessitava e, carregado delas, deixou Polop e seguiu viagem até chegar a *Porto Tarvani* [não identificado] e, nas cercanias da cidade de Denia, em Ondara, ele restaurou e fortificou um castelo. Lá ele jejuou durante a estação santa da Quaresma e celebrou, naquele mesmo lugar, a Páscoa da Ressurreição de Nosso Senhor Jesus Cristo...

A abundância de detalhes quanto a datas e lugares – um deles obscuro a ponto de não poder ser identificado hoje – relacionados a esses acontecimentos relativamente insignificantes sugere que por trás dela havia uma testemunha ocular. Há, na *Historia*, outras informações de primeira mão. O autor cita documentos pouco relevantes, que não teriam sobrevivido por muito tempo às circunstâncias que os suscitaram (por exemplo, as cartas constantes dos capítulos 38 e 39). Ele consegue listar os prisioneiros feitos por Rodrigo em alguns de seus embates (por exemplo, no capítulo 23). Ele estava a par das desconcertantes reviravoltas na sorte política dos reis *taifa* com que Rodrigo tinha negócios. Por diversas vezes, ele se mostra familiarizado com a topografia das diferentes regiões da Espanha oriental onde Rodrigo lutou. Ele consegue descrever como Rodrigo reconstruiu o castelo de Benicadell (capítulo 46); fornece o melhor relato de que dispomos sobre a sucessão ao trono de Aragão, em 1094 (capítulo 64); sabe o valor do cálice presenteado por Rodrigo à catedral de Valência em 1098 (capítulo 73). Essas características da obra decerto não provam que ela tenha sido escrita em data remota, mas é mais fácil explicá-las se o trabalho tiver sido composto, digamos, nos vinte anos que se seguiram à morte de Rodrigo, do que seria caso tivesse uma data próxima a 1145 ou 1170 (as outras duas datas consideradas mais prováveis).

Duas outras características da *Historia Roderici* talvez corroborem esse ponto de vista. Em primeiro lugar, chamou a atenção de diversos críticos o fato de o autor não mencionar determinados acontecimentos que diziam respeito a seu tema: por exemplo, a morte do rei Afonso VI (1109), a captura de Saragoça pelos almorávidas (1100), a morte da viúva do Cid, Doña Jimena (cerca de 1116?) ou o cerco e a conquista de Saragoça por Afonso I de Aragão (1118). Essa série de omissões impressionou tanto o grande crítico e historiador espanhol Ramón Menéndez Pidal que se tornou a base principal de sua argumentação a favor da hipótese de o trabalho ter sido composto antes de 1110. Mas indícios negativos como esses são quase sempre escorregadios. É a interpretação dada pelo estudioso às intenções do autor desconhecido que confere significado a essas omissões. Desse modo, inclino-me a dar menor peso a esse argumento do que Menéndez Pidal optou por fazer. Mas não o ignoro de todo.

A outra característica da obra que pode ser vista como corroboradora de uma data mais antiga é a neutralidade do tom geralmente adotado pelo autor. A obra é, confessamente, um relato dos *Gesta Roderici*, "Os feitos de

Rodrigo". O autor evidentemente o admirava e, como veremos a seu momento, fez o possível para apresentar os atos de Rodrigo em uma luz favorável. No entanto, o herói nem sempre é tratado de forma heróica. Em uma passagem notável, o autor, aliás, critica-o acerbadamente. Ela ocorre no capítulo 50 e vale a pena citá-la:

> Por fim, Rodrigo partiu de Saragoça com um grande e numeroso exército, entrando nas regiões de Calahorra e Nájera, que ficavam nos domínios do rei Afonso, estando sujeitas à sua autoridade. Lutando bravamente, ele tomou tanto Alberite como Logroño. Da maneira mais selvagem e impiedosa, ele devastou todas essas regiões, com fogo implacável, destrutivo e irreligioso. O produto dos saques era imenso, mas entristecia até as lágrimas. Com devastação cruel e ímpia, ele arrasou e destruiu aquelas terras. Ele arrancou delas todos os seus bens, riquezas e tesouros, tomando-os para si. Ele, então, deixou para trás aquela região, seguindo para o castelo de Alfaro...

Pela única vez, e talvez com boas razões, o autor deixa cair sua disciplina estilística: o latim do trecho citado é complexo, e minha versão é uma paráfrase, mais que uma tradução. Mas não há dúvida de que o autor ficou chocado com a devastação selvagem infligida por Rodrigo a Rioja, em 1092, e ele não via razão para não dizê-lo. Em épocas posteriores, Rodrigo foi tratado de forma infalivelmente encomiástica. Observem também o tratamento dado pelo autor ao enterro de seu personagem. No capítulo final, ele nos conta que Doña Jimena fez que o corpo de Rodrigo fosse enterrado no monastério de Cardeña. Porém, nada mais é dito, como se a questão fosse de menor importância. Em tempos posteriores, como veremos, os monges de Cardeña dariam muita importância e tirariam todo o partido possível de sua posse dos restos mortais não apenas de Rodrigo e de sua mulher, mas também dos de seu cavalo. O fato de o autor da *Historia* não ter se demorado na questão da última morada do Cid parece corroborar a hipótese de a obra ter sido composta em uma data mais antiga.

Biografias de homens laicos que não fossem nem reis nem santos eram extremamente raras na Alta Idade Média. A *Historia Roderici* tem o direito de ser vista como uma das primeiras a serem redigidas. Exatamente essa raridade ocasionou o ceticismo dos críticos, o que aliás é compreensível. Mas, mesmo supondo que seja precoce, ela não é absolutamente única. Os feitos de Richard de Cápua, o aventureiro normando que se sagrou príncipe de Cápua e morreu em 1078, foram celebrados por Amatus de Montecassino, em sua *Historia Normannorum*, provavelmente composta antes de 1080. Godofredo Malaterra celebrou as façanhas do conde Roger da Sicília, em uma obra escrita durante a vida de seu personagem. Um outro paralelo existe no trabalho conhecido como os *Gesta Tancredi* ("Os feitos de Tancred"). Como vimos no capítulo precedente, Tancred era sobrinho de Bohemond, filho de Robert Guiscard. Ele acompanhou seu tio na Primeira Cruzada e o auxiliou na conquista da Antioquia. Durante os períodos em que Bohemond esteve ausente da Antioquia, primeiramente no cativeiro (1100-1103) e depois no Ocidente (1104-1106), Tancred atuou como regente. Após a morte de Bohemond, em 1111, Tancred o sucedeu como príncipe da Antioquia até sua própria morte, ainda jovem, em 1112. Pouco tempo depois, o padre normando Ralph de Caen, que imigrara para o principado de Antioquia, compôs sua *Gesta Tancredi*. Havia uma certa similitude entre as carreiras quase contemporâneas de Rodrigo e de Tancred. A *Gesta* de Ralph é uma obra de natureza bem diversa da *Historia Roderici*: é muito mais longa e tem pretensões mais literárias. Creio ser altamente improvável que o autor da *Historia Roderici* conhecesse o trabalho de Ralph, ou vice-versa. O ponto que desejo defender é simplesmente que contextos político-militares não totalmente díspares, em extremos opostos do Mediterrâneo, podiam gerar obras que celebravam feitos notáveis em prosa latina, não muito tempo depois de sua ocorrência. (É bem provável que pelo menos a existência de obras literárias dedicadas aos líderes normandos na Itália tenha chegado aos ouvidos de alguns espanhóis: a *Historia* de Amatus Montecassino celebrava Robert Guiscard, tanto quanto Richard de Cápua, e a filha de Robert casou-se com o conde Ramón Berenguer II de Barcelona. Havia pelo menos um monge espanhol na comunidade de Montecassino, nesse período.)

Essa é uma longa e inconclusa discussão. Em suma, é possível defender a hipótese de que a *Historia Roderici* foi escrita não muito depois da morte de seu personagem. Esse fato se coaduna com algumas outras características da obra, como a sobriedade geral do tom e da forma com que os fatos foram tratados, visando inspirar confiança na história sendo relatada. É evidente que o autor anônimo não deve ser lido acriticamente, e não o será nas páginas a seguir. No entanto, sua obra continua sendo a fonte mais confiável para a interpretação da carreira de Rodrigo.

Os habitantes muçulmanos de al-Andaluz, que escreviam trabalhos históricos em língua árabe, pertenciam, como é desnecessário dizer, a uma tradição literária muito diferente da que florescia na cristandade latina. Três obras, pertencentes a gêneros literários distintos, mas que podem, de forma não muito estrita, ser consideradas como históricas, são de importância para nosso estudo da vida do Cid. Ibn 'Alqama – ou, para dar-lhe seu nome completo, Abu 'Abd Allah Muhammad ibn al-Khalaf ibn 'Alqama – era natural de Valência e nasceu em 1036-1037 (428 no calendário árabe), tendo passado a maior parte de sua vida trabalhando como burocrata num dos reinos *taifa* do leste da Espanha, talvez Denia, onde ele morreu em 1116. Ele escreveu um trabalho sobre a história da região, dedicado à sua cidade natal – um gênero muito popular na literatura árabe –, que se centrava na conquista de Valência pelo Cid e no período a seguir, em que a cidade foi governada por ele. Seu título era "A exposição clara da tragédia desastrosa", e parece ter sido escrito antes da morte de Rodrigo, em 1099. O texto original de Ibn 'Alqama perdeu-se, mas grande parte foi reproduzida, palavra por palavra, pelo historiador de uma época posterior, Ibn 'Idhari, que, por volta de 1300, escrevia em Marrocos, e que é geralmente visto como um transmissor confiável dos textos utilizados por ele. O título da obra de Ibn 'Alqama revela com franqueza o seu ponto de vista. Hostil a Rodrigo, como é compreensível, seu trabalho tem o grande valor de nos mostrar a reação islâmica ao governo do Cid como príncipe de Valência, entre 1094 e 1099. Além disso, ele nos traz informações sobre o caráter desse governo, impossíveis de serem obtidas de outras fontes.

Um outro autor árabe dessa época foi Ibn Bassam (Abu l'Hassan Ali ibn Bassam), natural de Santarém, em Portugal, que pode ser encontrado em Lisboa, em 1084-1085; em Córdoba, em 1101, e em Sevilha, em 1109. Enquanto vivia em Sevilha, ele escreveu o terceiro livro de seu "Tesouros das excelências dos espanhóis", um dicionário biográfico dos habitantes notáveis de al-Andaluz – outro gênero literário árabe muito comum. No terceiro livro, consta um verbete sobre Ibn Tahir, governante do reino *taifa* de Múrcia entre 1063 e 1078, ano em que foi deposto, após o que ele se estabeleceu em Valência. Como veremos, foi com alguma dificuldade que ele sobreviveu ao poder do Cid naquela cidade. Ibn Bassam anexou algumas páginas dedicadas ao Cid ao seu relato sobre Ibn Tahir. Como Ibn 'Alqama, Ibn Bassam via o Cid com hostilidade, mas é exatamente essa hostilidade que confere valor a seu trabalho.

Um outro trabalho em língua árabe merece ser citado, embora ele nada tenha a dizer sobre o Cid. Trata-se da autobiografia de 'Abd Allah ibn Buluggin, último governante do estado *taifa* de Granada, deposto pelos almorávidas em 1090 e exilado em Marrocos, onde ele redigiu suas memórias, ao que tudo indica nos anos de 1094 e 1095. Essa obra foi mencionada por diversos autores árabes de épocas medievais posteriores, mas o texto parecia ter se perdido, até sua espetacular redescoberta pelo orientalista francês Lévi-Provençal, na biblioteca da mesquita de Garawiyyin, em Fez, no ano de 1932. As memórias de 'Abd Allah possuem frescor, intimidade com seus temas e uma encantadora franqueza. Elas derramam feixes de luz não apenas sobre os detalhes das transações mantidas entre o autor e o rei Afonso VI, entre o autor e o líder almorávida Yusuf etc., mas também sobre a atmosfera e o estilo da vida pública no tempo dos reis *taifa*.

Os quatro trabalhos discutidos aqui – a *Carmen* e a *Historia*, os escritos de Ibn 'Alqama e os de Ibn Bassam – são os únicos textos que tratam da carreira do Cid, redigidos durante o tempo de vida deste ou pouco depois, que sobreviveram até nós. Há diversas outras versões de suas façanhas, em prosa e em verso, em latim ou espanhol. Mas todas foram contaminadas pelas lendas que proliferaram em torno dele. Alguns investigadores, eloqüentemente liderados por Ramón Menéndez Pidal, acreditaram nelas, e defenderam com argumentos poderosos a opinião de que esses textos posteriores contêm alguma informação histórica confiável, que pode ser peneirada do material lendário e usada para a reconstrução da carreira de Rodrigo Díaz. Há dois exemplos particularmente famosos, por boas ou más razões. Um deles é o poema épico conhecido como o *Poema* (ou *Cantar*) *de mio Cid*. Menéndez Pidal afirmava que esse poema continha informações dignas de confiança sobre questões como as atividades de Rodrigo durante seu exílio, entre 1081 e 1086, seus entendimentos com o conde de Barcelona e os nomes de diversos integrantes de seu séquito militar. Ele fundamentava esse ponto de vista na maneira como via o processo e a data da composição do poema, uma vez que, segundo ele, este se baseava em tradições orais da época em que o Cid ainda era vivo, tendo sido posto por escrito, na forma em que chegou até nós, por volta de 1140. Quase todos os críticos de hoje concordam que o épico foi composto de maneira bastante diferente e em data bem posterior. Voltarei a essas questões no Capítulo 12. No momento, basta dizer que, embora o *Poema* seja ocasionalmente citado nos capítulo seguintes, nenhum argumento histórico substantivo será corroborado pelas "provas" que alguns críticos se convenceram de que ele possa fornecer.

A outra obra é a crônica vernácula do século XIII, conhecida como a *Primera crónica general*. Esse título não é exatamente apropriado. Mais tarde demonstrou-se que a crônica editada sob esse nome por Menéndez Pidal (publicada em 1906) era apenas uma meada de uma trama muito mais complexa de crônicas vernáculas redigidas, originalmente, sob o patrocínio de Afonso X de Castela (1252-1284) – com justiça chamado de Afonso, *el Sabio*, ou Afonso, o Erudito – no fim do século XIII e no começo do século XIV. O emaranhado de diferentes versões em manuscritos diversos, de sua ordem cronológica, de suas influências e suas inter-relações não foi ainda satisfatoriamente desatado, embora trabalhos recentes muito tenham contribuído para pôr ordem nessa confusão. Os compiladores afonsinos – parece ter havido equipe editorial – desse ciclo de crônicas dedicaram um bom espaço às aventuras do Cid. Seu método consistia em costurar de forma hábil longos trechos extraídos de todas as autoridades de tempos anteriores nos quais eles conseguiam pôr as mãos. É bem possível que os textos usados para esse fim pelos compiladores do século XIII existissem então em versões mais completas e precisas do que as que chegaram até nós, no século XX. Exemplificando: não seria possível que os trechos extraídos de Ibn 'Alqama, que fazem parte das crônicas afonsinas, preservassem informações melhores e mais completas sobre o governo do Cid, em Valência, do que as encontradas no texto de Ibn 'Alqama, tal como transmitido a nós por Ibn 'Idhari? A resposta de Menéndez Pidal a essa pergunta foi vigorosamente afirmativa. Com base nisso, ele lançou-se a "restaurar" textos de épocas mais antigas, com o auxílio da *Primera crónica general*, ampliando assim o corpo de informações sobre o Cid com aquilo que ele via como material confiável e de época bastante próxima a ele, incrustados, como fósseis, nos estratos de crônicas muito mais recentes. A tentação de abordar esses textos dessa forma é forte, mas é preciso resistir a ela. Suas desvantagens são graves e óbvias. Os estudiosos de hoje são muito mais cautelosos. As crônicas do ciclo afonsino possuem, na melhor das hipóteses, credenciais bastante incertas como testemunhos históricos, e não iremos recorrer à sua ajuda nos capítulos seguintes.

A *Carmen Campi Doctoris*, a *Historia Roderici*, os escritos de Ibn 'Alqama e os de Ibn Bassam, por mais diferentes que sejam entre si, têm uma coisa em comum: eles são composições literárias. Os documentos legais fornecem uma classe totalmente diferente de indícios nos quais o nome do Cid aparece por alguma razão, ao longo de sua vida adulta. Esses dados são estritamente contemporâneos a ele e, ao que tudo indica, são confiáveis, no sentido de que documentos oficiais são menos preconceituosos que poetas e biógrafos: um título de propriedade tem um menor potencial de mendacidade que um texto de memórias. Aqui vai um exemplo. Em 1098, Rodrigo fez doações à catedral de Valência e a seu bispo Jerónimo, as quais foram lavradas num pergaminho, em língua latina, na forma de um documento que, tecnicamente, é conhecido pelo nome latino de *diploma*. Após a evacuação de Valência, em 1102, Jerónimo foi transferido para a Sé de Salamanca, da qual ele foi bispo até sua morte, em 1120. Ele levou consigo, em custódia, os documentos da igreja de Valência, e essa é a razão pela qual o diploma de Rodrigo se encontra, até hoje, em Salamanca. O documento parece autêntico, ele traz o que parece ser a assinatura do próprio Rodrigo e, como veremos mais tarde, é de considerável interesse histórico. Até aqui, tudo bem.

Mas as coisas raramente são tão simples. Um fator complicador é que a maior parte dos documentos desse período que sobreviveram até nós não chegou na sua forma original, mas como cópias; e seus textos podem ter sido adulterados ao longo da transmissão, por acidente ou propositadamente. Além disso, a imensa maioria desses documentos é, de uma forma ou de outra, o que chamaríamos de títulos de propriedade: o registro de propriedade de terras, bens, direitos ou isenções, por indivíduos ou por grupos. Eles foram conservados e chegaram até nós porque eram de valor para seus proprietários, como prova do título, caso este fosse contestado num tribunal de justiça. Como todos os documentos dessa natureza, originários de qualquer período, eles devem ser examinados com atenção, antes de suas informações serem aceitas. No que diz respeito à Espanha do século XI, isso é mais fácil de falar do que de fazer. *Diplomática* – essa palavra vem do latim *diploma*, e nada tem a ver com diplomacia – é o nome dado à ciência do estudo de documentos por seu fundador, o grande erudito beneditino da França do século XVII, Jean Mabillon, em seu trabalho *De Re Diplomatica*, publicado em 1681. Era intenção de Mabillon, em sua primeira e maior obra sobre o assunto, demonstrar que documentos autênticos podiam ser distinguidos dos espúrios por meio de um exame minucioso de características tais como sua escrita, sua fraseologia, seus meios de autenticação etc. Pequenas chaves abrem grandes portas. A ciência da *diplomática* foi levada a novos níveis de sofisticação por estudiosos alemães do século XIX, e seu exemplo foi seguido pelos medievalistas de outros países. O desenvolvimento dessa ciência representou um avanço importante para o método histórico. É triste ter que deixar consignado que ela fez poucos progressos na Espanha. Com a honrosa exceção de um número mínimo de estudiosos, que realizaram trabalhos notáveis, em geral, na Espanha, a edição e a crítica de documentos medievais foram deploravelmente pouco sistemáticas e pouco sofisticadas. Conseqüentemente, há espaço para uma boa dose de desacordo quanto à credibilidade de documentos específicos.

Aqui vão dois exemplos. Na primavera de 1075, uma ação judicial opondo o bispo Arias de Oviedo ao conde Vela Ovéquiz foi julgada em Oviedo. Um dos juízes nomeados por Afonso VI para tratar do caso foi "Rodrigo Díaz, o Castelhano", que em geral se acredita ser o Cid. O documento que registra o julgamento sobrevive numa cópia feita cerca de cinqüenta anos mais tarde. É possível confiar nele? Em resposta a essa pergunta podemos demonstrar que, em primeiro lugar, as fórmulas verbais empregadas são coerentes com as usadas em documentos similares desse período; e, em segundo lugar, que se sabe um pouco, a partir de outras fontes, sobre os antecedentes dessa disputa, o que confere credibilidade a seu contexto. Não há boas razões para pôr em dúvida a confiabilidade básica desse documento.

Meu segundo exemplo é muito mais ardiloso. Um diploma do rei Sancho II de Castela, datado de 26 de agosto de 1070, e que sobrevive nos arquivos do monastério de Oña, concedia àquela comunidade o direito de recolonizar e de construir igrejas em todas as terras então de sua propriedade ou a serem adquiridas no futuro, beneficiando todas essas propriedades fundiárias com a isenção de todos os impostos ou taxas, reais ou episcopais, para todo o sempre. O nome de Rodrigo Díaz consta entre as testemunhas da doação. Se podemos acreditar no documento, ele pode corroborar o que é dito na *Carmen Campi Doctoris* e na *Historia Roderici* a respeito da associação de Rodrigo com Sancho II: que ele ocupava um lugar de proeminência na corte do rei. Mas será que podemos acreditar nele? É verdade que Oña tinha ligações estreitas com a dinastia real, e que Sancho II de fato foi enterrado lá, após seu assassinato em 1072. Promessas feitas por membros da realeza, de virem a ser enterrados em uma determinada catedral ou casa monástica, não eram incomuns nos primórdios da Idade Média européia, e eram de grande interesse para os beneficiários, pelos presentes que provavelmente seriam feitos à comunidade a cujos cuidados o mausoléu ficaria. Desse modo, não há nada de inerentemente implausível nessa cláusula – embora possamos imaginar circunstâncias posteriores à morte de Sancho nas quais os monges de Oña possam ter desejado estabelecer que sua posse dos restos mortais do rei estava em consonância com o desejo deste, claramente expresso por escrito. Mas as outras disposições do diploma são mais duvidosas. Uma concessão de tamanha amplitude, abrangendo o direito de recolonizar terras e construir igrejas, seria extremamente incomum num diploma genuíno de 1070, e a concessão de isenções fiscais é tão suspeita a ponto de ser decididamente inacreditável. Além disso, as fórmulas verbais nas quais essas concessões encontram-se expressas são mais próximas à linguagem jurídica de fins do século XII do que à da época do reinado de Sancho. Acontece também que a escrita da cópia do diploma que possuímos é a de cerca de 1220, tentando imitar, de forma canhestra, a escrita visigótica corrente em 1070: o diploma consiste no que chamamos de um pseudo-original. A questão é encerrada por uma outra consideração. No decorrer do período entre cerca de 1185 e 1210, os monges de Oña viram-se envolvidos numa prolongada disputa com o chefe da diocese, o bispo de Burgos. Um dos pontos em questão era até onde iam seus direitos episcopais sobre as igrejas paroquiais existentes nas propriedades monásticas. Por conseguinte, o diploma de Sancho, muito provavelmente, foi concebido em sua forma presente – do mesmo modo que muitos outros diplomas reais dos séculos XI e XII – com o intuito de defender das pretensões do bispo aquilo que os monges acreditavam ser direitos seus. Por fim, devemos atentar para o fato de que essa falsificação foi perpetrada numa época em que Rodrigo Díaz, o Cid, vinha sendo transformado num grande herói castelhano. A doação do rei Sancho ganharia força com a assinatura, na qualidade de testemunha, de seu súdito mais célebre.

Tudo isso pode ser afirmado, lançando dúvidas gravíssimas sobre a autenticidade do diploma de Sancho, na forma em que ele chegou até nós. Mas o que não podemos fazer é *provar* que não tenha existido um diploma perfeitamente legítimo daquela época, que, mais tarde, os monges resolveram aperfeiçoar. Se um tal documento existiu, é possível que ele trouxesse a assinatura de Rodrigo Díaz. Ou talvez não.

Essa discussão, embora trabalhosa, justifica-se por deixar claro que é da maior importância perceber que os documentos oficiais desse período são de difícil manuseio para o historiador. Quando o leitor deparar (o que acontecerá) com frases como "provas documentais nos dizem que", ele deve ter em mente quão frágeis as provas dessa natureza muitas vezes são. Cada documento deve ser examinado de acordo com seus próprios méritos. Decisões tomadas por um determinado investigador, quanto à fidedignidade de um documento, nem sempre receberão o apoio dos demais.

Colocadas essas advertências, chegamos ao fim das considerações preliminares, e o leitor poderá – enfim! – confrontar-se com o personagem central deste livro cara a cara, por assim dizer.

FIGURA 1 – Arca de marfim e madeira, esculpida em Cuenca, em 1049-1050, para um membro da dinastia governante do principado *taifa* de Toledo.

FIGURA 2 – Painel de marfim, que faz parte de uma arca esculpida na mesma época e na mesma oficina que a arca ilustrada da Figura 1. Em data bem posterior, ela foi "cristianizada" pela inserção do anjo.

FIGURA 3 – Fragmento de uma peça de seda andaluz do século XI, encontrada na tumba de Pedro, bispo da Sé castelhana de Osma, contemporâneo do Cid.

FIGURA 4 – Arcada do palácio de Saragoça, construído pelo rei al-Muqtadir no terceiro quartel do século XI. O Cid esteve exilado na corte de Saragoça entre 1081 e 1086, e deve ter conhecido bem esse castelo.

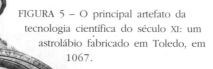

FIGURA 5 – O principal artefato da tecnologia científica do século XI: um astrolábio fabricado em Toledo, em 1067.

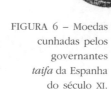

FIGURA 6 – Moedas cunhadas pelos governantes *taifa* da Espanha do século XI.

FIGURA 7 – Crucifixo de marfim encomendado por Fernando I de Leão e Castela e por sua mulher, a rainha Sancha (cujos nomes estão gravados na parte inferior), para presentear a sua comunidade religiosa preferida, San Isidoro, na cidade de Leão, por volta do ano 1063.

FIGURA 8 – A tumba de Alfonso Ansúrez, que morreu jovem em 1093. (A juventude encontra-se representada na extremidade inferior esquerda da lápide.) Seu pai, o conde Pedro, ocupava posição importante entre os grandes da corte de Afonso VI, e era amigo do Cid.

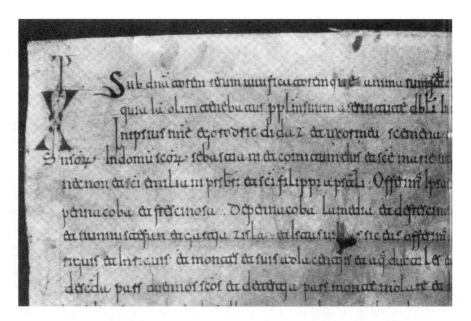

FIGURA 9 – As palavras iniciais de uma carta de concessão do Cid e de sua mulher, que consigna a doação de propriedades fundiárias ao monastério castelhano de Silos, em 1076. Os nomes dos doadores – "*ego Rodric Didaz et uxor mea Scemena*" – podem ser lidos próximo ao início da terceira linha. Observem a letra "a" aberta, cujo significado é discutido no Capítulo 7.

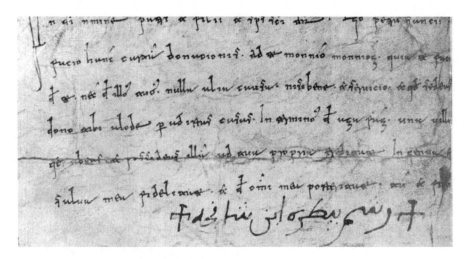

FIGURA 10 – Trecho de uma carta régia emitida por Pedro I de Aragão, em 1100, mostrando a assinatura do rei em escrita árabe. A aliança de Pedro com o Cid foi um fator importante na defesa de Valência por este último entre 1094 e 1099.

FIGURA 11 – O rei Afonso VI de Leão e Castela, representado por um artista em Compostela, por volta de 1130.

FIGURA 12 – O inferno, tal como visto por um artista do monastério castelhano de Silos, em 1109: a avareza é representada pela figura de Dives, agarrado a seus sacos de dinheiro, ao centro, e sendo atormentado por demônios.

FIGURA 13 – O castelo de Atienza, em Castela, mencionado no *Poema de mio Cid*: a estrutura do século XV atualmente existente repousa sobre fundações muito mais antigas.

FIGURA 15 – Estátua eqüestre do Cid, de autoria de Anna Hyatt Huntington, localizada no terreno da Sociedade Hispânica da América.

FIGURA 14 – As ruínas da fortaleza de Murviedro (atual Sagunto), tomada pelo Cid em 1098.

FIGURA 16 – Cena do filme *El Cid*, com Charlton Heston no papel-título. Ramón Menéndez Pidal atuou como consultor histórico durante a filmagem.

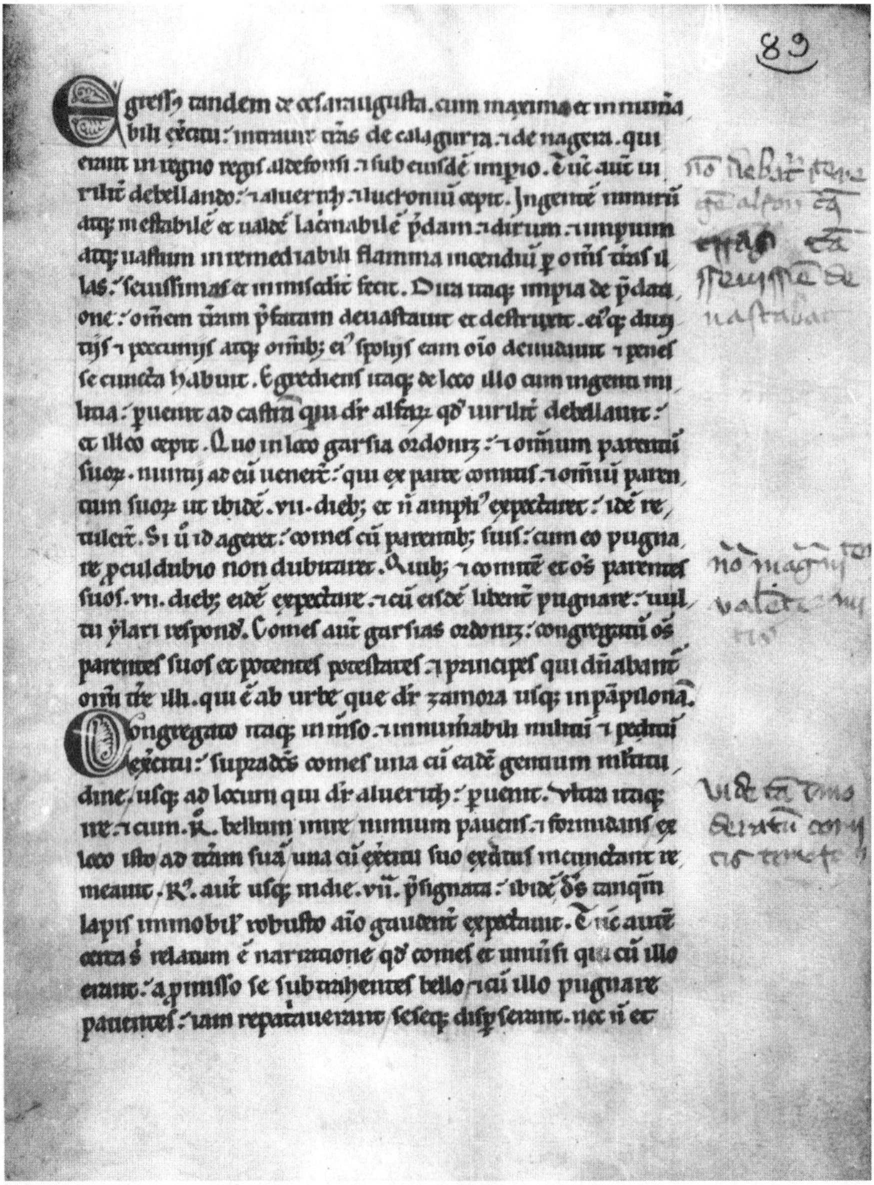

FIGURA 17 – Parte de uma folha (folio 89 *recto*) do manuscrito mais antigo que chegou até nós da *Historia Roderici*. A passagem descreve a devastação causada pelo Cid em Rioja, em 1092, e é citada, em tradução, no Capítulo 7.

Parte II

8
O campeador

Tradicionalmente, o lugar de nascimento de Rodrigo é situado em Vivar, uma vila a cerca de nove quilômetros e meio ao norte de Burgos. Em tempos modernos, o local foi rebatizado de Vivar del Cid, a fim de enfatizar a relação. A indicação mais antiga dessa conexão encontra-se no *Poema de mio Cid*, no qual Rodrigo é repetidamente citado como "*el de Bivar*" – "o homem de Vivar". O poeta talvez tenha preservado uma tradição autêntica, mas não há como saber. Seja como for, Vivar é uma possibilidade razoável. A família de Rodrigo possuía terras nas redondezas, e ele próprio tinha propriedades na região na época de seu casamento. A data de seu nascimento é tão incerta quanto o local. Posto que ele já atuava como guerreiro por volta de 1063, ele deve ter nascido em meado da década de 1040: 1043 é a data preferida, embora possa ter sido mais tarde, em 1046, ou até 1047.

No *Poema*, Rodrigo foi insultado pelo bêbado Assur González:

> Ah, cavaleiros! quem já viu tamanho mal?
> Desde quando nós fomos honrados pelo meu Cid de Vivar?
> Deixem-no partir para o Rio Ubierna, para cuidar de suas mós
> E cobrar seu preço de moleiro em farinha, como ele soía fazer!

Nesse ponto, o historiador pode ter mais certeza e refutar essa afronta às origens de Rodrigo. Sua família era aristocrática. É importante enfatizar esse ponto, pois há uma certa tendência, no século do homem comum, a "democratizar" o Cid, conferindo-lhe o *glamour* de uma história de ascensão social. É bem verdade que ele se saiu extremamente bem por seus próprios méritos, mas a base doméstica da qual ele partiu não era humilde.

O texto mais antigo falando sobre Rodrigo, o poema latino conhecido como *Carmen Campi Doctoris*, diz o seguinte de suas origens familiares:

> *Nobiliori de genere ortus*
> *Quod in Castella non est illo maius,*

o que pode ser literalmente traduzido como: "Ele veio de uma família mais nobre, não há mais antiga em toda a Castela". Os termos são curiosos. Numa época em que uma ascendência ilustre era altamente valorizada, essa seria uma forma cortês de indicar que Rodrigo não pertencia à alta aristocracia. Ser "mais nobre" que alguns implica ser "menos nobre" que outros. O autor anônimo da *Historia Roderici* relata a linhagem de Rodrigo com um leve tom de cautela: "Diz-se, então, que essa é a origem de sua raça" – e fornece uma genealogia que traça sua ascendência desde Laín Calvo, um dos possíveis "juízes" lendários da Castela do século IX. Os ramos mais distantes de sua árvore familiar são francamente inacreditáveis, mas isso não tem, necessariamente, que nos fazer duvidar do que ele tem a nos dizer sobre os ancestrais mais próximos de Rodrigo. Podemos saber algo sobre estes com base em documentos da época. Seu avô paterno, Laín Núñez, pode ser encontrado no período entre o meado da década de 1040 e o início da de 1060: ele era um homem de posição social suficientemente elevada para servir de testemunha em cartas patentes promulgadas pelo rei Fernando I, no tempo em que Rodrigo ainda era menino. Seu filho, o pai de Rodrigo, Diego Laínez, foi um soldado ilustre, que derrotou os navarros em batalha, retomando deles algumas localidades que Fernando I entregara a seu irmão, García de Navarra, em 1037-1038: Ubierna, logo a norte de Vivar, no vale do rio do mesmo nome; Urbel de la Piedra, a alguns quilômetros a noroeste. Esses feitos, de difícil datação, talvez tenham ocorrido no fim da década de 1050.

Nada se sabe sobre a mãe de Rodrigo. O fato de ter-lhe sido dado um nome que era comum na família da mãe, e não na do pai, talvez indique que a família materna era bem mais ilustre que a paterna. O avô paterno de sua mãe, Rodrigo Alvarez, era, certamente, um homem destacado. Ele e seu irmão Nuño estiveram entre os primeiros partidários de Fernando I, e

Em busca de El Cid

sempre o apoiaram com firmeza. Rodrigo esteve presente em sua coroação em Leão, em 1038 e, freqüentemente, servia de testemunha para as cartas reais. Nuño comandava, em nome do rei, a importante fortaleza de Amaya, ao norte de Burgos, e Rodrigo comandava o castelo de Luna, ao norte de Miranda de Ebro. Rodrigo administrava também as regiões subordinadas a Mormojón, Moradillo, Cellorigo e Curiel, sendo estas três últimas áreas sensíveis, contíguas às fronteiras leste e sul de Castela.

Parentes tão bem-relacionados e tão leais à dinastia reinante podiam fazer muito pelos membros mais jovens da família. O jovem Rodrigo foi colocado na casa do filho mais velho do rei Fernando, Sancho, o herdeiro do trono de Castela. Isso teria ocorrido quando Rodrigo tinha cerca de quatorze anos. De sua criação anterior a essa época, temos apenas poucas indicações. Ele era alfabetizado – chegou até nós, de fato, um exemplar de sua letra – e é razoável supor que ele houvesse aprendido a ler e escrever ainda bem criança. Seu contemporâneo ligeiramente mais velho, Domingo, que mais tarde veio a ser abade de Silos, "negligenciara o estudo das letras" quando menino – o que pelo menos indica que esse estudo lhe foi oferecido. É provável que houvesse uma escola na cidade próxima de Burgos: talvez Rodrigo tenha sido mandado estudar lá, ou um tutor tenha sido contratado para vir à casa de seus pais, no vale do Ubierna. Quando adulto, Rodrigo foi designado para arbitrar ações judiciais em pelo menos duas ocasiões: não se pode fugir à impressão de que ele havia aprendido algum Direito. Se ele teve que se esfalfar sobre todo o corpo das leis visigóticas, em seu latim arcaico do século VII, não temos como saber. Um belo manuscrito daquela época, hoje na Biblioteca Nacional de Madri, foi copiado, em Leão, para um leigo, um juiz de nome Froila, em 1058. Pessoas como essa podem ter existido também em Burgos. Contudo, talvez bastasse uma certa familiaridade com as seções desse corpo de leis que dissessem respeito aos interesses cotidianos de um proprietário de terras castelhano.

Rodrigo, portanto, não era totalmente desprovido de cultivo intelectual. Um vislumbre surpreendente dele, nos seus últimos anos de vida, e verossímil por vir de uma fonte hostil, nos é fornecido por Ibn Bassam:

> Diz-se que livros foram estudados em sua presença: os feitos bélicos dos velhos heróis da Arábia foram lidos para ele, e quando se chegou à história de *Mohallab*, ele foi tomado de encantamento, dizendo-se cheio de admiração por esse herói.

Essa é uma informação colateral intrigante sobre as horas de lazer do conquistador de Valência. (Perguntamo-nos se essas histórias lhe teriam sido lidas em árabe. Rodrigo deve ter adquirido pelo menos os rudimentos dessa língua durante seu exílio em Saragoça. Hugh Bunel, exilado da Normandia após ter decepado a cabeça de Mabel de Bellême, quando esta dormia, viveu por vinte anos entre os sarracenos, estudando seus costumes e sua língua: como resultado, ele pôde prestar serviços úteis aos exércitos da Primeira Cruzada.) O gosto de Rodrigo pelos feitos heróicos deve ter-lhe sido implantado bem cedo, por meio de histórias bíblicas, das lendas dos santos, de contos do passado espanhol e do orgulho pelas façanhas de seus ancestrais. Virtudes marciais, temperadas por uma moralidade cristã de uma certa crueza, eram o que um nobre do século XI tentava inculcar em seus filhos.

Andar bem a cavalo era o primeiro pré-requisito para uma carreira militar. Rodrigo deve ter recebido suas primeiras lições de equitação logo depois de aprender a andar. Sob o olhar severo dos cavalariços de seu pai, ele teria progredido do jumento ao pônei, do pônei ao cavalo, aprendendo, na prática, como manter-se na sela, como dominar um animal rebelde ou acalmar um nervoso, como cavalgar por longas horas sobre terreno acidentado sem se cansar, e todas as outras habilidades que serviriam para lhe preservar a vida no tumulto do combate. A caça e a falcoaria, os passatempos dos nobres, desenvolviam outras habilidades: um olho clínico para o território – planos e ladeiras, pontos privilegiados e terrenos acidentados; o hábito de se locomover a cavalo em companhia, se preciso rápida e silenciosamente; a difícil arte de atirar montado a cavalo, com arco e flecha, em uma presa móvel; a coragem necessária para desmontar e enfrentar a investida de um javali, com nada além de uma lança para proteger o caçador das presas do animal; resistência ao calor e ao frio, à fome e à sede; o cuidado das armas e dos arreios, quando o cabo solto de uma faca ou uma cilha gasta ao ponto de ruptura poderia custar um membro ou até mesmo a vida.

O treinamento militar propriamente dito vinha depois do aprendizado da equitação e, no século XI, começava, ao que parece, por volta dos doze anos. Tratava-se de aprender como usar o escudo de defesa e as armas de ataque, montado num dos cavalos de combate pelos quais a Espanha era famosa. (Robert de Bellême, filho da desafortunada Mabel, e um dos principais barões do reino anglo-normando, importava da Espanha seus cavalos.) Essas eram habilidades difíceis – tanto para o cavalo como para o cavaleiro – que levavam tempo para ser aperfeiçoadas e que precisavam ser mantidas em boa forma por meio de prática contínua. Rodrigo deve ter continuado seu treinamento após sua mudança para a corte do jovem príncipe Sancho. Foi-nos dito que Sancho "cingiu-o com o cinturão de cavaleiro", o que provavelmente marcou o fim do aprendizado de Rodrigo. O cerimonial em questão, nessa época, era ainda rudimentar, se comparado ao que viria a ser com o desenvolvimento das idéias cavalheirescas, no século XII e posteriormente. A melhor ilustração do que era feito, nessa época, pode ser encontrada numa cena das *Tapeçarias de Bayeux*, onde o duque Guilherme "arma" o conde Harold, por volta de 1064. Os dois homens postaram-se frente a frente e Guilherme, segurando o braço direito de Harold com a mão direita, colocou um capacete em sua cabeça. Em sua mão esquerda, Harold segurava uma espada ornada de flâmulas, que supomos lhe fora presenteada por Guilherme, momentos antes. Os costumes variavam nos diferentes países europeus, mas alguma cerimônia desse tipo teve lugar entre Sancho e Rodrigo, talvez em 1062.

Naquele ano de 1062, um certo Pedro Rúiz, do qual pouco sabemos, exceto que ele era cortesão de Fernando I e amigo do avô de Rodrigo (e, que, portanto, também devia conhecer Rodrigo), doou algumas terras ao monastério castelhano de Arlanza e, juntamente com elas,

> meus apetrechos, ou seja, minha sela com incrustações de ouro com suas rédeas, minha espada e seu cinturão, minhas esporas, meu escudo com sua lança, minhas outras espadas ornadas, minhas cotas de malha e meus capacetes, as outras espadas sem ornamentos, e meus escudos e cavalos e mulas, e minhas roupas, e minhas outras esporas, e as outras rédeas trabalhadas em prata.

Não pode haver melhor descrição do equipamento de um soldado aristocrático de meados do século XI. Pedro Rúiz estava chegando ao fim de uma bem-sucedida carreira e havia acumulado grande riqueza. Em 1062, Rodrigo certamente não possuiria equipamentos tão numerosos ou de tanto valor – pois os apetrechos dos cavaleiros fidalgos eram extremamente caros. Mesmo assim, deve ter sido isso que ele ambicionava vir a possuir um dia.

A armadura era composta da cota de malha, do capacete e do escudo. A *lorica*, ou cota de malha, era uma vestimenta de mangas compridas, indo até o joelho, larga o suficiente para ser vestida sobre uma túnica acolchoada. As cotas dos cavaleiros e, às vezes, também dos soldados da infantaria tinham fendas da cintura para baixo, na frente e atrás, para permitir uma maior liberdade de movimentos e, algumas vezes, a metade inferior tomava a forma de culotes descendo até os joelhos. As cotas de malha mais caras eram feitas de milhares de pequenos anéis de aço rebitados entre si, criando um efeito de tricô grosseiro; as versões mais baratas consistiam apenas de anéis de aço superpostos, costurados sobre uma peça de couro. Armaduras de chapa ainda demorariam cerca de dois séculos e meio para surgir. O capacete era um capuz cônico, feito de ferro ou de aço, com uma peça que se projetava sobre o nariz, para protegê-lo e, às vezes, com orelheiras ou guarda-faces, ou uma cortina de malha na parte posterior para proteger a nuca. Por dentro, o capacete era acolchoado para amortecer o choque de uma pancada na cabeça. Os escudos eram losangulares ou redondos, feitos de madeira ou de couro curtido esticado sobre uma moldura de madeira, e enrijecidos com cubos, traves ou pinos de metal (ou todos estes). A espada era a arma por excelência, uma lâmina longa, de dois gumes, concebida para cortar e retalhar, ideal para ser usada por um soldado a cavalo, contra um inimigo a pé. As espadas costumavam ser ricamente decoradas no punho e no castão, e este, provavelmente, era o significado da palavra "ornada" (*labratas*), constante da lista de Pedro Rúiz; embora pudesse também significar que as espadas em questão eram damasquinadas, técnica essa originária de Damasco, na qual o metal era trabalhado em desenhos ondulantes. Os cinturões das espadas também costumavam ser decorados.

Surpreende um pouco que Pedro Rúiz tenha mencionado apenas uma lança. A lança era uma arma muito mais barata que a espada. Ela podia ser usada de diversas maneiras, como podemos ver nas *Tapeçarias de Bayeux* (a melhor ilustração de tropas em combate que chegou até nós do século XI) – ela podia ser jogada como um projétil, brandida com o braço levantado ou abaixado para atacar com estocadas ou firmemente presa nas axilas. Esse último método de uso da lança parece ter sido desenvolvido no meado do século XI. Aqui vai uma boa descrição dele. A lança

> é presa com força sob a axila direita, para que fique firme, e segura mais atrás, deixando o braço esquerdo livre para manejar as rédeas e o escudo. O cavalo, o cavaleiro e lança são então unidos entre si, formando o que já foi chamado de "um projétil humano". O corpo de um cavaleiro armado dessa forma pode desferir um golpe de martelo em uma massa de inimigos, cujo efeito dependerá do

impulso do golpe e da força do impacto ... Para dar eficácia à manobra, era necessária uma lança mais pesada: uma lança mais leve se partiria com o choque. Descobriu-se também que o cavaleiro que assim lutava podia segurar sua lança um pouco para trás de seu ponto de equilíbrio natural, e ainda assim mantê-la firme, podendo então usar uma lança mais longa, o que, obviamente, consistia numa vantagem.

A referência bastante curiosa de Pedro Rúiz a "meu escudo com sua lança" sugere que escudo e lança iam juntos, e que havia algo de especial em relação a ela. Seria possível que ela fosse uma das lanças pesadas, necessárias à nova tática de ataque com a lança apoiada?

Um cavaleiro haveria de querer possuir uma série de cavalos: um palafrém para as viagens de rotina, um cavalo de batalha para o combate (que ainda não eram os cavalos imensamente pesados dos guerreiros de épocas medievais posteriores), montarias para os empregados e para o transporte de bagagem que, na Espanha, costumavam ser mulas, mais que cavalos, em razão de elas consumirem menos água. A sela, as rédeas e as esporas ofereciam também oportunidade para ostentação. Com o desenvolvimento das novas técnicas de ataque, as selas tenderam a se tornar mais pesadas e a ser dotadas de arções e patilhas proeminentes, para ajudar a prender com mais firmeza o cavaleiro a seu assento, reduzindo o risco de ele ser projetado para longe, com o impacto.

A primeira campanha militar importante na qual Rodrigo serviu foi contra a cidade de Graus, nos Pireneus, comandada pelo *infante* Sancho de Castela, em 1063. Na primavera daquele ano, o rei Ramiro I de Aragão – irmão de Fernando I e, portanto, tio de Sancho – atacara o governante do principado *taifa* de Saragoça, al-Muqtadir. Os antecedentes dessa guerra parecem ter sido o fato de que os aragoneses andavam pescando demais nas águas turbulentas da política de Saragoça, o que era visto com apreensão pelos castelhanos. Da perspectiva da corte do rei de Castela, o equilíbrio de poder na Península exigia que Saragoça fosse protegida da hostilidade de seus vizinhos, para que as conquistas territoriais destes não os tornassem por demais poderosos. Essa possibilidade tornou-se mais real quando os aragoneses capturaram Graus. A cidade, em si, não tinha importância especial, mas ela se localiza no sopé dos Pireneus, e sua conquista indicava que os aragoneses estavam lançando os olhos em cidades maiores, tais como Barbastro e Huesca e, em última análise, no rico vale do Rio Ebro e sua capital, a própria Saragoça.

O rei de Castela enviou seu filho Sancho para ajudar al-Muqtadir a recuperar Graus. Os aragoneses foram expulsos, após serem derrotados em batalha. O que tornou memorável aquela campanha foi a morte, no campo de batalha, de Ramiro, rei de Aragão, em 8 de maio de 1063. Ele foi morto, segundo o relato de um cronista muçulmano que à época – a década de 1070 – vivia em Saragoça, por um habilidoso homem daquela região de fronteira de nome Sa'dada, cuja fluência na língua românica falada pelas tropas aragonesas permitiu-lhe infiltrar-se sob disfarce em suas fileiras, e chegar perto o bastante do rei para abatê-lo com um golpe de lança no olho. O autor da *Historia Roderici* é lacônico.

> Quando o rei Sancho foi a Saragoça e lutou com Ramiro, rei de Aragão, em Graus, o qual ele lá derrotou e matou, ele levou consigo Rodrigo Díaz: Rodrigo fez parte do exército que lutou a batalha vitoriosa.

A campanha de Graus é um bom exemplo da complexa situação vigente na era dos reis *taifa*: um príncipe castelhano derrota e mata seu tio aragonês para preservar a integridade territorial de seu aliado muçulmano. Rodrigo estava sendo iniciado na diplomacia, tanto quanto na guerra. As lições que ele aprendeu e os contatos que ele estabeleceu – pois os jovens cavaleiros da casa de Sancho devem ter se encontrado com seus colegas da corte de Saragoça – viriam, mais tarde, a ser-lhe de grande valia.

Pouco além disso se sabe sobre as atividades de Rodrigo nesses primeiros anos, antes da ascensão ao trono de seu patrono, Sancho. Uma vitória em combate individual com um guerreiro navarro chamado Jimeno Garcés foi mais tarde lembrada. Não somos capazes de datar o episódio, e muito menos de reconstruir as circunstâncias que lhe deram origem. Uma hipótese razoável é que os conflitos de seu pai com os navarros haviam deixado atrás de si uma teia de vendeta, na qual Rodrigo se viu capturado: talvez a explicação seja essa. Também deve ser lembrado e registrado um combate com um sarraceno de Medinaceli, que foi derrotado e morto por Rodrigo. Aqui também, a data e as circunstâncias nos escapam: a luta com o navarro é atestada na *Carmen Campi Doctoris* e na *Historia Roderici*, já o combate com o campeão de Medinaceli, apenas na *Historia*. Não precisamos rejeitá-los, como fizeram alguns historiadores, apenas porque eles não encontram corroboração em outras fontes. Essas lutas correspondem exatamente ao que poderíamos esperar vir a saber de um jovem guerreiro do século XI, com todo um caminho para abrir à sua frente. Essas façanhas trouxeram a Rodrigo, sem dúvida em escala modesta, a fama de ser um homem promissor. Elas devem ter-lhe trazido também riqueza: o resgate de Jimeno Garcés; os apetrechos de batalha do homem de Medinaceli.

No outono de 1065, Fernando I liderou sua última campanha, que foi dirigida contra a cidade de Valência, na costa mediterrânea. Um cronista de Leão nos conta que ele a teria conquistado, se não houvesse sido acometido de sua última doença. O rei-imperador enfermo foi levado de volta a Leão, e lá preparado para a morte. Na véspera de Natal, ele foi trazido à Basílica de São Isidoro, recém-construída sob o patrocínio da casa real, para abrigar as relíquias do santo, trazidas de Sevilha pelo rei, dois anos antes. Fernando participou das Matinas da Natividade nas primeiras horas do dia de Natal e, mais tarde, assistiu à missa. No dia seguinte, ele renunciou a seu ofício real, simbolicamente despindo o manto e a coroa, e ingressou no estado de penitente. Ele permaneceu em penitência por mais dois dias e, no terceiro, 29 de dezembro de 1065, morreu ao meio-dia.

Dois anos antes, Fernando I havia providenciado a repartição de seus domínios, após sua morte, entre seus três filhos. Para Sancho, o mais velho, ele deixou Castela; para Afonso, seu favorito, Leão; e para García, o mais novo, a Galícia. Ele também dividiu entre seus filhos a receita anual dos tributos pagos pelos reis *taifa*. Sancho ficou com os tributos de Saragoça; Afonso, com os de Toledo; e García, com os de Badajoz e Sevilha.

O patrono de Rodrigo era agora, ele próprio, rei. O *status* dos membros de sua casa deve ter se elevado de forma proporcional. Rodrigo serviu como testemunha para algumas das cartas patente de Sancho II, entre 1066 e 1071, o que indica sua importância sempre crescente na corte real. O autor da *Historia Roderici* nos conta que Sancho fez dele "comandante de toda sua milícia (*militiam*). O que quer dizer que foi dado a Rodrigo o cargo de *armiger* (em latim) ou de *alférez* (em românico) da casa real, a posição geralmente conhecida, na França e na Inglaterra feudais, como *constable*. Originalmente, o *armiger* do rei era apenas aquilo que a palavra latina significa literalmente, o portador das armas do rei. A partir do século XI, nas ocasiões cerimoniais, o *armiger* continuou a ser o serviçal do rei cujo dever e privilégio era carregar a espada, a lança e o escudo reais. Mas, ao tempo de Sancho II, as responsabilidades desse oficial ultrapassavam em muito as meramente domésticas ou cerimoniais. Ao *armiger* cabia supervisionar a milícia da casa real, o corpo de tropas que formava a guarda do rei, constituindo o núcleo do exército real. Embora não possuamos uma descrição originária da época das atribuições do *armiger*, é provável que ele fosse responsável por recrutar, treinar e manter a ordem entre aqueles muitas vezes turbulentos jovens; e talvez por supervisionar as providências de pagamento de seu soldo. Ele tinha de ter bom olho para reconhecer talentos potenciais, ser exigente em sua avaliação de montarias e equipamentos e ser firme, porém com tato, ao tratar das enrascadas nas quais se envolviam seus subordinados. Ele era também um dos principais conselheiros militares do rei. Assim, o *armiger* tinha de ser, ao mesmo tempo, oficial do estado-maior, ajudante, sargento-mor do regimento e, de uma certa forma, conselheiro: uma função que exigia muito de seu ocupante. Geralmente conferida a homens bastante jovens, ela os preparava para o comando independente.

Já houve quem duvidasse que Rodrigo tenha ocupado o cargo de *armiger*. É verdade que as cartas patentes de Sancho II nunca lhe dão esse título, mas elas são incomumente econômicas na indicação do cargo de quaisquer oficiais laicos da casa real, de modo que esse silêncio não pode ser tomado como prova negativa. Também é verdade que *Carmen Campi Doctoris* diz que o rei Sancho "queria dar [a Rodrigo] o comando de suas tropas principais", e não que ele o tenha realmente feito; mas essa escolha de palavras pode ter sido ditada pelas exigências da métrica do poema, e as implicações contidas em seu fraseado não devem ser levadas longe demais. Não há dificuldades insuperáveis em acreditar que Rodrigo de fato foi o que seu biógrafo afirmou dele.

Pode ter sido nesse período na casa de Sancho II que Rodrigo ficou conhecido por um outro título: *campi doctor, campi doctus* ou, em sua forma românica e mais familiar, *campeador*. O termo pode ser encontrado em escritores que usavam o latim tardio, nos séculos IV e V, e ocorre numas poucas inscrições da mesma época. Posteriormente, ele deixou de ser comum, embora aparecesse, ocasionalmente, nos escritos de alguns autores mais eruditos da Idade Média. Esse termo era conhecido, por exemplo, por John de Salisbury (morto em 1180), cujos conhecimentos da literatura latina da Antiguidade eram vastos. O significado literal de *campi doctor* é "professor de campo (militar)" e, nos exércitos romanos de épocas mais tardias, parece ter designado apenas isso: o instrutor de exercícios do regimento. É curioso ver esse termo reaparecer na Espanha do século XI, o que nunca foi explicado de forma convincente. O interessante é que ele descreve bem as atribuições do *armiger* do rei. No entanto, ele não foi necessariamente usado na corte de Sancho II, embora isso seja possível. É possível que ele tenha sido descoberto e posto em circulação pelo autor de *Carmen Campi Doctoris*, que provavelmente foi educado no monastério catalão de Ripoll. Em Ripoll havia uma excelente biblioteca, e o autor pode ter deparado com o termo em suas leituras. O certo é que ele se tornou corrente no tempo de Rodrigo, e foi usado para designá-lo por um integrante de seu séquito, em um documento oficial emitido em seu nome, em 1098.

O cargo de *armiger* de Sancho II mantinha Rodrigo muito ocupado. O tributo anual tinha de ser extraído de Saragoça com ameaças, e talvez até mesmo pelo emprego da força. Em fins do verão de 1067, a chamada "guerra dos três Sanchos" teve lugar, conflito esse travado entre Sancho II de Castela, de um lado, e, de outro, as forças de seus primos Sancho IV de Navarra e Sancho Ramírez de Aragão. Os detalhes dessas campanhas nos são fornecidos apenas por cronistas pouco confiáveis de épocas posteriores. Elas parecem ter sido provocadas por disputas de fronteira entre Castela e Navarra, por rivalidade relativa ao protetorado de Saragoça e pelo desejo do rei de Aragão de vingar a morte de seu pai, em Graus.

Pouco depois, em 7 de novembro de 1067, morreu em Leão a imperatriz-mãe Sancha, viúva de Fernando I. Se, como parece, sua autoridade havia conseguido conter seus filhos, sua morte precipitou a luta fratricida, que a repartição do reino, feita por Fernando, havia tornado praticamente inevitável. Essa divisão não fora eqüitativa: a parte que coube a Afonso, em Leão, era melhor que as que couberam a seus irmãos. O conflito entre Castela e Leão irrompeu em 1068. Numa batalha travada em Llantada, Afonso de Leão foi derrotado por Sancho de Castela, embora talvez não de forma decisiva, pois seu reino permaneceu intacto. A paz foi restabelecida entre os irmãos. Três anos mais tarde, eles voltaram-se contra o irmão mais moço, García da Galícia, que foi derrotado em 1071. Ao que parece, Sancho e Afonso governaram conjuntamente a Galícia. A experiência deve ter sido praticamente inviável, e ela não tardou a se desfazer. O conflito irrompeu entre os irmãos e, no início de janeiro de 1072, Afonso foi derrotado e capturado por Sancho em Golpejera, próximo a Carrión. Sancho foi coroado rei de Leão em 12 de janeiro. Afonso, prisioneiro por pouco tempo e então libertado, partiu para o exílio na corte de al-Ma'mun de Toledo. García exilou-se em Sevilha. Sancho havia reunido os domínios governados por seu pai: seu poder agora se estendia dos Montes de Oca, a leste de

Burgos, à costa atlântica, a oeste de Santiago de Compostela. As responsabilidades e as recompensas de seu *armiger* aumentaram em grau correspondente. Como coloca, de forma sucinta, o autor da *Historia Roderici*:

> Em cada batalha que o rei Sancho lutou com o rei Afonso, em Llantada e em Golpejera, derrotando-o, Rodrigo portou o estandarte real, distinguindo-se entre os soldados, elevando-se assim.

O domínio de Sancho sobre Castela, Leão e Galícia durou apenas nove meses. Em 7 de outubro de 1072, ele foi morto nos arredores da cidade leonesa de Zamora. As circunstâncias da morte de Sancho geraram muitas lendas, tornando difícil chegar à verdade histórica. Ao que parece, de duas coisas podemos ter razoável certeza: a primeira é que Sancho estava em Zamora para pôr fim a uma insurreição contrária a ele, e a segunda é que ele foi assassinado à traição.

Zamora fica na margem norte do Rio Douro, a cerca de quarenta quilômetros a leste da atual fronteira entre Espanha e Portugal. Na época da morte de Sancho, ela era o núcleo urbano de alguma importância que ficava mais próximo à extremidade sul da parte leonesa de seu reino. Mais para lá de Zamora, ficavam as Tierras Despobladas, a terra-de-ninguém da zona de fronteira do além-Douro, que ainda demoraria cerca de uma década para estar, de forma segura, sob controle cristão. Isso nos sugere que as dificuldades que levaram Sancho a Zamora consistiram numa tentativa de invadir seu reino a partir do sul, ou seja, a partir dos reinos *taifa* de Badajoz ou de Toledo. O fato de o próprio rei ter se deslocado para Zamora sugere que a ameaça era grave. Há um ponto adicional no que concerne Zamora. Ela se localiza na estrada principal, de origem romana, que levava do sul ao norte através de territórios planos e pouco acidentados, que podem ser atravessados rapidamente, levando até a cidade de Leão. É bem provável que uma invasão vinda do sul e passando por Zamora estivesse sendo dirigida contra Leão. Todas essas considerações levam-nos a supor que a investida fora planejada pelo rei deposto Afonso VI de Leão, exilado em Toledo. Teria sido ela comandada por ele? Uma de nossas fontes, talvez a mais antiga, nos diz que Afonso estava em Zamora por ocasião da morte de seu irmão. Uma outra, datada de cinqüenta anos mais tarde, e favorável a Afonso, afirma que ele permanecera em Toledo, colaborando com a revolta a distância. É impossível concluir em favor de uma delas. Pode-se observar que, nas condições vigentes no século XI, seria muito pouco usual uma invasão dessa natureza não ser comandada, em pessoa, pelo autor da reivindicação. Deve-se também ter em mente que o último desses dois autores pretendia exonerar Afonso de cumplicidade direta no assassinato de Sancho. Uma terceira fonte, redigida por volta de 1130, nos informa que o levante em Zamora foi liderado pela princesa Urraca, irmã de Afonso e de Sancho, e por um certo conde de nome Pedro Ansúrez. Urraca vê-se implicada também em outras fontes, mas muito tardias e menos confiáveis, que não podem ser usadas como corroboração. É possível que nessa época, como aconteceu mais tarde, ela tivesse propriedades no vale do Douro, próximo a Zamora. Se foi sabido que ela apoiava as pretensões de Afonso, isso pode ter contribuído para a decisão relativa à rota a ser tomada pela invasão. Pedro Ansúrez pertencia a uma família muito importante entre a aristocracia de Leão. Ele era um homem de idade próxima à de Rodrigo Díaz, talvez alguns anos mais velho, e que tinha ligações tão estreitas com Afonso VI quanto Rodrigo tinha com Sancho II. Em 1067, ele ocupava um dos altos cargos da corte, o de *mayordomo* e, em 1071, havia sido promovido à dignidade de conde. Seu destino uniu-se ao de seu rei, e ele acompanhou Afonso em seu exílio em Toledo. Ele tinha tudo a ganhar ao apoiar a tentativa de retorno. Vale lembrar que ele também possuía terras em Zamora.

Todas as fontes que chegaram até nós, com a exceção de uma única, concordam que Sancho foi morto à traição. (A única exceção, talvez surpreendente, é a *Historia Roderici*, cujo autor registra a morte de Sancho de forma neutra e de passagem.) A mais antiga delas relata o fato de forma breve, e nada mais. O rei Sancho foi morto *fraudulenter, dolose, machinatione*, todos esses termos significando que houve jogo sujo. Fontes posteriores e menos confiáveis nos fornecem maiores detalhes: no meado do século XIII, todo um épico vernáculo dedicado ao cerco de Zamora por Sancho havia sido composto; mas o historiador não precisa dar atenção a esse material lendário. O ponto que mais gostaríamos de esclarecer, mas que temos menor probabilidade de vir a fazê-lo, refere-se a até onde ia a culpa de Afonso pela morte de seu irmão. Uma fonte contemporânea e hostil a ele o implica, e as demais são, como vimos, bastante discretas. Afonso lucrou com a morte de Sancho, mas isso não o torna culpado por ela, assim como a ascensão de Henrique I ao trono da Inglaterra, em 1100, não prova que ele tenha sido culpado pela morte de seu irmão, Guilherme, o Ruivo, em New Forest. As especulações são infrutíferas. Tudo o que podemos razoavelmente supor é que, em alguns ambientes, suspeitas devem ter sido lançadas sobre Afonso. E essas suspeitas seriam mais fortes entre os partidários castelhanos do rei assassinado.

Rodrigo, como *armiger* do rei, estava em Zamora com o exército de Sancho. Seu biógrafo nos contou de seus feitos naquela cidade, e é possível que ele os tenha aumentado um pouco:

> Quando o rei Sancho sitiou Zamora, aconteceu que Rodrigo Díaz lutou sozinho contra quinze cavaleiros inimigos ... um ele matou, dois ele feriu e derrubou do cavalo, e os demais ele pôs em fuga com sua coragem e espírito.

Sancho foi enterrado, como era desejo seu, no monastério castelhano de Oña. Podemos supor que Rodrigo estivesse no cortejo dos aderentes da casa do rei morto, que acompanhou o corpo de seu senhor até Castela, para ser sepultado. Enquanto isso, Afonso – quer ele estivesse ou não em Zamora quando Sancho foi morto – dirigiu-se à cidade real de Leão, de onde ele havia sido expulso nove meses antes: duas de suas cartas patentes, datadas de 17 e de 19 de novembro de 1072, foram quase que certamente escritas em Leão. Uma terceira carta, de 8 de dezembro de 1072, é a mais antiga das que chegaram até nós, em que Afonso VI beneficiava a um receptor de Castela, o monastério de Cardeña, situado nas redondezas de Burgos, e ela foi subscrita por diversos castelhanos importantes, dentre eles Rodrigo Díaz. Ele havia transferido sua lealdade para Afonso, tendo sido aceito entre os vassalos do rei. O autor da *Historia Roderici* ressalta esse ponto:

> Após a morte de seu senhor, o rei Sancho, que bem o havia mantido e amado, o rei Afonso recebeu-o com honras como vassalo seu, acolhendo-o em seu séquito, com afeição respeitosa.

Essas palavras merecem ênfase, como uma afirmação antiga e de peso sobre a natureza das relações entre Rodrigo e o rei Afonso. Pois aqui, também, os fazedores de lendas poriam mãos à obra. No século XIII, foi escrita uma história que dizia que Rodrigo extraiu do rei, na igreja de Santa Gadea, em Burgos, um juramento de que ele não tomara parte no assassinato de seu irmão. A história é fantástica, embora tenha encontrado seus defensores modernos. Ramón Menéndez Pidal, o mais influente dentre os historiadores modernos que trataram de El Cid, insistiu veementemente em sua veracidade. A idéia de que havia uma profunda desconfiança entre Afonso e Rodrigo era de importância central para sua interpretação da carreira do Cid. Posto que o herói tinha de ser inocente, o rei tinha de ser culpado. Menéndez Pidal usou de grande engenhosidade para deslindar os recessos do caráter de Afonso VI. Ele retratou o rei como egoísta, o mimado filho favorito de seus pais, um homem a quem faltava autoconfiança e que não suportava contemplar o sucesso alheio, uma vítima de inveja mórbida. Ele comparou Afonso a Saul e Rodrigo a Davi.

Uma tal interpretação do caráter de Afonso VI não é sustentável pela simples razão de que as fontes não a corroboram. O problema é que essas fontes não fornecem uma visão de seu caráter, qualquer que seja ela, além daquilo que pode ser inferido dos registros de seus atos públicos como rei de Leão e Castela. Como vimos no capítulo precedente, o autor da *Historia silense* pretendia compor uma biografia do rei, mas provavelmente jamais chegou a fazê-lo. Isso representa uma perda, sem dúvida, mas não devemos exagerar sua magnitude. As biografias reais do século XI que chegaram até nós, por exemplo, a do imperador alemão Conrado II, ou a de Guilherme, o Conquistador, não nos dizem muito sobre a personalidade de seus personagens. Os autores tendiam a trabalhar com estereótipos. Os reis são justos, pios, bravos, prudentes ou qualquer outra qualidade. Os comentários que possuímos sobre Afonso VI são dessa natureza. Por exemplo, a comunidade da Catedral de Santiago de Compostela, olhando em retrospectiva a partir do conflituoso reino de sua filha Urraca (1109-1126), lembrava-se dele como "mui nobre... mui pio... glorioso... mui ilustre... de feliz memória" etc. O que não é de surpreender, e tampouco nos é de grande valia. Conseqüentemente, somos incapazes de penetrar os segredos da personalidade de Afonso VI.

Os registros públicos colocam Afonso VI como um dos maiores reis de seu tempo. Monarca coroado por quase 44 anos, por aproximadamente 37 ele governou, com êxito, um reino vasto e em expansão. Ele realizou, com notável brilho, todas as expectativas de um monarca do século XI, salvo uma, que, entretanto, se deveu a um acidente genético, e não a uma falha do rei, pois ele não deixou um herdeiro do sexo masculino. (E tampouco foi por falta de tentativas: cinco esposas e, pelo menos, duas concubinas.) A arte de ser um rei bem-sucedido no século XI, da mesma forma que em outras épocas, se resumia, em grande medida, às questões clientelísticas ou à administração de homens. Rodrigo Díaz era um, e de modo algum o mais importante, entre os muitos homens que Afonso tinha de administrar. Como iriam eles se sair?

A posição de Rodrigo na corte de Afonso não podia ser a mesma que era na de Sancho. O novo rei tinha seguidores leoneses a ser recompensados. A prudência talvez ditasse uma atitude conciliatória para com os homens de Sancho, mas aconselharia, igualmente, não confiar-lhes os cargos de maior importância. O *armiger* do rei, entre 1072 e 1073, foi o leonês Gonzalo Díaz. Rodrigo nunca voltaria a ocupar esse cargo, havendo sido afastado do alto comando militar ao qual pertencia, sob Sancho.

E, no entanto, ele era um servidor da confiança do rei. O mais antigo indício desse fato são os autos de uma ação julgada em abril de 1073. Esta foi causada por uma disputa relativa a direitos de pastagem, ocorrida entre o monastério de Cardeña e os proprietários de terras do vale do Orbaneja, mais ao norte. O documento que consiste em nosso único indício desse fato foi truncado durante a transmissão, não sendo totalmente inteligível. Mas o que está claro é que a disputa que, ao que parece, permaneceu latente por algum tempo eclodiu em violência: 104 bois pertencentes aos monges foram tomados. A questão foi levada perante a corte do rei. Dois dos maiores notáveis da região representavam o abade de Cardeña: um deles era um certo Ciprián, que era *merino* (ou prefeito) de Burgos, e o outro era Rodrigo Díaz. Após demoradas discussões, eles ganharam a causa, e os autos do processo foram devidamente conservados nos arquivos da abadia.

Dois anos mais tarde, o julgamento de uma outra ação, em uma outra região do país, foi delegado pelo rei a Rodrigo. Sabemos algo sobre os antecedentes dessa ação. No começo do século, o conde Gondemar Piniólez e sua mulher, Mumadona, haviam fundado um monastério em Tol, a oeste de Oviedo, próximo ao estuário do Rio Eo, que separa as Astúrias da Galícia. Após a morte de Gondemar, sua viúva dera o monastério a Guntroda, filha de um casamento anterior do conde. Guntroda teria apenas o usufruto em vida: após sua morte, o monastério passaria a pertencer à Catedral de Oviedo. Guntroda viveu como freira até sua morte, em fevereiro de 1075. Os direitos do bispo de Oviedo sobre Tol foram então contestados pelo conde Vela Ovéquiz e por seu irmão, que eram sobrinhos-netos do conde Gondemar. O caso foi levado ao rei quando este passou por Astúrias, nos primeiros meses de 1075. Ele designou quatro juízes para tratar do caso: Bernard, bispo de Palência; Sisnado Davídez, senhor de Coimbra;

Rodrigo Díaz e um *grammaticus*, um professor e erudito de nome Tuxmarus (este último nome, bastante estranho, pode ter sido adulterado na transmissão). Após ouvir as queixas de ambas as partes, examinar os documentos apresentados por elas e reportando-se ao código legal visigótico, os juízes pronunciaram-se a favor do bispo Arias e da igreja de Oviedo.

A corte real se deslocara a Astúrias para um evento de solenidade máxima. A posse mais preciosa da Catedral de Oviedo era uma arca antiqüíssima que, segundo se acreditava, continha relíquias de santos. Contava-se que estas haviam sido reunidas de vários locais, em Toledo, à época da invasão islâmica, e transferidas para Oviedo, a fim de ficar sob sua custódia. Com o passar dos anos, as pessoas esqueceram o que, exatamente, a arca continha. Um bispo do início do século XI, Ponce, arriscou-se a abri-la. Mas assim que a tampa foi forçada, abrindo-se uma fresta, dela saiu uma luz tão ofuscante que não permitiu que o bispo e seus auxiliares vissem o que havia dentro. As coisas ficaram nesse pé até os dias do "mais sereno dos adoradores de Deus", o rei Afonso VI. Foi por iniciativa dele que ficou decidido por uma segunda tentativa. A corte real dirigiu-se a Oviedo para o início da Quaresma (18 de fevereiro de 1075), e adotou um jejum mais rigoroso do que o normalmente praticado. No meado da Quaresma, na sexta-feira, 13 de março, a arca foi aberta e descobriu-se que ela continha, nas palavras de uma testemunha que escreveu seu relato no dia subseqüente, "um tesouro inacreditável" de relíquias – fragmentos da Verdadeira Cruz e do pão da Última Ceia, frascos cheios do sangue de Jesus e do leite da Virgem Maria, relíquias de São João Batista e de diversos apóstolos e de Santo Estevão, o Proto-mártir, além das de pelo menos sessenta outros santos, desde aqueles venerados por toda a cristandade ocidental, tais como São Martinho de Tours, até outros que eram cultuados apenas na Espanha, como Santo Emiliano, o Diácono, e Santa Eulália de Barcelona. Para abrigar os restos mortais, o rei encomendou um relicário suntuoso, feito em prata, que ainda hoje pode ser visto no tesouro da Catedral de Oviedo.

Rodrigo subscreveu o diploma real, lavrado no dia seguinte, que é a nossa principal fonte sobre aquele acontecimento, de modo que podemos ter razoável certeza de que o rei, em pessoa, testemunhou a redescoberta das relíquias. Além de seus deveres de cortesão, pode ter havido uma razão, de natureza familiar, para sua viagem a Astúrias, nos primeiros meses de 1075. Nesse ponto, deparamos com os difíceis problemas colocados pelos indícios relativos ao casamento de Rodrigo. O autor da *Historia Roderici*, no estilo direto que costumava adotar, nos diz que

> o rei deu-lhe uma de suas parentas em casamento, a senhora Jimena, filha do conde Diego de Oviedo.

As dificuldades começam quando tentamos investigar mais a fundo as origens de Jimena. Menéndez Pidal reconstruiu a genealogia do lado de sua mãe, Cristina, neta do rei Afonso V (morto em 1028) e da rainha Elvira, seus outros avós sendo ninguém menos que o conde Gondemar Piniólez e Mumadona, os fundadores do monastério de Tol. Mas os documentos nos quais ele se baseou para estabelecer essa genealogia são menos confiáveis do que ele supunha. O pai de Jimena, Diego, é ainda mais misterioso. Não podemos nem sequer demonstrar com certeza que um conde Diego tenha existido no meado do século XI. Contudo, deve ser dito que não podemos demonstrar que ele não tenha existido. Nós, simplesmente, temos pouquíssimas informações sobre a sucessão dos condes que administraram a região das Astúrias durante esse período. Dois homens com o patronímico Díaz, isto é, filho de Diego, acabavam de se lançar em carreiras públicas ilustres, que viriam a fazer de ambos, sucessivamente, condes de Oviedo. Podemos supor que o pai deles fosse um homem de alta posição social na região. Teriam sido eles irmãos de Jimena? Costuma-se acreditar que sim. Embora as consideráveis dificuldades persistam, inclino-me a crer que Rodrigo se casou com uma integrante de uma família asturiana de alta estirpe, embora não possamos identificá-la ao certo. O casamento foi arranjado pelo rei. Do ponto de vista de Afonso, esse casamento unia duas famílias importantes de duas regiões distintas de seus domínios, podendo-se portanto esperar que ele contribuísse para a coesão do reino. Da perspectiva de Rodrigo, ele deve ter trazido, além de todas as outras coisas trazidas por um casamento, ligações com um clã um pouco mais ilustre que sua própria família. Quanto a Jimena, ela estava se casando com um homem promissor, com bons contatos e boas perspectivas.

Por uma sorte inacreditável, o documento em que foi lavrado o acordo feito por Rodrigo em favor de sua noiva sobreviveu em meio aos arquivos da igreja de Burgos. Seu nome técnico é *carta de arras*, sendo *arras* o acordo pelo qual um marido coloca propriedades em nome de sua mulher, firmado por ocasião do casamento. O *arras* constituía a parte do patrimônio que caberia à mulher durante toda a sua vida de casada e sua viuvez, sendo passado então a seus filhos; caso ela se casasse novamente, o *arras* do primeiro casamento iria para os filhos desse casamento, por ocasião da realização do segundo. O *arras* concedido por Rodrigo a Jimena foi determinado "de acordo com o costume de Leão". Isso significa que ele colocou em nome dela metade de seus bens. (Uma estipulação precisa não constava das leis vigentes. De acordo com os costumes castelhanos, costumava-se colocar em nome da esposa um terço das propriedades. Já o costume de Leão era um percentual maior, chegando a, no máximo, a metade.) As propriedades listadas na carta de *arras*, portanto, indicam a extensão aproximada de uma parte correspondente a de um terço a metade dos bens imóveis de Rodrigo, à época de seu casamento. É pena, para nós, que o documento não especifique as dimensões e o valor de cada uma das propriedades. Elas, em sua maior parte, foram registradas da forma seguinte: *in Gragera et in Yudeco meas porciones* – "minhas terras em Grajera e Iudego" –, não nos sendo sempre possível determinar se as terras em questão eram, em um extremo, um vinhedo ou uma horta ou, no outro, todo um vilarejo, com as terras aráveis e as pastagens circundantes, além de outras benfeitorias, tais como um moinho. Desse modo, o registro não pode nos dizer quão rico Rodrigo era. O que ele pode fazer, e de fato faz, é nos mostrar como eram espalhadas as suas propriedades.

A carta de *arras* é reveladora de outra maneira. Rodrigo nomeou dois homens como *fidei jusores* ou avalistas do acordo. Eles eram Pedro Ansúrez, o companheiro de exílio do rei Afonso, e agora conde de Zamora, e García Ordoñez, senhor de Pancorbo, a nordeste de Castela e, como Rodrigo, anteriormente, seguidor de Sancho II e, mais tarde, *armiger* de Afonso VI. A carta teve como testemunhas o rei e suas duas irmãs, além de uma multidão de cortesãos ilustres. Rodrigo estava ingressando em altos círculos, e temos razões para suspeitar de que seu casamento foi um dos acontecimentos sociais mais elegantes daquele ano.

É difícil saber ao certo que ano foi esse. A carta é datada de 19 de julho de 1074. Embora geralmente vista como um original, o documento, na verdade, é uma cópia de algum tempo depois, e a cláusula relativa à data pode ter sido erroneamente transcrita pelo copista. Indícios provenientes de outras fontes nos mostram que Rodrigo e Jimena casaram-se em maio de 1076. Mas uma das testemunhas desse documento é ali listada como ocupando um cargo que – ao que sabemos – ela só veio a ocupar em 1078. Não há como resolver essas dificuldades. A carta de *arras* continua problemática em alguns aspectos, embora basicamente confiável no que diz respeito a seu conteúdo. A mim parece que Rodrigo e Jimena se casaram no verão de 1074 ou 1075.

Essa impressão de que Rodrigo tinha ligações estreitas com os grandes da terra é confirmada por outros indícios datados desse período. Em maio de 1076, Rodrigo e sua mulher legaram algumas terras para o monastério de Silos: o ato foi certificado em presença do rei, quando a corte estava hospedada no monastério de Cardeña. O nome de Rodrigo continuou a aparecer em cartas régias. Em 1079, encontramo-lo na companhia do bispo de Burgos. Em 1080, ele compareceu ao importante concílio realizado em Burgos, no qual Afonso VI e seus principais clérigos, a pedido do legado papal, o cardeal Richard de Marselha, formalizaram sua aceitação de reformar drasticamente a Igreja espanhola, abandonando a antiga liturgia "moçárabe", em favor da "romana".

Esses foram anos de prosperidade e expansão para o reino de Afonso. No verão de 1076, Afonso invadiu Navarra, após o assassinato de seu rei, anexando Rioja e boa parte das (atuais) províncias bascas de Alava, Vizcaya e Guipúzcoa: talvez Rodrigo tenha acompanhado o rei nessa campanha. A partir dessa mesma época, o rei recomeçou a tarefa de repovoar as terras ao sul do Douro, através das quais ele havia retornado ao seu reino, em 1072 – cidades como Medina del Campo e Olmedo, com seus territórios adjacentes, o que é hoje a extremidade sul da província de Valladolid. Mais ao sul, sua mão tributária pesava sobre os reis *taifa*. Ele sentia-se tão seguro dos rendimentos provenientes daquelas bandas que, em 1077, dobrou a quantia de ouro que ele pagava anualmente ao monastério de Cluny.

O *entourage* do rei deve ter compartilhado dessa bonança geral. Temos boas razões para crer que Rodrigo também foi beneficiado. Após o assassinato do rei Sancho, seu futuro parecia incerto e, agora, apresentava-se novamente róseo. Ele havia se mostrado pronto a servir, e o rei, a usar seus serviços. Ele era importante na corte. Seus conhecimentos jurídicos eram respeitados. Ele havia feito um bom casamento. Bem relacionado, bem-sucedido e rico, ele poderia olhar para o futuro com confiança.

Mas todas as expectativas otimistas seriam destroçadas.

9
Exílio em Saragoça

É fácil saber o que deu errado na carreira de Rodrigo Díaz. Ele fez inimigos na corte de Afonso VI. Em parte por culpa destes, em parte por causa de ações impensadas, Rodrigo incorreu no desfavor do rei, sendo exilado no verão de 1081. Ele passou os cinco anos seguintes como soldado mercenário a serviço do governante muçulmano de Saragoça. Ao longo desse tempo, ele continuou a acumular fortuna e renome. Ao fim desse período ele reconciliou-se com o rei e voltou a Castela. Esse relato tão lacônico resume uma série de acontecimentos de grande complexidade. O novelo deve ser desembaraçado pacientemente, fio a fio.

Um desses fios são as relações de Afonso VI com o reino *taifa* de Toledo. Como já vimos, seu pai, Fernando I, vinha cobrando tributos anuais, ou *parias*, de Toledo, os quais ele legou a Afonso, na divisão de seu reino e de suas receitas, por ocasião de sua morte, em 1065. No confuso período seguinte, o governante de Toledo, al-Ma'mun, emancipou-se do protetorado cristão e interrompeu o pagamento do tributo. Al-Ma'mun era um homem capaz, que já governava a *taifa* de Toledo havia mais de vinte anos. Sua ambição era ampliar o alcance de sua autoridade à custa dos governantes *taifa* vizinhos. Imediatamente após a morte de Fernando, ele invadiu o reino de Valência – enfraquecido por suas recentes guerras com o rei de Castela – destronou seu monarca, 'Abd al-Malik (que, por acaso, era também seu genro), incorporando o reino a seus domínios. Talvez tenha sido para celebrar essa conquista que o poema panegírico em homenagem a al-

Ma'mun, citado no Capítulo 2, fora escrito: a frase traduzida como "possuidor da dupla glória" talvez se refira ao fato de al-Ma'mun reinar tanto sobre Toledo quanto sobre Valência. 'Abd al-Malik foi mandado para o exílio no reino de Toledo, onde morreu pouco depois, e al-Ma'mun passou a governar Valência em seu lugar.

Al-Ma'mun, então, voltou sua atenção para o sul. Em 1067, encontramo-lo pescando nas águas turbulentas da política de Granada, e conseguindo capturar a cidade e o território de Baza. Mas sua verdadeira ambição estava fixada em Córdoba. Infelizmente, o mesmo acontecia com a de seu poderoso rival, al-Mu'tamid de Sevilha. Em 1070, al-Ma'mun tentou tomar Córdoba, e por pouco não conseguiu, sendo impedido a tempo por al-Mu'tamid. Ele, entretanto, soube esperar e contratou o auxílio de um exilado cordobês importante, Ibn 'Ukasha, que tomou a cidade em inícios de 1075, entregando-a a seu patrão. Al-Ma'mun entrou em Córdoba em 25 de fevereiro de 1075. Reinando sobre Toledo, Valência e a antiga capital dos califas, Córdoba, ele encontrava-se no auge de seu poder.

Afonso VI, como já vimos, passara cerca de nove meses exilado em Toledo, em 1072, antes de retornar a Leão e Castela por ocasião do assassinato de seu irmão, Sancho. Mais tarde, foram contadas muitas histórias sobre essa estada. Um cronista, escrevendo em Leão cerca de dez anos após a morte de Afonso, acreditava que seu exílio podia ser visto como obra da providência divina, uma vez que, ao caminhar pela cidade de Toledo, ele pensava em maneiras de vir mais tarde a conquistá-la. Esse tema foi rebuscado por autores de épocas posteriores. Um cronista que escreveu no último quartel do século XII relatou uma história curiosa de como, uma vez, durante o exílio de Afonso, os cabelos de sua cabeça eriçaram-se, mantendo-se em pé por uma hora, para a consternação dos cortesãos de al-Ma'mun, que viram isso como de mau agouro. Eles insistiram com al-Ma'mun para que mandasse matar Afonso, mas ele, honradamente, recusou-se a violar o código da hospitalidade. No meado do século XIII, circulou a história de que, ao fazer uma sesta sob uma árvore, Afonso entreouviu al-Ma'mun e seus cortesãos discutindo os pontos fracos da defesa de Toledo. Estas e outras histórias foram escritas muito tempo depois da conquista de Toledo por Afonso, em 1085, contando com a vantagem da perspectiva histórica. Se, em 1072 ou pouco depois, Afonso de fato tinha planos com relação a Toledo – o que não surpreenderia ninguém –, ele não estava ainda em condições de pô-los em prática. A gratidão para com al-Ma'mun, como já foi sugerido, pode tê-lo obrigado a se conter. O mais provável é que ele estivesse por demais ocupado em consolidar seu periclitante poder sobre seu próprio reino para ter tempo para aventuras estrangeiras.

O triunfo de al-Ma'mun não durou muito. Ele morreu em 28 de junho de 1075, apenas quatro meses depois de ter entrado em Córdoba, e ao que se diz, envenenado, e sua morte precipitou uma mudança drástica na sorte de seu reino. Ele foi sucedido por seu neto, al-Qadir, um jovem de caráter fraco, pouco talhado para o poder. Seu *laqab*, ou nome honorífico, não poderia ser mais inadequado: al-Qadir significa "o Poderoso". Valência, imediatamente, livrou-se da suserania de Toledo. Abu Bakr, filho de 'Abd al-'Aziz (morto em 1061) e irmão de 'Abd al-Malik, que havia sido deposto em 1065, restabeleceu a independência de Valência. As ambições de Al-Mu'tamid, rei de Sevilha, a respeito de Córdoba ganharam novo alento. Mas, em longo prazo, o que teve gravidade muito maior para Toledo que o esfacelamento dessas hegemonias sempre tão frágeis foi um ato de irresponsabilidade criminosa, perpetrado por al-Qadir. Dois meses após subir ao trono, ele mandou matar o respeitadíssimo primeiro-ministro de seu avô, Ibn al-Hadidi, em 25 de agosto de 1075. Esse assassinato fez que a cidade de Toledo mergulhasse num estado de quase guerra civil. As rivalidades e o partidarismo, nunca muito longe da superfície da vida pública, eclodiram então. Al-Qadir entrou em pânico e pediu ajuda a Afonso VI, que avidamente agarrou a oportunidade de restabelecer o protetorado que seu pai havia imposto a Toledo em troca do pagamento do tributo. O tratado formal que lavrava esse acordo – como no caso dos tratados firmados entre Sancho IV e al-Muqtadir em 1069 e 1073 – não sobreviveu até nós, de maneira que não podemos datá-lo de forma precisa. É provável que ele tenha acontecido no ano de 1076: o certo é que ocorreu antes de Afonso ter dobrado o *census* anual pago ao monastério de Cluny, o que se deu em julho de 1077. É possível que o fato de o rei ter adotado o título de "imperador de toda a Espanha" [*imperator totius Hispanie*], que aparece pela primeira vez numa carta régia de outubro de 1077, tenha relação com o restabelecimento do protetorado sobre Toledo.

A submissão de al-Qadir ao rei de Leão e Castela não resolveu seus problemas. A agitação precipitada pelo assassinato de Ibn al-Hadidi continuou. Os impostos cobrados por ele para pagar os tributos exigidos por Afonso só fizeram aumentar sua impopularidade. Vozes começaram a se erguer, protestando que seus impostos eram contrários à lei islâmica: esses gritos viriam, tempos depois, gerar conseqüências inesperadas. À medida que sua situação só fazia piorar, al-Qadir chegou à conclusão de que já não lhe era mais possível viver em segurança em sua capital. Na primavera de 1079 ele se retirou para Cuenca, a nordeste de Toledo, onde ficavam as propriedades de sua família. Foi de lá que ele lançou um apelo ao rei cristão, Afonso, pedindo sua ajuda.

Em Toledo, as facções que se opunham a al-Qadir procuravam um novo monarca. No verão de 1079, eles ofereceram o reino ao novo governante da *taifa* de Badajoz. 'Umar al-Mutawakkil, que reinou sobre Badajoz de 1068 a 1094, era um homem de boa índole, dado aos prazeres da mesa, um poeta e patrono de poetas. Diz-se que ele inventou uma maneira engenhosa de servir comida em seus banquetes, desviando um córrego e fazendo-o passar através do palácio, de maneira que os pratos podiam, na cozinha, ser depositados na corrente, e vir boiando e dançando em frente aos convivas, reclinados para jantar. Seu poema mais famoso é o convite de improviso que, ao que se conta, foi rabiscado numa folha de repolho, e enviado por ele a seu amigo Abu Talib:

> Ó, Abu Talib, levanta-te
> E te apressa a vir a nós,
> E cai então, qual orvalho da manhã
> Sobre nossos olhos cansados.
>
> O colar do qual somos
> A pedra central deseja ainda
> Coroar seu brilho,
> Quando tu estás distante.

Al-Mutawakkil preocupava-se com as intenções de Afonso VI quanto a Estremadura, que viriam de fato a dar frutos em sua conquista de Cória, em setembro de 1079. A oportunidade de ampliar seus domínios e, ao mesmo tempo, provocar o rei Afonso era boa demais para ser desperdiçada. Ele aceitou o convite e estabeleceu-se em Toledo em junho de 1079. Mas ele era por demais indolente para se precaver contra o rei cristão cujo dever e interesse residiam na observância cuidadosa de seu papel como protetor do fraco rei de Toledo. No verão de 1080 Afonso invadiu Toledo, perseguiu al-Mutawakkil em sua fuga para Badajoz e restabeleceu al-Qadir em sua capital. Foi provavelmente nessa época que ele extraiu de al-Qadir algumas fortalezas situadas nas fronteiras setentrionais do reino de Toledo, como o preço de seu auxílio: estas incluíam Zorita, Brihuega e Canales.

Os negócios de Afonso com os reinos *taifa*, obviamente, não se limitavam a Toledo. Como já sugerimos, ele nutria ambições territoriais com relação às regiões setentrionais do reino de Badajoz. Mais para o leste, ele ansiava restabelecer o protetorado sobre Saragoça, instaurado por seu pai. Em algum momento do ano de 1080 ele enviou Sisnando Davídez – um servidor real de grande importância, que voltaremos a encontrar mais adiante – numa comitiva a Saragoça, talvez para discutir a renovação de acordos anteriores. Ainda mais a leste, Afonso não poderia deixar de ter em mente a última campanha de seu pai, dirigida contra Valência. E havia também o sul. 'Abd Allah de Granada deixou-nos, em suas memórias, um vívido relato de como Afonso, no inverno de 1074-1075, obrigou-o a pagar o tributo, usando de intimidação. Uma outra ambição do rei cristão era recuperar o protetorado que Fernando I exercera sobre Sevilha. E quanto a isso, Afonso parece ter tido êxito (embora as circunstâncias sejam muito obscuras), talvez em parte em razão de sua ascendência sobre Toledo, firmada em 1076. Fosse como fosse, o fato é que no final da década de 1070 Afonso recebia *parias* de Sevilha, pelo menos de forma intermitente. Isso colocou Rodrigo numa posição de incômoda evidência.

No outono de 1079 – provavelmente, pois a data não pode ser determinada ao certo – Rodrigo foi mandado pelo rei Afonso como seu enviado a Sevilha, para coletar o tributo devido. (A *Historia Roderici* sugere que ele foi enviado a dois reis, o de Sevilha e o de Córdoba. Desde 1076, é claro, eles eram uma única pessoa, al-Mutamid de Sevilha. Houve críticos que fizeram uma desnecessária tempestade em copo d'água sobre esse erro de menor importância.) Ao mesmo tempo, e com o mesmo fim, uma comitiva foi enviada a Granada. 'Abd Allah de Granada aproveitou a oportunidade para usar seu contingente de notáveis cristãos, cada um com seu séquito de cavaleiros, como ponta-de-lança de suas tropas, em uma campanha desencadeada contra seu inimigo inveterado, o rei de Sevilha. Rodrigo, de Sevilha, enviou uma carta a 'Abd Allah e a seus aliados cristãos, implorando-lhes que, "por amor a seu suserano, o rei Afonso", desistissem desses planos. Mas eles não lhe deram ouvidos e continuaram a avançar, arrasando os territórios por que passavam. Rodrigo partiu para confrontar-se com eles. Os exércitos encontraram-se em Cabra e, após uma batalha dura, os granadinos foram derrotados.

Essa, pelo menos, é a história contada pelo biógrafo de Rodrigo. É legítimo que nos perguntemos o que ele não teria *omitido*. Por exemplo, é improvável que Rodrigo fosse o único dos grandes de Castela a ser enviado a Sevilha, numa comitiva: essas delegações geralmente eram formadas por diversos homens importantes; quatro pessoas desse nível lideraram o grupo que foi a Granada. Também, é pouco provável que al-Mutamid não tenha mandado suas próprias tropas para lutar em defesa de seu reino, acompanhando o contingente castelhano. Em outras palavras, o autor da *Historia Roderici* provavelmente exagerou o papel desempenhado por Rodrigo. Nisso não há nada de surpreendente nem de repreensível. É ligeiramente mais perturbador saber que Cabra, onde o encontro se deu, provavelmente se situava no reino de Granada, e não no de Sevilha. Esse "provavelmente" serve para alertar o leitor quanto às áreas de incerteza existentes nessa argumentação. Não sabemos *com precisão* onde se encontrava a fronteira, em 1079: dada a situação de conflito endêmico vigente entre os reis *taifa*, podemos ter razoável certeza de que os pontos fortificados mudavam de mãos com bastante freqüência. No entanto, as informações que possuímos sugerem que Cabra estava em poder de Granada. Em outras palavras, é possível que Rodrigo estivesse invadindo Granada, e não defendendo Sevilha.

Não há dúvida de que a situação militar era mais fluida do que jamais viremos a saber: situações militares geralmente assim o são. A batalha de Cabra, em si, teve pouca importância militar, não tendo nem sequer sido mencionada por 'Abd Allah em suas memórias (embora possamos imaginar outras razões para essa reticência). Do ponto de vista da corte de Castela, era embaraçoso e pouco edificante que homens do rei se envolvessem em rixas no distante al-Andaluz. Coisas desse tipo, entretanto, tendiam a acontecer no regime de *paria*, como Afonso bem o sabia. É pouco provável que ele tenha ficado seriamente contrariado por muito tempo.

Mas havia outras pessoas que ficaram. No decorrer da luta, Rodrigo conseguiu fazer alguns prisioneiros ilustres. Nas palavras da *Historia*:

> Foram capturados, na batalha, o conde Garcia Ordóñez e Lope Sánchez e Diego Pérez, e muitos outros de seus cavaleiros. Após sua vitória, Rodrigo Díaz manteve-os cativos por três dias, após o que ele tomou-lhes as bagagens e as armas, e libertou-os para seguirem seu caminho.

Essas eram pessoas importantes, e o mais importante deles era García Ordoñez. Ele era contemporâneo de Rodrigo e, como ele, um castelhano de origens aristocráticas. Sua primeira aparição nos registros públicos se dá na década de 1060. Tal como Rodrigo, ele subscreveu diversas cartas de Sancho II, e transferiu com êxito sua lealdade a Afonso VI, ao qual ele serviu como *alférez*, ou *armiger*, em 1074. Ele e Rodrigo obviamente se conheciam bem: já o encontramos como um dos avalistas do acordo nupcial de Rodrigo. Na competitiva sociedade da corte real, as amizades azedavam com facilidade. Depois de ter conquistado as províncias de Rioja do reino de Navarra, após o assassinato do rei Sancho IV, Afonso fez de García conde de Nájera, casando-o com Urraca, a irmã do rei assassinado. García, desse modo, foi promovido a um cargo de maior responsabilidade – e também mais lucrativo – que qualquer dos cargos que Rodrigo já ocupara ou viria a ocupar, e fez um casamento mais ilustre que o dele. Não teria Rodrigo ficado com inveja? Seria de surpreender se isso não tivesse acontecido. Podemos afirmar que a captura de García por Rodrigo, em Cabra, foi humilhante para García, e o resgate pago por ele representou uma perda pecuniária nada pequena. Parece também, se tentarmos extrair um pouco mais dos indícios que possuímos, que Rodrigo fez questão de tornar a humilhação de García tão pública quanto possível. A desonra infligida a García por Rodrigo foi longamente tratada por autores da época, tão diferentes entre si como o autor catalão de *Carmen Campi Doctoris* e o cronista muçulmano Ibn Bassam. Como os homens não tendem a divulgar sua própria humilhação, podemos supor que Rodrigo tenha sido responsável por orquestrar o ridículo a que García foi exposto. Ele fizera um inimigo, e isso lhe custaria caro.

Rodrigo não estava desafiando apenas um único indivíduo. Outro delegado castelhano conhecido enviado a Granada chamava-se Fortún Sánchez, natural do país basco, *alférez* e, em seguida, *mayordomo* da corte de Sancho IV, que se transferiu para o serviço de Afonso VI após 1076. Fortún, agora, estava casado com Ermesinda, uma outra irmã de Sancho IV, de modo que ele era cunhado de García Ordóñez. Fortún não foi capturado em Cabra, mas seu irmão Lope sim. (Sobre o terceiro comandante capturado, nada se sabe.)

Após a campanha de Cabra Rodrigo voltou a Sevilha, coletou seu tributo e retornou à corte do rei Afonso. No entanto, prossegue seu biógrafo, em tom sombrio, "muitos homens foram tomados de inveja, e o acusaram perante o rei de muitas coisas falsas e mentirosas". Dentre eles, pode-se supor, estava García Ordóñez. É Ibn Bassam que nos conta que o conde tinha o apelido de "Boca torta". Não sabemos como esse nome surgiu. Ele pode ter se referido a algum defeito físico, como um lábio leporino. Mas há sempre a possibilidade de ele se referir a um defeito moral. As calúnias do conde García podem ter atingido outros, e não apenas Rodrigo.

Rodrigo foi impulsivo o suficiente para dar a seus inimigos maneiras de exercer pressão. No início do verão de 1081 (provavelmente), uma expedição de ataque entrou em Castela, tomando de surpresa o castelo de Gormaz, no Rio Douro, e levando grande quantidade de pilhagem. Os invasores devem ter vindo do reino de Toledo, embora de forma alguma eles contassem com apoio oficial. Eles não passavam de bandidos – a própria palavra (*latrunculi*) que o autor da *Historia* põe na boca de Rodrigo. Esses assaltos mútuos eram, como observou um outro autor da época, "extremamente freqüentes". Não há dúvida de que o enfraquecimento progressivo do governo de al-Qadir teve como efeito tornar ainda mais incontroláveis os elementos já em si turbulentos das zonas de fronteira, de maneira que nada há de surpreendente nesse episódio. Bem mais difícil de entendermos foi a reação de Rodrigo. Nas palavras de seu biógrafo:

> Ele reuniu seus exércitos e todos os seus bem armados cavaleiros, e saqueou e devastou a terra dos sarracenos no reino de Toledo.

Que pretexto Rodrigo teve para agir assim, não o sabemos. Temos a informação de que algum tempo antes, naquele mesmo ano, por estar doente, ele não pôde efetuar, por ordem do rei, uma expedição punitiva ao território sarraceno. É possível que os bandidos tenham sabido disso, deduzindo corretamente que havia um ponto fraco no flanco sul de Castela. Uma outra possibilidade é que Rodrigo tivesse algum interesse pessoal na área atacada. As terras que sabemos que ele possuía, listadas em documentos tais como a *carta de arras* de Doña Jimena, situavam-se bem a noroeste de Gormaz. Mas os registros que por acaso sobreviveram decididamente não constituem um guia completo de suas propriedades, e é bem possível que ele tenha vindo a possuir terras mais para o sul, no vale do Douro. Afonso VI, nessa época, estava envidando todos os esforços para repovoar a região do além-Douro, o que torna plausível que Rodrigo tenha, de sua parte, adquirido propriedades naquela região.

Quaisquer que tenham sido os antecedentes, o fato é que a retaliação de Rodrigo surtiu efeito. É de notar que ele agora tinha à disposição um exército particular para levá-la a cabo. A *Historia* nos conta que ele capturou sete mil prisioneiros, "apossando-se, de forma implacável, de todos os seus bens e pertences, levando-os consigo em seu retorno". Esse número deve ser tomado com uma boa dose de desconfiança. Não sabemos de onde vinham os prisioneiros. Para uma tropa vinda do distrito de Gormaz, o ponto de cruzamento natural entre a Castela Velha e a Nova acontece entre Medinaceli e Sigüenza, e a melhor colheita seria encontrada na planície que lá se abre em direção ao sudoeste, ao longo do vale do Henares, a caminho de Guadalajara, Alcalá e Madri. Se foi essa a rota tomada por Rodrigo, ele estaria operando numa área próxima aos castelos recentemente cedidos por al-Qadir ao rei de Leão e Castela.

O rei e seus conselheiros ficaram "muito seriamente contrariados". Talvez seja significativo o fato de que em junho ou início de julho de 1081 o cargo de *armiger* real tenha sido conferido a Rodrigo Ordóñez, irmão do conde García. Essa promoção da família de seu inimigo não pode ter gerado, na corte, uma maior boa-vontade com relação a Rodrigo. Seu ato de "livre-atirador" foi insubordinado e irresponsável. Ele ocorreu pouco depois de Afonso ter recolocado no trono de Toledo seu protegido al-Qadir, e ameaçava o frágil equilíbrio do protetorado do rei cristão, além de dar um perigoso exemplo a outros turbulentos senhores da fronteira, vassalos de Afonso. Um tal ato também convidava a retaliações dirigidas contra as vulneráveis guarnições das fortalezas recém-adquiridas por Afonso, situadas no interior do território toledano. O rei tinha de dar mostras de sua boa-fé em relação a al-Quadir e provar que era capaz de pôr ordem nas suas fronteiras. A influência dos inimigos de Rodrigo na corte mal foi necessária para persuadir Afonso de que um exemplo público tinha que ser dado. Ele baniu Rodrigo do reino.

Por uma feliz coincidência, somos capazes de captar um vislumbre de um episódio semelhante, ocorrido alguns anos depois. Grimaldus, natural do norte da França, e que veio a se tornar monge em Silos, compôs, entre 1088 e 1109, uma obra sobre a vida e os milagres póstumos de São Domingos, abade de Silos (morto em 1073). Uma das histórias contadas por ele tratava de alguns cavaleiros castelhanos que atacaram um castelo muçulmano que se encontrava sob a proteção do rei Afonso. O rei ficou furioso. Ele mandou prender os homens culpados do crime e jogou-os no cárcere. Um deles foi miraculosamente libertado pela intercessão do santo. No que dizia respeito a Grimaldus, essa era a razão de a história ser contada. O que nos interessa é o tom dos comentários feitos por ele sobre o comportamento das pessoas em questão. Os cavaleiros responsáveis pelo ataque eram "maus e tolos"; seu ato foi "de extrema irresponsabilidade"; a ira do rei foi "de inteira conformidade com a justiça". Temos aqui alguns indícios de como a travessura de Rodrigo deve ter sido vista em alguns círculos. Seu biógrafo anônimo pede que vejamos apenas um homem bom derrubado pela malícia de seus inimigos. A opinião das pessoas responsáveis de Castela pode ter sido a de que um devido castigo fora aplicado a um transgressor da lei.

"Então Rodrigo, deixando para trás seus amigos desolados, partiu de Castela." É possível que ele tenha deixado para trás também Jimena e as crianças. A única informação que temos de seu paradeiro, durante o exílio do marido, vem de um documento de 1083, não inteiramente confiável, que a localiza em Astúrias (talvez com sua família). O *Poema de mio Cid*, cuja ação começa (pelo menos na forma na qual chegou até nós) com o início do exílio, mostra Rodrigo deixando sua mulher e filhas aos cuidados do abade de Cardeña. A despedida do marido e da mulher inspirou ao poeta uma de suas imagens mais vívidas, até mesmo cruenta: eles se separaram *como la uña de la carne* – "como a unha da carne". A estada da família em Cardeña não pôde ser documentada a partir de fontes históricas, embora seja plausível. Não era inaudito que cavaleiros partindo para a guerra ou para o exílio deixassem as mulheres de sua casa na segurança e no conforto de uma casa monástica.

Um exilado aristocrático, como era Rodrigo, tinha de encontrar ocupação no único ofício para o qual ele era talhado: o de soldado. Seu primeiro destino foi a Catalunha, onde, ao que parece ele tentou – sem êxito – encontrar asilo e trabalho remunerado junto ao conde de Barcelona. Ele então voltou-se para Saragoça, onde ainda reinava al-Muqtadir, que Rodrigo havia conhecido em 1063 (e talvez encontrado em outras ocasiões subseqüentes, das quais não temos notícias). Rodrigo passou a servir o monarca de Saragoça, e o fez pelos cinco anos seguintes.

Al-Muqtadir governava a *taifa* de Saragoça desde 1046. Como seu contemporâneo al-Ma'mun, de Toledo, ele atingiu o auge de seu poder já ao fim de sua vida. Da mesma forma como al-Ma'mun havia tirado partido da situação confusa na qual Leão e Castela mergulhara entre 1065 e 1075, al-Muqtadir explorou a situação criada pelo assassinato de Sancho IV de Navarra, em 1076. O protetorado navarro dos anos 1069-1076 chegou a um fim abrupto. Castela e Aragão competiam pelo cadáver de Navarra. No decorrer dos anos seguintes, al-Muqtadir, experiente em manobras diplomáticas, conseguiu jogar uns contra os outros todos aqueles que tinham ambições relativas a seu reino – Castela, Aragão, Barcelona. Quando a morte de al-Ma'mun assinalou o fim da combinação Valência–Toledo, as ambições de al-Muqtadir com relação ao Levante renasceram. Em 1076, ele conquistou o reino de Denia e adquiriu algum tipo de suserania sobre Abu Bakr, de Valência, comprando a aquiescência de Afonso VI, ao que se diz, com cem mil *dinars*. Em 1078, ou pouco depois, ele conseguiu capturar seu irmão Yusuf de Lérida, uma incômoda pedra em seu sapato, aprisionando-o no castelo de Rueda, próximo a Saragoça. Al-Muqtadir era um homem culto – "um verdadeiro prodígio da natureza em matéria de astrologia, geometria e filosofia natural" – e patrono das artes. Ele construiu dois palácios famosos em Saragoça. Um deles, chamado o Qasr Dar al-Surur, ou "morada do prazer", continha um "salão dourado de desenho refinado e executado com admirável mestria". Ao entrar nele, ao término da construção, conta-se que al-Muqtadir improvisou o verso:

> Ó Casa do Prazer e Sala de Ouro,
> graças a vós alcancei
> o ápice de meus desejos.
> Se em meu reino houvesse apenas os dois de vós,
>
> Isso seria, para mim, tudo o que eu
>
> poderia pedir!

O outro palácio, o al-Ya'fariyya ou Aljafería, ainda está de pé: embora muito alterado e restaurado ao longo dos séculos, resta o suficiente para invocar o cenário arquitetônico da corte na qual Rodrigo Díaz viveu entre 1081 e 1086.

Na época da chegada de Rodrigo a Saragoça, provavelmente no fim do verão de 1081, o velho al-Muqtadir não estava bem de saúde. No outono daquele ano ele delegou o poder a seus dois filhos, permanecendo, entretanto, como governante nominal até sua morte, que, ao que parece, ocorreu por volta de julho de 1082. Seu reino foi então dividido entre os filhos. Yusuf al-Mu'tamin recebeu a metade ocidental, sediada na capital de Saragoça; a Mundhir al-Hayib, que governava Denia no tempo de seu pai, coube a metade oriental, baseada em Lérida, Tortosa e Denia. 'Abd Allah de Granada descreveu al-Hayib como "impetuoso", e sugeriu que, desde uma idade precoce, havia rivalidade entre os irmãos. As lutas entre eles turvaram o curto reino de al-Mu'tamin, até sua morte em 1085.

Essa foi a oportunidade de Rodrigo. O novo governante de Saragoça podia fazer bom uso de um soldado de renome vivendo no exílio.

> Al-Mu'tamin tinha grande afeição por Rodrigo, e o prestigiou e o exaltou por todo o seu reino e todas as suas terras, confiando em seus conselhos para todas as coisas.

Assim fala o autor da *Historia Roderici*. Aqui também, podemos suspeitar de algum inofensivo exagero. Não há razão para crer que al-Mu'tamin visse Rodrigo como algo mais que um comandante de tropas e conselheiro para assuntos militares. Certamente devia haver outros soldados cristãos trabalhando para ele, e talvez alguns destes fossem tão notáveis quanto Rodrigo. As operações militares nas quais ele participou eram de rotina. O acaso e seus próprios talentos capacitaram-no a tirar partido das oportunidades que se lhe apresentaram.

A zona mais sensível dos domínios de al-Mu'tamin, no início da década de 1080, eram suas fronteiras orientais e setentrionais. Seria lá que seu irmão al-Hayib viria a atacar. Além disso, al-Hayib havia se aliado a Sancho Ramírez, rei de Aragão, e ao conde Berenguer Ramón II, de Barcelona. (Deve-se lembrar que o jovem Rodrigo Díaz havia tomado parte na batalha de Graus, em 1063, na qual o pai do rei Sancho, Ramiro, havia sido morto; e também que o conde de Barcelona havia se recusado a dar-lhe acolhida, no verão de 1081.) Os aragoneses havia muito nutriam ambições quanto ao vale do Ebro. Quanto aos catalãos, deve ser lembrado que a dinastia dos príncipes reinantes já vinha, em passado recente, adquirindo terras nas fronteiras meridionais do condado de Ribagorza, adjacente a Aragão. Por exemplo, em 1067, Ramón Berenguer I havia comprado de Arnal Mir de Tost a *castellania,* isto é, o castelo de Caserras e o território a ele subordinado, por uma soma de mil peças de ouro. Houve diversas outras aquisições desse tipo (ver o mapa na p.169). Além de seu tratado com al-Hayib, portanto, o conde de Barcelona tinha interesse direto e pessoal nessas tão problemáticas terras de fronteira.

Estamos particularmente bem informados sobre as operações militares que tiveram lugar nessa região, no verão de 1082. Rodrigo parece ter sido encarregado de supervisionar sua defesa. Ele conseguiu desviar uma ameaça dos exércitos do rei Sancho e de al-Hayib, dirigida contra a cidade de Monzón, de grande importância estratégica. De lá, ele se encaminhou a Tamarite, a leste, onde derrotou um destacamento do exército aragonês. Al-Mu'tamin e ele decidiram então reforçar o velho castelo de Almenar, ainda mais a leste. Isso feito, Rodrigo forçou caminho até o sul, conquistando, ao que parece por conta própria, o castelo de Escarp. Ele estava lá quando ficou sabendo que al-Hayib, o conde de Barcelona e outros senhores da região dos Pireneus haviam sitiado o castelo de Almenar. Ele mandou a al-Mu'tamin uma mensagem e apressou-se a voltar para Tamarite. Al-Mu'tamin era favorável a atacar o exército sitiante. Rodrigo, sabendo das dimensões desse exército, aconselhou prudência e sugeriu, como alternativa, tentar comprá-los. Mas al-Hayib sentia-se confiante, e recusou a proposta. Rodrigo, "muitíssimo preocupado", como confessou seu biógrafo, preparou-se para a batalha. O encontro deu-se, ao que parece, em algum lugar entre Tamarite e Almenar. Para surpresa geral, aparentemente, Rodrigo alcançou uma vitória decisiva. Ele capturou o trem de bagagem de seus inimigos. E o maior prêmio de todos, ele capturou também o conde de Barcelona e todo o seu séquito de cavaleiros.

Por menos que saibamos sobre a batalha, não podemos pôr em dúvida que seu resultado triunfal – para Rodrigo – fora uma questão de sorte. O sempre afortunado Cid, "aquele que se cingiu da espada em boa hora", como disse o poeta, vencera novamente. Ele observou todas as convenções. Seus prisioneiros foram por ele entregues a al-Mu'tamin, que os libertou após cinco dias, ao que supomos após os resgates terem sido negociados. O quinhão que coube a Rodrigo deve ter sido considerável. Seu biógrafo nos conta que al-Mu'tamin "cumulou-o de inúmeros presentes valiosos, muitos deles de ouro e prata". Assim, a batalha de Almenar encheu os baús de tesouro de Rodrigo, garantindo sua permanência a serviço de al-Mu'tamin. E também trouxe-lhe fama.

É provável que o poema em latim conhecido como *Carmen Campi Doctoris*, discutido no capítulo anterior, tenha sido composto pouco após a campanha de Almenar. Para entender por que um monge de Ripoll teria celebrado em versos latinos a derrota de seu conde, temos que fazer uma breve digressão sobre a política catalã. O conde Ramón Berenguer I de Barcelona morreu em 1076, deixando dois filhos, Ramón Berenguer II, conhecido como "o Louro", e Berenguer Ramón II. (A dinastia dos condes de Barcelona tinha pouquíssima imaginação para nomes, o que torna seu estudo cansativo para os historiadores.) Nos termos do testamento do falecido conde, os dois irmãos deveriam governar conjuntamente os territórios dinásticos. Desde o começo, eles entraram em conflito. Após dois anos, esses conflitos haviam se tornado sérios o bastante para atrair a atenção do papa. Em 2 de janeiro de 1079, Gregório VII escreveu ao bispo de Gerona, insistindo para que tentasse mediar uma reconciliação. Talvez em resultado de seus esforços os irmãos concordaram, em março de 1079, em repartir sua autoridade, não apenas em termos espaciais, mas também temporais: o acordo firmado entre eles determinava que eles ocupariam alternadamente, por períodos de seis meses, o palácio de Barcelona, a residência oficial dos condes. Isso soa impraticável, e é óbvio que mostrou sê-lo. Foi necessário um segundo acordo, firmado em dezembro de 1080, sinal seguro de que o primeiro havia fracassado, mas esse segundo pacto também não funcionou. Enquanto isso, na aristocracia e no alto clero, facções formavam-se e reorganizavam-se, em antecipação à violência cuja eclosão era esperada.

Esse é o contexto de *Carmen Campi Doctoris*. Ripoll situava-se no território que coube a Ramón Berenguer II na partilha de 1079 e 1080. O chefe da diocese de Ripoll, o bispo de Vich, era um dos principais partidários do conde Ramón. Não é de surpreender que a comunidade fosse contrária ao seu irmão, o conde Berenguer. A campanha de Almenar oferecia-lhes uma alavanca que não poderiam deixar de agarrar. Eles comemoraram alegremente a humilhação de Berenguer em *Carmen*.

A violência esperada veio pouco depois daquela guerra, bem possivelmente no exato momento em que o autor de *Carmen* debruçava-se sobre suas rimas, e ela assumiu uma forma extremada. Em 5 de dezembro de 1082, Ramón Berenguer II foi morto. À época, levantou-se a suspeita, provavelmente correta, de que seu irmão era o culpado. Em dez anos, esse era o terceiro assassinato fratricida, provado ou suposto, ocorrido em meio às dinastias cristãs da Espanha. A conseqüência imediata foi a de precipitar, na Catalunha, o que de fato veio a ser uma guerra civil. Os condados de além-Pireneus, de Carcassonne e Razés, libertaram-se do jugo de Barcelona em 1083. Em maio de 1084, dois dos principais nobres catalãos lavraram um acordo de guerrear contra os culpados pelo assassinato. Outros talvez tenham feito o mesmo, embora os documentos firmados por eles não tenham sobrevivido até nós. Em 1085, uma assembléia dos grandes da região, presidida pelo bispo de Vich, contratou o conde de Cerdanya para vingar pelas armas o "assassinato injusto e iníquo" do conde Ramón, e foi discutida a possibilidade de oferecer a suserania da Catalunha a Afonso VI de Leão e Castela.

Um partido moderado parece ter surgido nessa ocasião. Após negociações que parecem ter sido frenéticas, e das quais nada sabemos, chegouse a uma solução de compromisso. Em uma outra assembléia, realizada em junho de 1086, ficou acordado que o conde Berenguer Ramón teria permissão para governar por onze anos, a partir do Natal de 1086, na qualidade de regente, em nome de seu sobrinho de quatro anos (que mais tarde viria a ser Ramón Berenguer III), até que este atingisse a maioridade. Berenguer aceitou esses termos. Mas ele jamais conseguiu fazer que seu crime fosse esquecido e, após sua renúncia, em 1097, ele juntou-se à Primeira Cruzada, como ato de penitência, e morreu defronte os muros de Jerusalém, em 1099.

Rodrigo, mais tarde, em 1090, viria a ter outros negócios com o conde Berenguer Ramón II, mas, imediatamente após a campanha de Almenar, sua atenção foi atraída em direção ao oeste. Intrigas urdidas na corte de Saragoça haviam desencadeado uma série de acontecimentos trágicos, ocorridos nos meses de outono e inverno de 1082-1083. Os problemas parecem ter começado com um certo Ibn al-Royolo, que anteriormente havia ocupado uma posição de destaque entre os servidores do último rei independente de Denia. Em 1076, ele havia se bandeado para al-Muqtadir, ajudando-o a tomar posse de Denia. Após a morte de al-Muqtadir, al-Mu'tamin descobriu, ou pelo menos suspeitou, que Ibn al-Royolo estava fazendo intrigas contra ele para Afonso VI, e fez que ele fosse executado. Mais ou menos nessa mesma época, um homem citado na *Historia Roderici* como Albofalac, que não somos capazes de identificar, rebelou-se contra al-Mu'tamin. Albofalac era o governador de Rueda, o castelo situado às margens do Rio Jalón, a cerca de trinta quilômetros a oeste de Saragoça, onde al-Muqtadir havia mantido prisioneiro seu irmão Yusuf. A rebelião de Albofalac tomou a forma de um *pronunciamiento* – como as gerações espanholas posteriores viriam a chamá-lo – a favor de Yusuf. Os rebeldes imediatamente apelaram a Afonso VI, pedindo ajuda.

É possível, embora não possamos provar, que houvesse uma conexão entre as intrigas de Ibn al-Royolo e a rebelião de Rueda. O rei Afonso viu nas dificuldades de al-Mu'tamin uma maneira de pressionar Saragoça, maneira essa mais eficaz do que a comitiva de Sisnado Davídez o fora alguns anos antes. Ele enviou a Rueda um exército comandado pelo *infante* Ramiro de Navarra e pelo conde Gonzalo Salvadórez. Ramiro era irmão de Sancho IV de Navarra e, portanto, cunhado de García Ordóñez e Fortún Sánchez, que haviam sido derrotados e aprisionados pelo Cid em 1079. Ramiro passara a servir Afonso VI após o assassinato de seu irmão, tendo ocupado o posto de senhor de Calahorra entre 1076 e 1082; ele era uma figura importante na corte real e um eminente benfeitor do monastério de Nájera, filiado a Cluny, e que havia sido fundado por seu pai. Encontramos pela primeira vez Gonzalo Salvadórez como cortesão de Fernando I, depois de Sancho II, após o que ele transferiu sua lealdade a Afonso VI. Ele havia sido promovido em 1074, recebendo o título de conde, e era um dos nobres mais poderosos e respeitados do leste de Castela. Antes de partir para Rueda, ele fez uma doação ao monastério ao qual sua família estava mais estreitamente ligada, Oña.

> Eu, o conde Gonzalo, pronto para partir e lutar contra os mouros juntamente com meu senhor, dôo e concedo a Deus e ao monastério de Oña, onde repousam meus antepassados, para que eu lá seja lembrado para sempre ... [segue uma lista de propriedades e igrejas] ... Caso eu venha encontrar a morte entre os mouros, que minha alma esteja com Cristo; e que meu corpo seja transportado para Oña e lá sepultado próximo a meus parentes, e também [os presentes de] 1.600 peças de ouro, e três de meus nobres cavalos e duas mulas, e minhas vestimentas, dois mantos de seda e três de tafetá furta-cor, e dois vasos de prata ... E se meus vassalos e serviçais assim não me levarem [a Oña] na eventualidade de minha morte, eles nada valerão, como o traidor que mata seu senhor, pois os fiz ricos e poderosos.

Não se poderia pedir uma afirmação mais vívida da piedade aristocrática do século XI.

Quando Gonzalo e Ramiro chegaram a Rueda, eles conferenciaram com Yusuf e, possivelmente por insistência deste último, pediram a presença do próprio rei. Afonso veio por alguns dias e, após discussões das quais não temos notícias, retornou a Castela. Ele, evidentemente, acreditava que Gonzalo e Ramiro seriam capazes de se desimcumbir, por si sós, dos assuntos em questão. Foi então que Yusuf morreu, súbita e inesperadamente. Albofalac viu-se então na pouco invejável posição de alguém que, apoiando um candidato, é deixado com nada além de um cadáver em suas mãos. Ele implorou a Afonso que viesse imediatamente a Rueda e se apossasse do castelo. Providências foram tomadas para que Gonzalo e

Ramiro tomassem posse de Rueda em nome de Afonso, antes da chegada do rei, em pessoa. Nesse ponto, ao que parece, Albofalac entrou em pânico. Quando Gonzalo e Ramiro entraram no castelo sob salvo-conduto, em 6 de janeiro de 1083, a guarnição recebeu-os a pedradas, matando o conde, o *infante* e muitos de seus nobres companheiros.

A traição de Rueda seria lembrada com horror ainda por muito tempo nos círculos cristãos. Uma pessoa que parece ter estado ansiosa por eximir-se de culpa foi Rodrigo Díaz. A *Historia* nos conta que Rodrigo estava em Tudela na ocasião do massacre. Tudela fica no Ebro, a montante de Saragoça, a cerca de sessenta quilômetros (em linha reta) de Rueda. Parece que a ameaça a al-Mu'tamin, representada pelo *pronunciamiento* de Rueda, o fez despachar Rodrigo imediatamente para proteger suas fronteiras no noroeste contra o rei de Castela. Quando Rodrigo soube dos acontecimentos em Rueda ele dirigiu-se apressadamente à corte de Afonso, que, ao que parece, encontrava-se nas redondezas nesses dias. O autor da *Historia* quer que acreditemos que Afonso tentou uma reconciliação, e que Rodrigo re-ingressou em seu serviço, mas que, sentindo falsidade nos protestos de amizade do rei, ele deixou-o, retornando a Saragoça. Essa história não é muito plausível. O mais provável é que Rodrigo tenha corrido para a corte real para assegurar ao rei que ele não havia tido nenhuma participação no traiçoeiro assassinato do cunhado de seu inimigo.

Nada mais sabemos sobre o que Rodrigo fez no restante de 1083; há muito mais informações sobre o ano subseqüente. Na *Historia*, é relatado o seguinte: al-Mu'tamin e Rodrigo, agindo conjuntamente, arrasaram o sul de Aragão, em uma expedição que partiu de Monzón e durou cinco dias. O rei Sancho de Aragão não ousou resistir a eles. Em seguida, Rodrigo foi enviado para dar o mesmo tratamento ao território de al-Hayib. A área escolhida situava-se a grande distância em direção ao sudeste, no interior do principado *taifa* de Tortosa, a região que hoje forma a extremidade noroeste da província de Castellón. Rodrigo arrasou o território circundante a Morella e refortificou o castelo de Olocau. Sancho Ramírez de Aragão e al-Hayib firmaram um acordo de deslanchar um ataque conjunto a Saragoça, e invadiram o reino. Eles juntaram suas forças e armaram acampamento em um local vagamente descrito como "às margens do Ebro". Rodrigo havia retornado de sua cavalgada e encontrava-se em local não muito distante. Após alguns procedimentos preliminares – que incluíram uma mensagem desdenhosa de Rodrigo ao rei de Aragão – uma batalha aconteceu e Rodrigo saiu-se vitorioso. A data provável foi 14 de agosto de 1084. Quanto ao local, tudo o que podemos dizer é que o encontro deu-se em algum lugar do vale inferior do Ebro.

Essa batalha foi, nas palavras do biógrafo de Rodrigo, "uma vitória assombrosa". Foi ainda mais que isso. Quando o inimigo cedeu e fugiu, Rodrigo foi em seu encalço, fazendo muitos prisioneiros. O autor da *Historia* cita os nomes de dezesseis dos mais importantes dentre eles, pertencentes ao exército aragonês. As duas figuras mais ilustres eram Ramón Dalmacio, bispo de Roda de 1077 a 1094, e o conde Sancho Sánchez de Pamplona, este último, filho de um irmão bastardo de Sancho IV de Navarra, que mais tarde viria a se casar com uma filha de García Ordóñez, e que foi um dos mais poderosos barões de Aragão até sua morte, em 1116. Havia também um dos principais oficiais da casa real, Blasco Garcés, o *mayordomo* do rei. Sete outros eram *tenentes* do reino de Aragão, ou seja, homens encarregados da administração e da defesa de uma determinada região, como representantes do rei. Dois exemplos bastarão para dar uma idéia geral. Pepino Aznar havia ocupado um cargo na corte de Sancho Ramírez, e encontramo-lo como *tenente* entre 1075 e 1093. Em 1084, ele era *tenente* de Alquézar. Ele foi um dos homens a quem Pedro I confiou a recolonização de Barbastro, em 1100. Seu irmão García, também capturado em 1084, pode ser encontrado ocupando o cargo de *tenente* de Aragão entre 1063 e 1086. Ele foi banido pelo assassinato do conde de Bigorre, em 1088, e findou seus dias no exílio entre os sarracenos. Por fim, e o que é muito interessante, havia cinco homens provenientes dos domínios de Afonso VI: o conde Nuño de Portugal, Anaya Suárez da Galícia, Gudesteo González e Nuño Suárez de Leão e García Díaz de Castela. É provável que eles, como Rodrigo, houvessem sido exilados do reino de Leão e Castela, tendo passado a servir Aragão.

Ibn Bassam disse sobre Cid que "os Banu Hud" – o nome de família dos governantes de Saragoça – haviam-no "tirado da obscuridade". Ele talvez tivesse em mente os feitos de Rodrigo durante seu exílio, na década de 1080. Se a captura do conde de Barcelona por Rodrigo, em 1082, foi um golpe de sorte, que ganhou ressonância por razões ligadas mais à política catalã que à de Saragoça, seus feitos de 1083 e de 1084 tiveram êxito por razões muito mais sólidas. Na época da crise de Rueda, ele manteve-se lealmente ao lado de seu senhor, al-Mu'tamin. Ele havia demonstrado tenacidade e paciência nas campanhas de rotina na fronteira oriental. Havia alcançado uma formidável vitória sobre as forças conjuntas de Aragão e Lérida, e feito prisioneira uma fieira de gente famosa. Havia se tornado indispensável. Rodrigo deve ter feito uma bela figura na corte de Saragoça. É certo que ele deva ter estado presente, por exemplo, nos grandes acontecimentos de Estado, como o casamento, em janeiro de 1085, do filho de al-Mu'tamin, Ahmad al-Musta'in, com uma filha de Abu Bakr de Valência, esplendidamente organizado pelo vizir judeu, Abu al-Fadl Hasday ibn Hasday, ele próprio um dos luminares da cultura na corte de Saragoça. Todos os que tinham alguma importância na Espanha islâmica lá estiveram presentes.

Em algum momento do outono daquele ano, al-Mu'tamin morreu e foi sucedido por al-Musta'in, que continuou a apadrinhar Rodrigo, como fizera seu pai. "Rodrigo permaneceu com ele em Saragoça, gozando de grande honra e respeito por nove meses." O que seu biógrafo não nos conta é que, após esses nove meses, Rodrigo viu-se opondo resistência ao rei Afonso, que viera com seu exército sitiar Saragoça. Pouco tempo depois, Rodrigo e o rei reconciliaram-se, a sentença de exílio foi suspensa e ele voltou à sua terra natal nas boas-graças do rei. Uma outra caleidoscópica guinada nos acontecimentos havia transformado e reagrupado a distribuição do poder na Península Ibérica.

Para entendê-la, devemos retornar ao ano de 1080, quando Afonso VI recolocou al-Qadir no trono da *taifa* de Toledo. Al-Qadir voltou com humor vingativo, instaurando um reino de terror, ao dar caça aos que haviam conspirado contra ele nos dois anos anteriores. Ibn Bassam, escrevendo em 1109, diria desse período que os cidadãos de Toledo "tinham medo de suas próprias sombras". Para satisfazer as insaciáveis exigências monetárias de Afonso, al-Qadir sugou seus súditos, usando das bem conhecidas técnicas de extorsão. Uma nova revolta contra ele eclodiu em maio de 1082, e toda a região mergulhou no caos. Novamente o rei de Leão e Castela interveio para apoiar seu fantoche; mais fortalezas foram cedidas; novas exigências tributárias foram feitas. Foi a partir dessa época que as tropas de Afonso, ostensivamente para dar apoio a al-Qadir, tornaram-se uma presença permanente na *taifa* de Toledo, e suas depredações a esmo, uma carga adicional sobre seus desafortunados habitantes.

Correndo o risco de incorrer em simplificação excessiva, podemos caracterizar da seguinte maneira as diferentes facções existentes nessa época na cidade de Toledo. Em primeiro lugar, havia o poder principesco em si, indo de al-Qadir, no topo, até a sórdida malta de informantes e torturadores que davam sustentação ao regime a partir da base: um governo, se é que se pode chamá-lo assim, odiado e temido por seus súditos, desprovido de uma política, vagando cegamente de casuísmo a casuísmo. Seus adversários muçulmanos podem ser divididos em dois grupos. Os moderados haviam perdido todas as esperanças em al-Qadir; al-Mutawakkil de Badajoz os abandonara e nenhum outro rei *taifa* podia vir em seu auxílio. Eles, pouco a pouco, chegavam à conclusão de que seria prudente aceitar um *fait accompli*. Afonso VI, agora, governava de fato o reino: não seria sábio entrar em acordo com ele enquanto um bom acordo ainda poderia ser conseguido? Os extremistas opunham-se a qualquer tipo de compromisso com um rei cristão. A corrupção do regime de al-Qadir deveria ser purgada por um retorno à mais severa retitude islâmica, e havia os que, não muito longe dali, na outra margem do Estreito, na África do Norte, poderiam ajudá-los a traduzir essa visão em realidade.

Toledo abrigava também grandes comunidades de judeus e de cristãos moçárabes. Eles tinham em comum com seus concidadãos muçulmanos o sofrimento causado por al-Qadir. Não é correto ver os cristãos de Toledo como uma espécie de "quinta-coluna" a serviço de Afonso VI. Entretanto, como não podia deixar de ser o caso, para eles era preferível ser governados por um cristão a sê-lo por um muçulmano. Quanto aos judeus de Toledo, é provável que um episódio ocorrido em 1082 tenha-lhes servido de incentivo a ver com simpatia o rei cristão. Afonso havia enviado um delegado judeu a Sevilha, para coletar o tributo. Uma querela se instalou: a delegação castelhana queixou-se de que o tributo estava sendo pago em moeda adulterada, fazendo essa queixa ser acompanhada de insultos. Al-Mu'tamid mandou crucificar o delegado judeu. Afonso VI ficou lívido de ira e organizou uma expedição punitiva para vingar a morte de seu enviado. Ele talvez quisesse também advertir Sevilha das prováveis conseqüências de qualquer interferência nos negócios de Toledo. (Pode ter sido durante essa campanha, na qual o exército real arrasou o vale do Guadalquivir e a costa atlântica até Cádiz, ao sul, que Afonso conduziu seu cavalo de batalha mar adentro, exclamando: "Aqui estou eu, no limite extremo de al-Andaluz, que esmaguei sob meus pés!". Pelo menos, é o que conta a história.) O incidente talvez tenha encorajado os judeus de Toledo a acreditar que em Afonso VI eles encontrariam um protetor forte e confiável.

Parece que al-Qadir se deu conta, por fim, de que sua posição era insustentável: o jogo havia terminado. Buscando uma rota de fuga, lembrou-se do tempo em que seu avô reinava sobre Valência, entre 1066 e 1075. Em algum momento do verão de 1084 ele propôs a Afonso um acordo. Se o príncipe cristão o ajudasse a se instalar no principado de Valência, ele lhe entregaria Toledo. Tendo tomado essa iniciativa, al-Qadir trancou-se em seu palácio de Toledo e esperou pelo desenrolar dos acontecimentos. Coube a Afonso a próxima jogada. O fato de que existia na cidade uma facção extremista determinou qual essa jogada viria a ser. No outono de 1084 ele sitiou Toledo. A cidade ocupa uma posição de grande força natural, erguendo-se sobre um precipício de escarpas rochosas, e cercada de três lados pelas águas do Tagus. Ela não poderia ser tomada de assalto. Ela teria que ser forçada à rendição pela fome.

O inverno de 1084-1085 foi severo. Houve muitas chuvas, e nevascas pesadas na Sierra de Guadarrama ameaçaram as linhas de abastecimento de Afonso. Mas ele perseverou. À medida que a primavera de 1085 ia chegando, a fome e as doenças disseminaram-se na cidade sitiada. Em abril, o fim já estava à vista. Os termos da rendição foram discutidos durante a primeira semana de maio e, no dia 6, uma capitulação formal teve lugar. No domingo, 25 de maio de 1085 – coincidentemente, o mesmo dia em que o papa Gregório VII morreu no exílio, em Salerno –, Afonso VI, imperador de Leão e Castela, fez sua entrada cerimonial na cidade. Toledo, a antiga capital do reino visigótico, passou novamente para mãos cristãs, após cerca de 370 anos sob domínio islâmico.

As conseqüências da queda de Toledo foram muitas. Uma delas foi inspirar em Afonso VI um humor bélico, de expansionismo militante. Na primavera de 1086, ele enviou um exército, comandado por Alvar Fáñez, para instaurar al-Qadir como governante de Valência. Ele conclamou al-Mu'tamid de Sevilha a entregar seu reino. Ele despachou uma expedição cristã de ataque ao principado de Granada, que chegou até Nivar, a apenas dez quilômetros ao norte da capital. Uma outra força-tarefa foi enviada para capturar o castelo de Aledo, entre Múrcia e Lorca. E no início do verão de 1086 ele comandou um exército até Saragoça e sitiou a cidade. Entre seus defensores, estaria, ao que se pode supor, o tenente da confiança de al-Musta'in, Rodrigo Díaz. Ao que tudo então indicava, Saragoça seguiria os passos de Toledo.

Mas isso não viria a acontecer. Quando Afonso inspecionava as operações do cerco de Saragoça, notícias perturbadoras foram-lhe trazidas. Um imenso exército, vindo da África do Norte, havia desembarcado no sul da Espanha. Os invasores se dirigiam ao norte, aparentemente com a intenção de reconquistar Toledo. Eles tinham que ser contidos. O rei reuniu suas forças e dirigiu-se para sudoeste. Os exércitos se encontraram em Sagrajas ou Zallaqa, perto de Badajoz, em 23 de outubro de 1086. Lá, Afonso VI, o conquistador de Toledo, foi retumbantemente derrotado.

Em resultado desse golpe devastador, Rodrigo e Afonso viriam a se reconciliar. Mas essa foi uma conseqüência de menor importância perante a invasão dos almorávidas. Sua entrada em cena causou uma erupção sísmica na vida espanhola. Quem eram essas pessoas?

10
A invasão almorávida

O Cid ainda era vivo quando já circulavam histórias sobre um reino distante, situado na extremidade sul do Saara, que era fabulosamente rico em ouro. O geógrafo al-Bakri (morto em 1094) relatou que os cães que guardavam o palácio de seu rei usavam coleiras de ouro. Já do próprio rei, dizia-se que ele possuía "uma peça de ouro do tamanho de uma grande pedra". Essa prodigiosa pepita crescia mais a cada vez que se contava sobre ela: no grande trabalho de geografia de autoria de al-Idrisi, completado em 1154, ela se transformou numa rocha à qual o rei amarrava seu cavalo. No século XIV, Ibn Khaldun diria que ela pesava uma tonelada. Mas esses relatórios mais tardios e certamente exagerados não nos devem cegar para o valor do testemunho de al-Bakri. Um tal reino de fato existia. Al-Bakri o chamou de Gana – equivocadamente, por sinal: *Gana* era, na verdade, um dos títulos de seu rei, significando "chefe guerreiro" – e fez uma descrição sóbria. Alguns geógrafos árabes chegaram a visitá-lo. Ibn Hawkal, que teve parte de sua descrição do al-Andaluz do século X citados no capítulo anterior, lá esteve em 951.

Um grupo de botânicos ingleses, que testemunharam, em 1871, no porto de Mogador, o carregamento de uma encomenda de penas de avestruz a ser enviada à Europa, refletiu que o sofrimento dos mercadores que as haviam trazido através do Saara "devia atingir o limite da resistência humana". Muitos mercadores islâmicos dos séculos X e XI faziam essa árdua jornada. O principal ponto de partida, na extremidade norte, era a cidade de Sijilmasa, nos arredores do atual núcleo urbano de Rissani, ao sul de Marrocos, situada na fértil baixada de Tafilelt. De lá, as caravanas de camelos dirigiam-se para o sul, atravessando o Saara. Após cerca de 2.200 quilômetros, elas chegariam ao vale do Níger, em algum lugar próximo a Timbuktu. De lá, seguiam rota para o sul-sudoeste por mais 480 quilômetros, mais ou menos, após o que chegavam ao reino a que chamavam de Gana. Ibn Hawkal fala também de uma rota a oeste, que partia de Sijilmasa, cortando o vale do Sous, ao sul do atual Marrocos, e rodeando a extremidade do Saara, mas, ao que parece, esta era menos freqüentada que a rota Sijilmasa-Timbuktu. (É curioso que a rota litorânea, ao longo da costa atlântica, não fosse usada.) A suserania de Gana – constantemente mudando de mãos, uma esfera de influência sobre grupos tribais, e de modo algum um domínio territorial – era sentida na região, *grosso modo*, delimitada pelo Rio Senegal, a oeste, e pelo Rio Níger, a leste; e a norte, pela extremidade sul da atual Mauritânia. Os centros de comércio mais ativos localizavam-se na parte norte dessa área: Kumbi Salih, precariamente situado por arqueólogos franceses ao norte de Nara, em Mali; Oulata, na Mauritânia, a oeste de Timbuktu; Awdaghast, próximo a Tamchaket, também na Mauritânia. Lá eram trocados o sal, os tecidos, os metais e as contas trazidos do norte, por ouro, especialmente, mas também por marfim, ébano e escravos. O ouro, na verdade, vinha de terras mais ao sul, da área a que os viajantes árabes chamavam de Wangara, na outra margem do Rio Senegal, cenário do famoso "escambo mudo", descrito pelo geógrafo Yaqut, do século XIII, cujo relato foi usado por Rudyard Kipling, em seu memorável conto *Puck of Pook's Hill.*

As recompensas desse comércio eram proporcionais a seus riscos. Ibn Hawkal relata que assistiu

> em Awdaghast o reconhecimento de uma dívida, pelo qual um mercador de Awdaghast declarou dever a um habitante de Sijilmasa a quantia de 42 mil *dinars.* Em nenhum lugar do Oriente, nem no Iraque, nem em Fars, nem em Kurasan, eu tinha ouvido coisa semelhante ser contada.

Num outro texto ele citou o nome do mercador e referiu-se às testemunhas do documento (ao qual, por sinal, ele chamava de *sakk,* do qual se acredita que a palavra "cheque" derive). Não há razão para não crer nele. Comparações dessa natureza são fatalmente imprecisas, mas – em termos muito aproximados – parece que esse único devedor de um mercador de Sijilmasa devia-lhe algo como o dobro da quantia que, nesse exato momento, um rei da Inglaterra legava a seu povo, em testamento, a ser usada para comprar os vikings.

Essa longa e frágil linha de comunicação supria de ouro o Magreb e al-Andaluz. Como já vimos antes, de lá esse ouro era distribuído para outros destinos: os tributos pagos aos reis da Espanha cristã, o subsídio anual entregue por Afonso VI ao monastério de Cluny. Quando, em 1095, o papa Urbano II consagrou a nova e majestosa igreja monástica construída pelo abade Hugo, seria possível que ele soubesse que esta, o mais ambicioso edifício já erigido na cristandade desde os dias romanos, sustentava-se, em última análise, sobre os cheques emitidos em Sijilmasa e Awdaghast, e sobre o trabalho dos garimpeiros das minas e dos aluviões da bacia do Senegal? Fica a pergunta.

O Gana e seus súditos eram negros do grupo tribal Soninke. Os povos de Awdaghast eram berberes de pele branca, pertencentes à confederação tribal Sanhaja, tendo chegado do Saara Ocidental cerca de um século antes da visita de Ibn Hawkal. Eles vestiam um *litham*, ou véu, cobrindo a face, e eram conhecidos pelos árabes como "os velados". Eles haviam se convertido nominalmente ao Islã no século X. Um dos atrativos dessa fé pode ter sido a idéia de *jihad*, ou guerra santa contra seus vizinhos, inimigos e suseranos intermitentes de Gana. Por volta de 1035, um dos chefes das tribos Sanhaja fez uma peregrinação a Meca, que viria a ter conseqüências da maior importância. Talvez não seja abusar da imaginação supor que algo da atmosfera daquela jornada das bordas ocidentais do mundo islâmico até a cidade santa possa ser captado com base no relato de uma viagem semelhante, feita cerca de oito séculos mais tarde. Ahamad b. Tuwayar al-Janna partiu de Tishit, situada a pouca distância a nordeste de Awdaghast, com destino a Meca, em 1829. A narrativa de sua peregrinação, escrita por ele mais tarde, possui uma simplicidade crua e um charme sem afetação que parecem refletir não apenas o caráter e a piedade do autor, mas também a pouco sofisticada cultura do extremo oeste de onde ele vinha.

Durante sua viagem de volta, o chefete Sanhaja do século XI, cujo nome era Yahya ibn Ibrahim, encontrou em Kairouan um famoso mestre religioso de nome Abu 'Imram. Yahya pediu-lhe que indicasse um homem capaz de ensinar ao povo de sua tribo a verdadeira observância da fé. Abu 'Imram já estava desolado com a ignorância de Yahya em matéria de doutrina, e ficou horrorizado ao saber que seus súditos eram ainda mais ignorantes. A dificuldade era encontrar um homem que se prontificasse a aceitar uma missão tão perigosa, em terras tão longínquas. Abu 'Imram, embora vivendo em Kairouan, era natural de Fez, e foi para seus discípulos de Marrocos que ele encaminhou Yahya. Por fim, um discípulo de um discípulo de Abu 'Imram, natural da região de Sijilmasa, de nome 'Abd Allah ibn Yasin, acompanhou Yahya de volta às terras dos Sanhaja. Isso, provavelmente, aconteceu no ano de 1039.

A missão de Ibn Yasin não teve êxito. Seus ensinamentos eram por demais austeros para o povo da tribo Sanhaja. Só a autoridade de Yahya o protegia contra maus-tratos e, após a morte deste, a casa de Yasin foi incendiada e ele foi expulso da região. Fugindo com os poucos discípulos que conseguira atrair – a tradição, mais tarde, diria que eram oito –, ele dirigiu-se à costa atlântica. Em algum ponto dessa região, talvez próximo à foz do Rio Senegal, ele estabeleceu-se com sua pequena comunidade de crentes em um *ribat*. (A natureza do *ribat* já gerou muita controvérsia. O *ribat* de Ibn Yasin deve ser visto como uma comunidade de caráter semi-monástico, cujos habitantes dedicavam-se a levar uma vida religiosa de extraordinária pureza; preparados – como teriam de estar, vivendo em território desconhecido – para a autodefesa e, portanto, dotados de capacidade militar, mas também desempenhando o papel de missionários islâmicos junto aos povos em meio aos quais eles viviam.) Eles vieram a ser conhecidos como "o povo do *ribat*", ou al-Murabitun, que, entre os espanhóis de língua românica foi corrompido para *almorávida*. Daí o nome pelo qual eles são geralmente conhecidos.

O *ribat* de Ibn Yasin prosperou. Um grande número de conversões ao Islã aconteceu naquela região, e novos membros foram atraídos para a comunidade. Ibn Yasin, então, seguindo o exemplo do profeta, voltou-se contra as tribos Sanhaja que haviam desprezado seus ensinamentos. Ao longo dos anos posteriores a 1042, tribo após tribo foi derrotada e forçada a aceitar a fé islâmica e a autoridade almorávida. Em 1054-1055, atendendo a um apelo de seu ex-mentor, Ibn Yasin conduziu seus exércitos para o norte, até Sijilmasa. Ele foi morto em batalha em 1059, e o comando militar passou para Abu Bakr ibn 'Umar, um dos oito de seus primeiros discípulos. Abu Bakr, vendo-se confrontado por ameaças à sua autoridade no sul, delegou o comando do setor norte a seu primo Yusuf ibn Tashufin. Foi Yusuf que tomou a decisão de conduzir seus homens através dos Atlas, até as planícies do Marrocos. Lá, ele fundou uma nova base para suas operações em Marraquesch, em uma data citada de formas diferentes: 1062 ou 1070. De lá, os almorávidas espalharam-se em direção ao norte. Yusuf entrou em Fez em 1074-1075 (467 AH), em Tlemcen em 1075-1076 e em Tânger em 1079.

A velocidade e a extensão das conquistas almorávidas, quase tão notáveis quanto as das conquistas islâmicas originais, no século VII, nunca foram, como as anteriores, satisfatoriamente explicadas. A ascensão dos almorávidas permanece um mistério, em boa parte pela escassez das fontes originais relativas a eles. O colapso do império almorávida, no século XII, foi quase tão súbito quanto sua ascensão no século XI, e seus destruidores tomaram todo o cuidado para que fosse destruído o máximo possível dos registros que deles tratavam. Precariamente documentados, os almorávidas, de modo geral, não se mostraram um tema atraente para os estudiosos franceses que tanto fizeram pela nossa compreensão do Magreb medieval. Podemos apontar determinados fatores que contribuíram para o sucesso dos almorávidas: por exemplo, o controle exercido por eles sobre do comércio transaariano de ouro, sua capacidade de fazer uso da riqueza agrícola do sul do Marrocos, e sua boa sorte no confronto com as autoridades ao norte do Marrocos e da Argélia Ocidental, numa época em que estas se encontravam fragilizadas por invasões dos nômades vindos do leste. Não é coincidência que a expansão almorávida tenha ocorrido numa época em que a autoridade política centralizada havia desmoronado na Espanha. Os califas de Córdoba, no século X, como outros prudentes monarcas da Espanha, antes e depois deles, haviam mantido um olho vigilante sobre o Magreb, e usado de diplomacia para "neutralizar" qualquer inquietude que viesse a ocorrer entre os bárbaros do outro lado do Estreito, mas uma tarefa assim estava além da capacidade dos reis *taifa*.

Tudo isso pode ser dito, sem no entanto contribuir para nossa compreensão dos almorávidas. 'Abd Allah de Granada escreveu sobre Yusuf dizendo que "tivesse sido capaz de dar-lhe minha carne e meu sangue, eu o teria feito". Isso nos fornece uma pista. Ibn Yasin e Yusuf devem ser interpretados como líderes de "uma nova força de revitalização do Islã", de intensidade tal que, ao que já foi dito, não voltaria jamais a ser vista no nordeste da África até o século XIX. Essa força agia como uma centelha sobre povos caracterizados por uma cultura religiosa e por uma estrutura social peculiares. O que aconteceu foi "um tipo relativamente raro de cristalização da autoridade por meio de carisma religioso, que lhes permitiu fundir numa força unificada o apoio tribal". Esse carisma religioso – os berberes o chamam de *baraka* – foi o poder por detrás do movimento almorávida.

Os exércitos de Yusuf representavam uma poderosa ameaça às culturas estabelecidas do Mediterrâneo Ocidental, da mesma forma como os exércitos dos turcos seljúcidas o representavam para o Mediterrâneo Oriental, na Ásia Menor bizantina e na Síria fatímida. Em ambos os casos, o abismo cultural entre invasores e invadidos era vasto. Entre os príncipes cultos de al-Andaluz, Yusuf era visto como um bárbaro. Ele vinha de fora dos limites do mundo civilizado, do (em termos marroquinos) *bled es siba* – "as terras sem lei" –, além dos Atlas. Sua Marraquesch não era uma cidade, mas um acampamento. Nos tempos de Yusuf, ela consistia de não mais que uma fortaleza de pedra, ou *ksar*, uma mesquita e as tendas de seus seguidores; e ela devia ser cercada de barricadas de espinhos da espécie *Zizyphus lotus*, que tem "duplas fieiras de espinhos, uma apontando para fora e a outra curvando-se para dentro", do tipo que ainda hoje são usadas no interior de Marrocos para cercar currais. As muralhas de Marraquesch vieram mais tarde, talvez por volta de 1100, e foi Ali, filho de Yusuf, o responsável por emprestar dignidade à cidade, com prédios públicos elegantes, dos quais, infelizmente, apenas um único chegou até os dias de hoje, o peculiarmente elegante Koubba el-Baroudiyin, construído em 1130. Yusuf não era analfabeto, mas circulavam histórias sobre sua falta de cultura literária. Quando al-Mu'tamid, no inverno de 1086-1087, escreveu-lhe uma carta lisonjeira, pedindo-lhe que voltasse à Espanha, ele citou os famosos versos do poeta Ibn Zaydun (morto em 1071), sobre a despedida de amigos:

> Tu partiste e eu parti; mas a saudade não
> arrefeceu em meu coração, nem secaram meus canais lacrimais;
> eu ter perdido a ti mudou de todo meus dias
> tornando-os negros; contigo, minhas noites eram brancas.

Conta-se que o conhecimento de Yusuf do árabe clássico não era suficiente para permitir-lhe compreender a alusão. "Ah, entendo", disse, "ele quer que lhe mandemos escravas negras e brancas!" *Ben trovato*, talvez, mas essa história nos conta algo sobre o desprezo que Yusuf inspirava.

Há ainda uma outra história sobre essa mesma troca de cartas. Os reis *taifa*, como outros, estavam acostumados a dar presentes generosos no decorrer das negociações diplomáticas. Quando Yusuf correspondeu-se com al-Mu'tamid de Sevilha, enviou-lhe escudos de couro de hipopótamo, impossíveis de serem conseguidos em al-Andaluz e, portanto, raros e preciosos; sendo, no entanto, austeros e militares, uma declaração de prioridades, e até mesmo de intenções.

Assim que esse fanático austero e ascético alcançou o Estreito, a perspectiva de ele vir a intervir na Espanha tornou-se muito próxima. Essa intervenção foi solicitada logo após sua conquista de Tânger. Parece que, no inverno de 1079, após Afonso ter conseguido Cória, al-Mutawakkil de Badajoz escreveu a Yusuf, lamentando a perigosa situação de al-Andaluz e pedindo auxílio. Ao que parece, uma nova comitiva foi enviada cerca de dois anos mais tarde. Al-Mu'tamid ajudou Yusuf a completar sua conquista do Magreb, enviando, de Sevilha, uma esquadra naval para auxiliar no bloqueio de Ceuta. Após a expedição punitiva de Afonso VI sobre a *taifa* de Sevilha, em 1083, al-Mu'tamid implorou pela intervenção de Yusuf.

Mas Yusuf continuou a postergar. Foi a queda de Toledo que precipitou os acontecimentos. Como 'Abd Allah viria a lembrar, anos mais tarde, ela "causou grande tremor por todo o al-Andaluz, enchendo seus habitantes de medo e desespero". Como vimos ao fim do último capítulo, a conquista de Toledo inspirou em Afonso VI um humor belicoso. Além de instaurar al-Qadir em Valência, sitiar Saragoça e exigir a rendição de Sevilha, é provável que o rei cristão tenha também enviado uma carta cheia de bravata a ninguém menos que o próprio Yusuf. Se o texto que chegou até nós merece crédito – e alguns duvidaram disso –, Afonso acusava Yusuf de covardia por sua demora em vir, chegando a se oferecer para um embate em Marrocos, se Yusuf lhe fornecesse navios para transportar o exército cristão através do Estreito. Além desses contatos no mais alto escalão diplomático, Yusuf vinha recebendo também delegações de *faqihs* e *qadis* – os guardiães da lei islâmica e os juízes que a aplicavam – de al-Andaluz. Eles queixavam-se de aspectos do governo dos reis *taifa* que há algum tempo vinham causando inquietação. Entre essas reclamações, os impostos ocupavam lugar importante. Para pagar o tributo exigido por Afonso VI, os reis *taifa* viram-se obrigados a aumentar a carga fiscal de seus súditos. Ninguém gosta de pagar impostos, mas a objeção crucial era de que as novas medidas iam além do permitido pela tradição islâmica. Novos impostos não eram apenas pesados para o povo, mas também, e o que era muito mais grave, ofensivos a Deus. A queda de Toledo tornou ainda mais nítido o foco do descontentamento. Não seria ela uma sentença vinda dos céus? Um poeta anônimo assim lamentou a queda da cidade:

> Se dissermos, "a punição os alcançou
> e a rejeição de Deus os atingiu",
> então nós, tal como eles, e mais que eles,
> nos extraviamos [da religião]; e como pode quem se extravia estar seguro?
> Podemos estar certos de que a vingança não cairá sobre nós,
> Quando, entre nós, a corrupção se uniu à licenciosidade?

Os acontecimentos na própria Toledo contribuíam para alarmar ainda mais a sociedade andaluz. Nos termos de rendição acordados em maio de 1085, Afonso VI garantira aos habitantes muçulmanos que eles poderiam continuar a usar a principal mesquita da cidade para suas práticas religiosas. Ele havia confiado o governo da cidade a um de seus principais tenentes, Sisnando Davídez. A peculiar carreira de Sisnando capacitava-o a essa difícil incumbência. Ele era natural de Portugal, e havia sido capturado, quando jovem, por uma expedição de ataque, e levado a Sevilha. Ele ingressou no serviço de al-Mu'tatid de Sevilha (morto em 1068-1069), chegando a ocupar altos cargos, sendo encarregado de missões diplomáticas junto ao rei Fernando I de Leão e Castela. Em algum momento, e por razões desconhecidas, ele retornou a terras cristãs e passou a servir Fernando I, que o nomeou governador de Coimbra, por ocasião da conquista dessa cidade, em 1064, incumbido de sua defesa e recolonização. (Talvez essa nomeação tenha sido feita alguns anos mais tarde, por Afonso VI, e não por Fernando I, mas esse ponto não tem grande importância no presente contexto.) Sisnando continuou sendo uma figura importante no serviço de Afonso VI: já o encontramos antes, arbitrando uma ação judicial em 1075, juntamente com Rodrigo Díaz, e também como embaixador junto a Saragoça, algum tempo mais tarde. Ele era respeitado pelas autoridades muçulmanas com as quais tratava, como 'Abd Allah de Granada, e o cronista Ibn Bassam elogiou sua astúcia, sua tolerância e sua equanimidade. Um homem de tantos talentos e tanta experiência era talhado para assumir a delicada tarefa de governar Toledo.

A política conciliatória adotada por Sisnando para com os muçulmanos de Toledo, em 1085, não teve muitas chances de dar certo. Seu principal adversário parece ter sido o arcebispo Bernard, designado para a Sé de Toledo pouco depois da conquista da cidade. Aqui temos um homem moldado numa forma bem diferente. Bernard era francês, um monge de Cluny, que havia sido enviado à Espanha por volta de 1079, possivelmente no séquito de Constança, sobrinha do abade Hugo de Cluny, que se casou naquele ano com Afonso VI, ou talvez a chamado desta. Em maio de 1080, Bernard tornou-se abade de Sahagún, uma velha e ilustre casa monástica, que desfrutava de laços estreitos com a família real e que, pouco antes, havia se tornado a sede de fato da rede de monastérios espanhóis ligados a Cluny. Dessa posição, já de grande proeminência, ele foi promovido pelo rei a arcebispo metropolitano de Toledo e primaz de toda a Igreja espanhola. Bernard era forte e enérgico. Sua mente fora formada longe das terras onde homens como Sisnando conviviam e confraternizavam com os muçulmanos. Ele cresceu naquele período quando a idéia das cruzadas vinha lentamente tomando forma no monastério de Cluny, e não apenas lá. Um de seus colegas monges era Odo de Châtillon, que mais tarde, como o papa Urbano II, viria a proclamar a Primeira Cruzada. Além disso, Bernard tinha ambições para a sua Sé. Toledo deveria voltar a brilhar, como o fizera sob os reis visigóticos, como o principal luzeiro eclesiástico da Península Ibérica. Dentre outras coisas, o arcebispo de Toledo deveria possuir uma catedral à altura de sua dignidade, que faria lembrar o triunfo da Cruz sobre o Crescente.

Em algum momento de 1086, passou-se por cima das políticas de Sisnando, os termos de rendição foram ignorados e a principal mesquita de Toledo transformada numa igreja cristã. Não somos capazes de descrever com precisão o que aconteceu, nem quando, exatamente, pois muita lenda foi acrescentada ao incidente, e os relatos dos cronistas de épocas posteriores não são inteiramente confiáveis. De uma coisa podemos ter certeza: a iniciativa contou com a aprovação de Bernard. A nova catedral foi consagrada em 18 de dezembro de 1086, e na carta de dotação, provavelmente redigida pelo arcebispo ou por um membro de sua equipe, o rei foi obrigado a declarar que o edifício, "antes a morada dos demônios", havia se convertido em "um tabernáculo de virtude celestial para todos os povos cristãos".

Mais ou menos nessa mesma época, Sisnando Davídez foi substituído no governo de Toledo por Pedro Ansúrez, de índole muito mais rígida. Essa troca sugere que havia mais em jogo do que as ambições de um arcebispo excessivamente zeloso. Havia também um conflito de opiniões quanto a que política deveria ser adotada por um governante cristão com relação aos muçulmanos, questão essa que deve ter provocado discussões acaloradas na corte. Em 1086, ao que parece, o rei dava ouvidos aos partidários da linha-dura. Os andaluzes, em pânico, não tinham como saber sobre essas opiniões divergentes. Tudo o que eles viam era um governo cristão que não era confiável e que não honrava acordos, e a conversão da mesquita de Toledo fortaleceu a posição dos que desejavam a intervenção dos almorávidas.

Também entre os régulos *taifa* havia opiniões dissidentes. Sem dúvida, esse fato veio à tona em ocasiões como o casamento de 1085, em Saragoça, no qual Rodrigo pode ter estado presente. Conta-se, por exemplo, que al-Rashid, um dos filhos de al-Mu'tamid de Sevilha, opunha-se à política de buscar apoio almorávida, defendendo, em vez disso, uma linha conciliatória com relação a Afonso VI. (Talvez essa postura estivesse relacionada ao fato de, tempos antes, ele ter passado alguns anos prisioneiro em Barcelona.) O problema era que os reis *taifa* se encontravam num beco sem saída. Eles viam-se confrontados por uma difícil escolha: submeter-se ao rei cristão ou correr o risco de buscar o apoio dos almorávidas, com todo o perigo que isso poderia vir a representar para eles próprios. Al-Mu'tamid parece ter assumido a dianteira na tomada de decisão, ao dizer que "preferiria ser um condutor de camelos em Marrocos a ser um pastor de porcos em Castela". As negociações finais com os almorávidas foram abertas no inverno de 1085-1086.

É de grande interesse a narrativa que 'Abd Allah faz dessas negociações e dos acontecimentos subseqüentes, até a campanha de Sagrajas. Ele mostra quão pouca confiança havia entre os líderes almorávidas e os príncipes *taifa*. Ele mostra também que Yusuf usava de extrema cautela em seus movimentos. Imediatamente após sua vitória sobre Afonso VI, ele levou seu exército de volta ao Marrocos. A razão mais provável para ele não ter explorado seu triunfo talvez tenha sido a notícia da morte de seu primo Abu Bakr. Yusuf teve de retornar a Marraquesch para tratar da crise sucessória. Também é possível que, nesse ponto, Yusuf já não tivesse intenções com relação a al-Andaluz. 'Abd Allah conta que quando os que criticavam os reis *taifa* foram se queixar a ele, Yusuf teria dito: "Não viemos aqui para coisas desse tipo. Os príncipes sabem melhor que ninguém o que fazer em seus territórios". Ele já não seria tão manso ao voltar, em 1089.

Pode-se dizer que Sagrajas foi a Manzikert de Afonso VI. O significado dos acontecimentos a que os historiadores chamam de "decisivos" raramente é percebido de imediato por seus contemporâneos. A intervenção de Yusuf e a batalha de Sagrajas, em 1086, representam um desses casos. O alongamento da sombra lançada por Yusuf sobre al-Andaluz seria gradual, não tendo acontecido subitamente. Para Afonso VI, a derrota foi humilhante, mas não o pôs de joelhos. Ela convidava a uma resposta, e punha em evidência a vulnerabilidade de Toledo. Da mesma forma como os príncipes *taifa*, seguindo o conselho de Yusuf, decidiram "chegar a um acordo entre nós, cooperar uns com os outros e cerrar fileiras", nas palavras de 'Abd Allah, Afonso também resolveu, no inverno de 1086-1087, adotar uma política de boa vizinhança. Foi isso que trouxe Rodrigo Díaz de volta à cena de Castela.

Deixamos Rodrigo no verão de 1086, servindo a al-Musta'in, e supostamente defendendo a cidade de Saragoça contra o exército de Afonso VI. Pouco depois de Sagrajas, Rodrigo e o rei se reconciliaram, talvez em novembro ou dezembro. (A reconciliação formal ocorreu em Toledo, e sabemos que a corte real lá esteve presente, para a consagração da catedral.) Não sabemos de quem foi a iniciativa. O que ficou bastante claro é que Rodrigo teve condições de impor seus próprios termos. O rei estava desesperado e disposto – ou obrigado – a pagar a Rodrigo um bom preço para que ele retornasse a seu serviço. O autor da *Historia Roderici* nos conta que

> o rei deu a ele o castelo de Duáñez com todos os seus dependentes, e o castelo de Gormaz, e Ibia e Campóo e Eguña e Briiviesca e Langa, que se situam na parte ocidental, juntamente com todos os seus territórios e habitantes.

Ele talvez estivesse citando uma carta real. O verbo "deu" (*dedit*) talvez deva ser entendido como "confiou a Rodrigo a defesa e/ou a administração". O rei não estava alienando pedaços de seu território, mas dando a seu vassalo um emprego de responsabilidade, além de muito lucrativo. Duáñez, Gormaz e Langa eram pontos fortificados importantes na rede defensiva que guardava o vale do Douro. Ibia, Campóo e Eguña eram distritos situados no extremo norte de Castela. Briviesca, a nordeste de Burgos, fazia fronteira com as terras do conde García Ordóñez, em Rioja.

Isso não era tudo. Seu biógrafo prossegue dizendo:

> Além disso, o rei Afonso deu a ele a concessão e o privilégio, em seu reino, escrito e confirmado por seu selo, segundo os quais todas as terras ou castelos

que ele viesse a conquistar dos sarracenos, em terras sarracenas, seriam de sua absoluta propriedade, não apenas sua, mas também de seus filhos e filhas, e de todos os seus descendentes.

Essa surpreendente concessão já causou muita perplexidade entre os que a comentaram. Alguns a rejeitaram por completo, usando-a para lançar dúvidas sobre a obra como um todo. Outros usaram de toda a sua engenhosidade para elaborar explicações possíveis, todas elas, em última análise, implausíveis. Não vejo razão para essa passagem não ser aceita em seu valor de face, como resumo – e, possivelmente, transcrição literal – de uma carta real, dando ao Cid esse presente tão incomum. Afonso precisava de comandantes experientes e, nas duras barganhas que constituíam a essência das relações senhor–vassalo, ele encontrava-se do lado mais fraco. Os vassalos estavam no comando do mercado. E Rodrigo pôde dar as cartas.

Devemos também, como sempre, lembrar que, nos meses posteriores a Sagrajas, Rodrigo não era o único a barganhar com Afonso. Na véspera da campanha, o rei pediu a ajuda francesa. Esse apelo dirigiu-se, primeiramente, aos parentes de sua mulher, na Borgonha. O duque Eudes (ou Odo) da Borgonha, sobrinho da rainha Constança, reuniu um exército que partiu para a Espanha no início de 1087. Entre seus comandantes estava o primo de Eudes, Raymond. (O exército também incluía contingentes de outras regiões da França, comandados por líderes como Guillaume, conhecido como "o Carpinteiro", visconde de Melun, próximo a Paris.) Na ausência de almorávidas contra quem lutar, as tropas francesas instalaram-se para sitiar Tudela, no Ebro superior, sem êxito, contudo. Após o cerco ter se desfeito, na primavera, Raymond dirigiu-se à corte de Afonso VI e da rainha Constança – lá permanecendo. Pouco depois, ele ficou noivo da única filha legítima de Afonso, a *infanta* Urraca, sendo feito conde da Galícia. Mais tarde, chegou-se a acreditar que lhe fora prometida a sucessão ao trono. Qualquer que seja a verdade – nunca viremos a descobrir – resta o fato de que a ascensão de Raymond foi surpreendente. Ela mostra que havia muito a ser obtido em Leão e Castela de 1086-1087, dando assim credibilidade aos termos da reconciliação de Rodrigo Díaz com seu rei, tal como nos foram relatados. A única pista que temos de Rodrigo é a lista das testemunhas de duas cartas patentes datadas de 21 de julho de 1087 e de 11 de março de 1088. Qualquer especulação sobre suas atividades é infrutífera. E se nenhuma notícia significa boas notícias, podemos supor que Rodrigo estava cumprindo seu dever como leal servidor da coroa. Já os anos 1089-1092 são uma outra história. Eles estão bem documentados e foram extremamente agitados.

Na primavera de 1089, Rodrigo dirigiu-se para o sudeste, no comando de um exército. Ele atravessou o Douro próximo a Gormaz e prosseguiu até Calamocha, onde celebrou a festa de Pentecostes, em 20 de maio. Ele recebeu uma delegação enviada por Abu Marwan, governante do principado *taifa* de Albarracín, com quem negociou um tratado, segundo o qual Abu Marwan tornava-se tributário do rei Afonso. Depois, ele seguiu através das montanhas da atual província de Teruel, até chegar à costa mediterrânea em Murviedro, ao norte de Valência. Deve-se lembrar que Afonso VI havia instalado o ex-rei de Toledo, al-Qadir, no governo de Valência. Lá, al-Qadir não tardou a se mostrar tão incompetente quanto o fora em Toledo. O governador de Játiva tinha se rebelado contra ele, pedindo auxílio a Mundhir al-Hayib, governante do duplo principado de Lérida e Denia, com quem Rodrigo já havia cruzado espadas em 1082 e 1084. Al-Hayib, por sua vez, havia pedido ajuda a seu aliado catalão, o conde Berenguer de Barcelona.

O acordo político catalão de 1086 permitiu a Berenguer retomar uma política ativa no Levante espanhol. Ela se baseava no estabelecimento de um protetorado sobre Mundhir al-Hayib, com a concomitante cobrança de *parias*, e na exploração de todas as maneiras possíveis de "desestabilizar" o regime de al-Qadir, tendo como objetivo retirar Valência do protetorado de Afonso VI, talvez para vir futuramente a anexá-la, como o rei de Castela anexara Toledo. Valência era uma cidade próspera: um prêmio digno de ser conquistado. Os aliados haviam devastado as regiões rurais em torno de Valência em 1086; em 1088, eles, sem sucesso, sitiaram a própria cidade. Em 1089, eles voltaram. Berenguer estabeleceu bases fortificadas em Cebolla e Liria, e estava mais uma vez sitiando a cidade. Quando Rodrigo se aproximou, Berenguer dirigiu-se para Requena, no interior, e de lá retornou a Barcelona. Rodrigo encontrou-se com al-Qadir e recebeu o tributo que este devia ao rei Afonso. Ele permaneceu no principado de al-Qadir para pacificar o território, para isso estabeleceu-se em Requena.

Quando estava em Requena ele recebeu notícias alarmantes. Yusuf e os almorávidas estavam de volta à Espanha.

Para colocar o retorno dos almorávidas em seu contexto, devemos voltar atrás um pouco. Uma das medidas tomadas por Afonso, logo após

Richard Fletcher

a conquista de Toledo, foi colocar uma guarnição no castelo de Aledo, situado entre Múrcia e Lorca. Aledo ficava muito além da extremidade sul do território efetivamente controlado pelo rei. À primeira vista, a decisão de instalar uma guarnição num posto avançado tão distante pode parecer tola. Contudo, Aledo era uma base conveniente, para atacar as terras situadas entre Denia e Múrcia, governadas por al-Hayib, que vinha criando dificuldades para al-Qadir, tributário de Afonso em Valência. Além disso, a cidade de Múrcia estava se rebelando contra a suserania de Sevilha: Aledo, tão próxima dali, podia oferecer auxílio aos rebeldes, pressionando assim al-Mu'tamid de Sevilha, e contribuindo, talvez, para manter seu tributo fluindo em direção ao norte. Além do mais, ponto esse para o qual 'Abd Allah, em suas memórias, chama a atenção, os habitantes dos arredores de Aledo eram cristãos, em sua maioria dispostos a fornecer à guarnição produtos de primeira necessidade. Assim, longe de ser precipitada e impensada, a decisão de Afonso de estabelecer uma base em Aledo foi ousada e perspicaz.

A guarnição cristã colocada em Aledo teve sobre a região exatamente o efeito perturbador esperado pelo rei. Um poeta da corte de al-Mu'tamid, 'Abd al-Jalil, foi morto ao viajar entre Lorca e Múrcia, em 1088. Houve também perdas do lado cristão. Um dos milagres de São Domingo de Silos diz respeito a um cavaleiro castelhano de nome Pedro de Llantada, que fora capturado pelos sarracenos próximo a Aledo, e mantido prisioneiro em Múrcia por dois anos, até que o santo organizou uma fuga miraculosa. O início dessa história é relatado com toda a naturalidade, usando de palavras que demonstram vividamente o espírito das operações que tinham lugar nas cercanias de Aledo: Pedro havia deixado a segurança do castelo, para sair predando "por alguns dias" (*per dies aliquot ad predantum*).

No inverno de 1088-1089, al-Mu'tamid de Sevilha atravessou o Estreito para apelar, em pessoa, ao líder almorávida. Yusuf atendeu ao chamado e, pela segunda vez, cruzou o mar rumo à Espanha em março de 1089. Juntaram-se a ele os reis de Sevilha, de Granada e de Almería. As forças aliadas muçulmanas marcharam até Aledo e a sitiaram. Em resposta, Afonso reuniu um exército para ir em auxílio de Aledo. Necessitando o máximo de forças militares, ele enviou uma convocação a Rodrigo, em Requena, ordenando-lhe que viesse com suas tropas trazer reforço ao exército real.

Algo deu errado e os dois contingentes cristãos não conseguiram se reunir. No que diz respeito à campanha, isso não teve muita importância, pois as forças almorávidas bateram em retirada diante da aproximação do exército real, e o rei pôde trazer auxílio e reforços a Aledo, tal como havia planejado. Mas, no que diz respeito à sorte pessoal de Rodrigo, esse erro teve grande importância. Seus inimigos não tardaram em afirmar que o fato de ele não ter se juntado ao rei fora deliberado, e que ele, desse modo, havia traiçoeiramente colocado em risco o exército real. Afonso deu crédito às acusações. Ele confiscou as propriedades de Rodrigo e aprisionou, embora por pouco tempo, sua mulher e suas filhas. Rodrigo redigiu uma elaborada justificativa de seus atos, transmitida *ipsis litteris* por seu biógrafo, oferecendo para defender-se não apenas sob juramento, mas também pelo processo judicial de julgamento pelo combate: um modo de apresentar provas há pouco introduzido na Espanha, proveniente da França, e associado, em especial, a acusações de traição ocorridas nos círculos militares da aristocracia.

A defesa apresentada por ele foi de que Afonso havia ordenado um encontro em Villena, tendo, posteriormente, mudado de idéia quanto à rota a ser seguida pelo exército real. Enquanto Rodrigo esperava em Onteniente, próximo a Villena, o rei e seu exército passaram por Hellín, seguindo uma rota mais a oeste em direção a Aledo. Quando Rodrigo ficou sabendo da mudança de planos, Afonso já estava retornando a Toledo.

Tanto tempo depois, e dada a natureza das fontes que possuímos, é impossível julgar quem tinha razão. Alguns aspectos da defesa de Rodrigo fazem que seja difícil acreditar que ele fosse tão completamente inocente quanto afirmava ser. Por sua vez, o encontro de dois exércitos é sempre uma operação árdua, especialmente quando as comunicações são ruins, a rapidez e o sigilo são de importância máxima e a rota de marcha atravessa território acidentado e montanhoso. Qualquer que tenha sido a verdade acerca da campanha de Aledo, o importante é que os inimigos de Rodrigo estavam prontos a acusá-lo, e o rei estava pronto a aceitar sua culpa. Num aparte muito revelador, seu biógrafo deixa escapar que após a campanha ter chegado ao fim, e Rodrigo ter se instalado em Elche, entre Múrcia e Alicante, para passar o inverno, "ele permitiu que alguns dos cavaleiros que ele havia trazido consigo de Castela retornassem às suas casas". Decodificado, isso quer dizer que alguns de seus seguidores acreditavam que ele tivesse chegado a seu fim.

Derrubado, talvez, mas vencido, não. Rodrigo se reuniu à sua família, passou o Natal em Elche e traçou os planos para o ano seguinte, 1090. A necessidade básica, como sempre, era dinheiro para manter unido o seu séquito. Para pôr as mãos nele, havia apenas uma direção possível de ser seguida. Quaisquer avanços rumo ao sul estavam fora de questão, em parte pela presença em Aledo da guarnição de Afonso, e em parte pela incerteza quanto às intenções dos almorávidas. Mas, ao norte, ficavam as ricas terras do Levante espanhol, cuja vulnerabilidade Rodrigo já havia investigado no ano anterior. O principado de Denia, de Mundhir al-Hayib, era a presa mais óbvia. Rodrigo dirigiu-se primeiro a Polop e à caverna cheia do tesouro de al-Hayib, do qual ele se serviu à vontade: o trecho da *Historia* que relata esse episódio é citado no Capítulo 7. Em seguida, ele prosseguiu até Ondara, nos arredores de Denia, onde passou a Quaresma e a Páscoa (6 de março a 21 de abril de 1090). Lá, al-Hayib "negociou uma paz" com ele, o que significa que ele pagou a Rodrigo para que este desistisse de suas intenções. Al-Qadir de Valência foi a próxima vítima a receber sua visita. Rodrigo e seu exército passaram, rumo ao norte, através do principado de Valência, extorquindo "grandes e numerosos presentes em dinheiro" de al-Qadir. De quebra, ele também "aceitou muitos e inumeráveis tributos e presentes" daqueles que se rebelavam contra al-Qadir – homens tais como o governador de Játiva, ao que se pode supor. Tendo assim aberto caminho ao longo da costa do Levante à força de extorsão, e com bons lucros, Rodrigo estabeleceu-se em Burriana, alguns quilômetros ao sul da atual cidade de Castellón.

As represálias não tardariam. Ao cobrar tributos de al-Hayib e de al-Qadir, Rodrigo havia passado por cima da autoridade de seus "protetores", o conde Berenguer de Barcelona e o rei Afonso de Leão e Castela, respectivamente. Berenguer, provavelmente, era o mais perigoso dos dois, por estar a menor distância e por não se encontrar assoberbado por outros compromissos. Al-Hayib havia pedido auxílio a Berenguer, após a passagem de Rodrigo pela região de Denia. Juntos, eles pretendiam reunir uma coalizão contra ele, integrada por Castela, Saragoça, Aragão e Urgel. O conde de Urgel e o rei Sancho de Aragão não aceitaram participar. Al-Musta'in de Saragoça fingiu concordar, mas, secretamente, fez vazar para Rodrigo notícias sobre os planos de seus inimigos. Quanto a Afonso VI, embora ele e Berenguer tivessem se encontrado para discutir a questão em Orón, próximo a Miranda de Ebro, no condado governado por Garcia Ordóñez, ele não tomou partido: a defesa de Toledo contra um outro ataque almorávida – do qual teremos mais a dizer a seu tempo – tinha, necessariamente, precedência.

Desse modo, Berenguer viu-se sozinho; embora, ainda assim, fosse poderoso. Ele reuniu um grande exército, do qual participavam alguns de seus comandantes mais experientes – homens como Guerau Alemany (Giraldo Alamán), de Cervelló, um dos líderes do exército catalão que havia lutado no Levante, em 1086, e Deudat Bernat (Deusdedit Bernaldi) de Claramunt, a quem, pouco antes, havia sido confiada a defesa e a reocupação de Tarragona. Rodrigo, assistindo com preocupação a esses preparativos, recuou de Burriana para a região montanhosa próxima a Morella. Lá, ele montou seu acampamento num ponto dotado de forte defesa natural, "num lugar chamado Iber", nas palavras da *Historia Roderici*. Não é possível identificar o nome do lugar, que pode ter sido corrompido na transmissão. O *Poema de mio Cid*, cuja narrativa desse episódio é completa, embora fantástica, refere-se ao lugar como *el pinar de Tevár*, "o pinheiral de Tevár", e supõe-se que o poeta tivesse acesso a informações confiáveis. Com base numa carta patente de Pedro II de Aragão, datada de 1209, Menéndez Pidal pôde estabelecer que o pinheiral de Tevár situava-se, provavelmente, entre as vilas de Herbés e Monroyo (no limite entre as atuais províncias de Castellón e Teruel).

O conde Berenguer perseguiu Rodrigo até as montanhas, acampando nas redondezas. Seguiu-se uma troca de cartas entre os dois chefes. O texto dessas cartas, confiáveis, ao que tudo indica, foram preservados na *Historia Roderici*. Berenguer insultava Rodrigo, acusando-o de traição (a Afonso VI, presumivelmente), de violar igrejas durante suas campanhas e afirmava que ele colocava mais fé em augúrios – em especial, a leitura da sorte no vôo dos pássaros – do que um bom cristão deveria. (Será coincidência que o autor do *Poema de mio Cid* mostre Rodrigo acreditando em presságios tirados de pássaros?) O sentido geral da carta do conde afirmava que Rodrigo era um bruto e um bandido. Seu objetivo era provocá-lo a abandonar sua posição nas montanhas e descer para lutar no terreno mais plano onde Berenguer estava acampado. A resposta de Rodrigo acusava o conde de ser um fanfarrão e um covarde, lembrava-o da humilhação a que ele fora submetido em 1082 e voltava contra ele as acusações de traição, com sinistras alusões ao suposto fratricídio. Estava fora de questão Rodrigo abandonar sua posição.

Na noite seguinte, Berenguer enviou um destacamento de suas tropas para tomar posse do terreno situado nas encostas da montanha, mais acima do ponto onde Rodrigo se encontrava. Eles conseguiram, sem ser percebidos. Ao nascer do sol, Rodrigo foi atacado simultaneamente por esses homens, de cima, e pelo grosso do exército de Berenguer, de baixo. Ele foi tomado de surpresa. Rodrigo reuniu seus homens e defendeu-se. É prova de sua liderança, e da disciplina e da moral de suas tropas, que eles tenham conseguido reagir e romper a formação principal catalã em sua primeira investida. Mas no decorrer da batalha, Rodrigo caiu de seu cavalo e foi ferido no solo. Seus homens continuaram lutando. Supõe-se que a vantagem do terreno inclinado acabou, gradualmente, por favorecê-los. A batalha terminou com vitória do exército de Rodrigo. E não apenas isso: o próprio conde Berenguer foi aprisionado, como na batalha de Almenar, em 1082, bem como os seus principais vassalos – Guerau Alemany, Deudat Bernat, Ramón Mir, Ricart Guillem "e muitos outros homens da mais alta nobreza". Essa foi, como observa seu biógrafo, "uma vitória a ser louvada e lembrada".

O acampamento catalão foi saqueado. O conde e seus homens foram resgatados por enormes somas em dinheiro. As vantagens diplomáticas alcançadas foram ainda mais importantes que as pecuniárias. Após o conde ter sido solto, Rodrigo subiu o vale do Ebro até Saragoça, rumando então para o sul, na direção de Daroca, onde ele ficou detido em razão de doença, talvez em conseqüência do ferimento recebido em Tévar. De lá, ele reatou as negociações com o conde Berenguer, que tinha ido à corte de al-Musta'in de Saragoça com esse fim; o rei muçulmano, ao que parece, agiu como intermediário. Após longas confabulações, chegou-se a um acordo quanto aos termos. Berenguer veio até o acampamento de Rodrigo, onde

> foram proclamadas a paz e a amizade entre os dois homens, e o conde depositou nas mãos de Rodrigo, e sob sua proteção, a parte da *Hispania* que estivera sujeita à sua suserania.

Entre os autores desse período, o termo *Hispania* era usado para designar a Espanha muçulmana, em oposição à cristã. O que o conde fez, portanto, foi abrir mão, em favor de Rodrigo, de suas pretensões de suserania sobre os principados *taifa* do Levante espanhol. É óbvio que nenhum dos dois homens se iludia, acreditando que esse acordo seria permanente. No entanto, ele significava que Berenguer reconhecia que a vitória em Tévar havia temporariamente contido as ambições catalãs relativas às terras ao sul do Ebro. A morte de Mundhir al-Hayib, o aliado do conde Berenguer, que ocorreu na mesma época da campanha de Tévar, também veio a calhar, para Rodrigo. Al-Hayib deixou um filho ainda jovem, Sulayman, cujos regentes repartiram entre si seus principados de Lérida, Tortosa e Denia.

Após ter se recuperado e concluído as negociações em Daroca, Rodrigo conduziu seu exército até o Mediterrâneo, em Burriana. Ele passou o Natal em Cebolla (hoje, El Puig de Santa Maria), apenas alguns quilômetros ao norte de Valência e, sem dúvida, ele deve ter aproveitado a ocasião para coletar mais tributos de al-Qadir. Ele então deslocou-se para o interior, para sitiar Liria, onde, segundo seu biógrafo, "distribuiu soldos muito generosos às suas tropas". Ele tinha condições para isso. Um ano antes, em Elche, repudiado por Afonso VI, e com seus cavaleiros desertando, Rodrigo defrontava-se com um futuro sombrio. Ao fim do ano de 1090, ele havia se tornado o árbitro da costa levantina, da foz do Ebro até o promontório onde se ergue Denia.

O que ele faria em seguida dependeria em parte de seus próprios esforços, e em parte das iniciativas tomadas por Afonso VI, mas, acima de tudo, talvez, de Yusuf e dos almorávidas.

Yusuf, em junho de 1090, pela terceira vez, havia cruzado o mar em direção à Espanha. Enquanto o conde Berenguer e o Cid lutavam em Tévar, os almorávidas, sem êxito, sitiavam Toledo. No início de setembro, Yusuf e seu exército estavam de volta ao sul, acampados nos arredores de Granada. Irado com os reis *taifa* por estes terem se recusado a participar da campanha recente, e humilhado por seu fracasso em recapturar Toledo, Yusuf encontrava-se com disposição vingativa.

O colapso das frágeis relações existentes entre os príncipes *taifa* e os almorávidas pode ser acompanhado na vívida narrativa feita por 'Abd Allah dos anos 1089-1090. Durante a campanha de Aledo, "súditos vinham aos magotes para apresentar suas queixas com relação a seus governantes"; e dessa vez Yusuf os ouviu. 'Abd Allah foi franco quanto às suas apreensões: "Quase morri de preocupação ... Fui tomado de pessimismo e desconfiança...". A oposição aos impostos não-canônicos, tais como o *qabalat*, um imposto sobre as vendas, de onde derivam a palavra espanhola *alcabala* e a francesa *gebelle*, tornou-se mais estridente. Quando a cidade de Lucena rebelou-se contra ele, no inverno de 1089-1090, a razão, em parte, foi a imposição de um tributo adicional. Foi mais ou menos nessa época que 'Abd Allah lançou-se num programa de refortificação, tendo em vista um possível ataque dos almorávidas. Levantou-se contra ele a suspeita de estar em negociações com Afonso VI, que, em 1090, ainda recebia tributos de Granada, a fim de obter ajuda militar contra os almorávidas. Quando ele escreveu a Yusuf, para justificar seus atos, recebeu uma resposta carregada de ameaça: "Bem conheço teus modos coniventes e tuas palavras mentirosas ... Não ponhas tuas esperanças no longo prazo. O futuro próximo é o que importa a ti". Uma outra cidade, Loja, se rebelou. O general enviado contra ele desertou, juntando-se aos almorávidas. Um jurista de renome, Ibn Sahl, mandado numa comitiva junto a Yusuf, na primavera de 1090, também desertou. Habituado a citar provérbios, 'Abd Allah contritamente refletiu que "uma tenda não fica em pé sem estacas".

Assim, quando convocado por Yusuf a comparecer a seu acampamento, no mês de setembro, 'Abd Allah não teve escolha, e foi. Ele foi aprisionado, seus tesouros foram confiscados e ele foi enviado para o exílio em Marrocos. Yusuf, em seguida, voltou-se contra o irmão de 'Abd Allah, Tamin, governante de Málaga, que também foi deposto e exilado. O minúsculo principado de Baza seguiu o mesmo caminho, antes de o ano chegar ao fim, e Almería foi a próxima, no início de 1091. Os almorávidas então, sob o comando de Sir ibn Abu Bakr, primo e adjunto de Yusuf, voltaram-se para o mais poderoso dos estados *taifa*, Sevilha. A cidade de Córdoba caiu sob seu poder em março de 1091. Seu governante, Fath al-Ma'mun, um dos filhos de al-Mu'tamid de Sevilha, morreu defendendo-a. (Sua viúva Zaida, pouco depois, tornou-se amante de Afonso VI.) A própria Sevilha foi sitiada em junho, caindo em poder dos almorávidas em setembro. Al-Mu'tamid foi o próximo a ser mandado para o exílio em Marrocos, onde compôs diversos lamentos comoventes sobre sua sorte, que figuram entre os melhores poemas da literatura árabe.

> Chorei ao ver um bando de perdizes do deserto passar por mim voando;
> Viajando livres, sem grades ou grilhões a tolhê-las!
> E não foi, com a graça de Deus, por inveja,
> Mas por ansiar ser como elas:
> Livre em meus movimentos; e não arrancado de minha família,
>   meu coração
> Não torturado por tristeza, meus olhos sem chorar por filhos perdidos!
> Que elas possam desfrutar de não terem sido separadas,
> E que nenhuma delas jamais chore por pai ou mãe distante,
> E que elas nunca vivam como eu, com o coração aos saltos
> De dor, quando a porta da cela se abre, ou as correntes tilintam.
> Minh'alma deseja ardentemente a morte;

> Que outro, não eu, ame viver com os pés acorrentados.
> Que Deus proteja a perdiz e suas crias!
> Pois as minhas foram traídas pela água e pelas sombras.

Afonso VI, em 1091, fez duas tentativas de conter o avanço dos almorávidas. Ele enviou um exército, comandado por Alvar Fáñez, para romper o cerco de Sevilha, que, entretanto, foi derrotado em Almodóvar del Rio. Ele próprio participou de uma expedição, aparentemente destinada a expulsar os almorávidas de Granada, mas sem sucesso. Já se duvidou de que essa última campanha tenha chegado a acontecer, mas essas dúvidas parecem ser infundadas. Essa campanha é de interesse para nós por ser a última ocasião da qual temos registros, em que o Cid e o rei Afonso tiveram contato direto e pessoal.

Como conta o autor da *Historia Roderici*, Rodrigo, enquanto sitiava Liria, no inverno de 1090-1091, recebeu cartas da rainha Constança e de amigos seus, em Castela. Eles lhe pediam que unisse forças com o rei para guerrear contra os almorávidas. Rodrigo seguiu seu conselho. Ele se encontrou com o rei em Martos e, juntos, eles foram armar acampamento próximo a Granada. O inimigo não veio lutar, de modo que, seis dias depois, o rei ordenou que seu exército retornasse a Toledo, passando por Ubeda. A reconciliação com o rei não durou muito. Ainda nos arredores de Granada, houve uma discussão a respeito de questões de precedência – o assunto era o lugar escolhido por Rodrigo para armar sua tenda, em relação à do rei. Afonso recebeu o apoio de seus cortesãos. Em Ubeda, o rei lançou um ataque verbal contra Rodrigo, acusando-o de "muitas e diversas coisas – mas todas elas falsas". O rei estava planejando mandar prender Rodrigo, mas este ficou sabendo desses planos e escapou. Instigado pelos inimigos de Rodrigo, Afonso recusou-se a aceitar seus protestos de inocência, que vieram a seguir. O rei voltou a Toledo e Rodrigo retornou ao Levante. O Natal de 1091 encontrou-o em Morella.

A história é plausível, embora tenha seus pontos obscuros. Apesar de banido em 1091, Rodrigo ainda era súdito de Afonso. Desde então, ele havia usurpado a posição do rei como protetor de al-Qadir, tendo desviado para o próprio bolso tributos devidos ao rei. Haveria, de fato, "muitas e diversas coisas" das quais acusá-lo. A provocação feita por Rodrigo ao rei, perto de Granada, pode ter sido proposital: um lance, talvez, com o intuito de reivindicar *status* igual. Afonso pode não ter querido uma reconciliação – talvez seja significativo que a iniciativa tenha partido da rainha –

mas ele precisava desesperadamente de comandantes experientes, tanto quanto quatro anos antes, depois de Sagrajas, e talvez ainda mais, depois que ficaram mais claros os planos dos almorávidas de unir todo o al-Andaluz sob sua autoridade. Sabedor, ao mesmo tempo, de sua dependência com relação a Rodrigo e de sua incapacidade de discipliná-lo; espumando de ódio diante da arrogância do outro; alfinetado por seus cortesãos, frustrado pelo fracasso de sua campanha, Afonso viu sua paciência ser testada além do suportável. Em Ubeda, sua raiva contida explodiu. Faz sentido.

A ira real era mais que fogo de palha. Rodrigo bem conhecia a tenacidade do rei e suas próprias ações, nos primeiros meses de 1092, podem ser interpretados como uma reação a um possível ataque. Ele dirigiu-se a Saragoça e renovou sua aliança com al-Musta'in. Então, negociou uma aliança com o rei Sancho Ramírez de Aragão e com seu filho Pedro. Por fim, Rodrigo atuou como intermediário no estabelecimento da paz entre Saragoça e Aragão: um triunfo diplomático, uma vez que Sancho havia conquistado Monzón em 1089 e continuava a exercer pressão sobre as fronteiras setentrionais de Saragoça. O rei Afonso também vinha fazendo suas alianças. Ele aproximou-se das principais cidades marítimas do norte da Itália, Gênova e Pisa, propondo um ataque conjunto a Valência, por terra e por mar. Conta-se que elas forneceram-lhe quatrocentos navios, em troca de privilégios comerciais, caso a cidade viesse a ser conquistada.

A campanha de Afonso contra Valência, em 1092, destinava-se a mostrar quem era o verdadeiro senhor do Levante. O recrutamento da força naval italiana significava que Afonso pretendia apossar-se, por meio de bloqueio, da própria cidade. Um outro objetivo deve ter sido lembrar aos governantes muçulmanos de Alpuente e Albarracín de que eram tributários seus, e de ninguém mais. A campanha, portanto, foi dirigida não apenas contra qualquer príncipe muçulmano, mas também contra Rodrigo Díaz, visando removê-lo de sua posição de poder de fato no Levante, que ele usurpara do rei dois anos antes.

Mas Afonso mal se instalara para sitiar Valência, quando notícias perturbadoras o chamaram de volta a Castela. Rodrigo havia invadido seu reino. A invasão e a devastação de Rioja, em 1092, foi vívida e pungentemente descrita pelo biógrafo de Rodrigo, em um trecho já citado num capítulo anterior. O que Rodrigo fez foi entrar no reino de Afonso através do vale do Ebro superior, devastando e incendiando ao longo de todo o caminho até Alberite e Logroño, antes de se retirar, carregado de pilhagem, para o castelo de Alfaro, próximo ao posto avançado situado mais a noroeste de seu aliado al-Muta'in, em Tudela. Essa ação não foi dirigida apenas contra o rei. Quem mais sofreu foi García Ordóñez, o senhor daquele condado. O biógrafo de Rodrigo nos conta que ele optou por devastar as terras de García "devido à sua inimizade (*inimicitia*) e seu insulto (*dedecus*)". E não há razão para não acreditar nele. As palavras usadas por ele teriam mais ressonância entre seus contemporâneos do que têm entre nós. *Inimicitia* implicava bem mais que sentimentos de má-vontade em relação a alguém, indicando a colocação em prática, de maneira ativa, de intenções malévolas, como durante uma vendeta. *Dedecus* trazia idéias de vergonha, perda da honra, ridículo, humilhação pública – coisas abominadas pelos nobres do século XI. Não sabemos ao certo que ofensas Rodrigo tinha em mente. Nessa época, o conde García era o maior dos grandes de Castela. Os conselhos dados por ele ao rei podem ter estado por trás das desventuras sofridas por Rodrigo nos três anos anteriores – a recusa do rei em ouvir a defesa de Rodrigo a respeito de sua conduta na campanha de Aledo, a prisão de sua mulher e filhas, as discussões entre Afonso e o conde Berenguer em Orón, em 1090, a ira do rei durante a campanha de Granada, em 1091, e, por fim, a tentativa de esmagá-lo, em 1092.

Agora era a vez de Rodrigo mostrar *inimicitia* e *dedecus*. As terras de García foram devastadas, e suas perdas foram pesadas. Ele foi exposto aos olhos de todos como incapaz de cumprir seu dever público de defender seu condado e de nele manter a ordem. E quando ele, por fim, conseguiu reunir um exército – convocando "todos os seus parentes" para defender a honra da família, o que é significativo – ele não ousou lutar.

Rodrigo retornou então a Saragoça, sua honra vingada e atingida sua intenção de advertir Afonso VI para que ficasse fora de Valência. O rei havia abandonado o cerco. As esquadras italianas subiram a costa para prestar auxílio ao conde de Barcelona num abortado cerco de Tortosa. Ao sul, os almorávidas infligiam ainda mais humilhação a Afonso VI, tomando o castelo de Aledo.

A queda de Aledo foi apenas um incidente no avanço ininterrupto dos almorávidas no sudeste espanhol, ao longo de 1092. A campanha foi comandada por Muhammad ibn Aisa, um dos filhos de Yusuf. Ele tomou Múrcia na primavera, depois Aledo, e no final do verão e no outono, Denia, Játiva e Alcira. Este último lugar fica a apenas 35 quilômetros ao sul de Valência. Enquanto isso, ocorriam mudanças dentro da própria Valência. O governo de al-Qadir em Valência era tão incompetente e tão impopular quanto o fora em Toledo. Um grupo de cidadãos influentes conspirava para pedir auxílio aos almorávidas para se livrar dele. Seu líder era o *qadi* da cidade, Ibn Jahhaf, uma figura respeitada, cuja família ocupava posição de destaque na política valenciana havia mais de um século. Al-Qadir mal teve tempo de enviar seu tesouro para ficar sob custódia nos castelos de Olocau e Segorbe, antes de se trancar em seu próprio palácio. Pouco depois, ele tentou escapar – vestido de mulher, ao que se conta –, mas foi capturado e executado (28 de outubro de 1092) por ordem de Ibn Jahhaf. A execução foi realizada pelo filho daquele Ibn al-Hadidi que fora morto por ordem de al-Qadir em 1075, em Toledo. No dia seguinte, Ibn Jahhaf foi proclamado governante de Valência.

Notícias desses desdobramentos foram levadas ao Cid na *taifa* de Saragoça. Sua posição de domínio no Levante encontrava-se ameaçada pelo avanço dos almorávidas e pelo golpe em Valência. Ele dirigiu-se apressadamente ao sul, e sitiou Cebolla, situada a cerca de quatorze quilômetros ao norte de Valência. Essa cidade não tardou a ser capturada. Ele a refortificou e lá estabeleceu uma base para operações futuras. Estava claro que ele havia decidido avançar sobre Valência, como Afonso VI decidira avançar sobre Toledo, alguns anos antes.

O cerco de Rodrigo a Valência começou em julho de 1093. A *Historia Roderici* é curiosamente lacônica em sua narrativa desse episódio. Temos, entretanto, um relato adicional na crônica de Ibn 'Alqama. Narrativas muito mais completas nos são fornecidas por cronistas de épocas posteriores, mas, como sempre, os detalhes dados por eles não são confiáveis. Embora não saibamos a dimensão da força que Rodrigo foi capaz de colocar em campo, é provável que seu exército fosse menor que o exército real com que Afonso VI havia, por um curto espaço de tempo, sitiado Valência em 1092, e ele não contava com navios italianos para ajudá-lo. Assim, um cerco, no sentido estrito da palavra, estava fora de questão. A estratégia empregada por Rodrigo foi a de cortar o suprimento à cidade por meio de devastações sistemáticas no seu lado terrestre, a partir de bases como Cebolla, ao norte, e Benicadell, ao sul, sendo esta última um ponto fortificado que Rodrigo havia ocupado e refortificado após a campanha de Granada, em 1091. Ele conseguiu derrubar o moral dos cidadãos de Valência com ataques-relâmpago a seus subúrbios e com os rumores – talvez verdadeiros – de suas atrocidades. Ele podia esperar receber algum auxílio de seus aliados aragoneses e talvez tenha recebido, embora as fontes não nos digam, de forma direta, nada a esse respeito. Mas o fato é que os aragoneses estavam lutando no lado norte da *taifa* de Valência em 1093, e essas operações talvez estivessem coordenadas com as de Rodrigo, mais ao sul.

Acima de tudo, Rodrigo podia ter esperanças de que nenhuma força almorávida viria em socorro de Valência. Mais uma vez, ele teve sorte. Ibn Jahhaf implorou pelo envio de uma força de auxílio, e Yusuf de fato enviou uma (? de setembro de 1093), que, entretanto, não chegou a lutar. A *Historia*, é claro, assegura que ela era "enorme", mas talvez não fosse grande o bastante. Nos últimos meses de 1093, os almorávidas estavam ocupados na parte ocidental da Península – e no início de 1094, eles viriam a tomar a *taifa* de Badajoz, depondo e matando seu governante, al-Mutawakkil – e é possível que isso os tenha impedido de mandar a Valência um exército de dimensões adequadas. Pode ser também que Yusuf tenha subestimado a gravidade da ameaça a Valência.

Um exército de tamanho suficiente foi finalmente enviado em 1094. Mas, então, já era tarde demais. Durante os meses do inverno de 1093-1094, Rodrigo continuou a apertar cada vez mais o cerco. A falta de comida começou a ser sentida na cidade. Nenhum exército veio em seu auxílio. Por volta do fim de maio, Ibn Jahhaf abriu negociações. Chegou-se a um acordo quanto aos termos de rendição. Rodrigo Díaz havia feito de si próprio o senhor de Valência.

Richard Fletcher

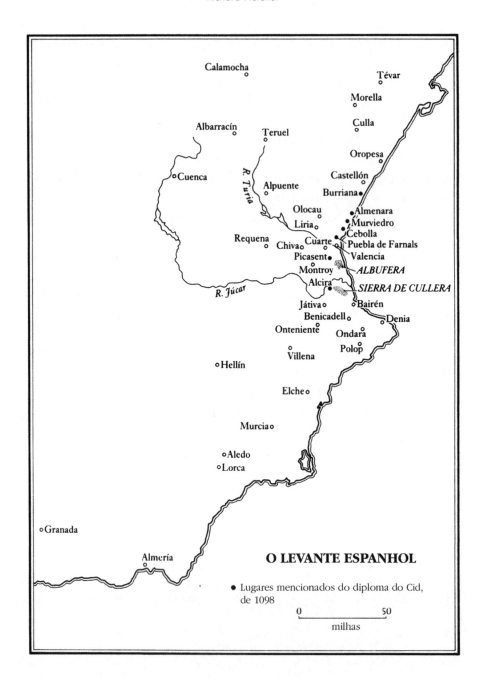

11
O príncipe de Valência

Na quinta-feira, 15 de junho de 1094, o Cid entrou na cidade de Valência como seu conquistador. Ele instalou-se no palácio que antes havia sido a residência dos reis *taifa*. O *Poema de mio Cid*, embora não seja um testemunho histórico, deve ser ouvido sobre aquele momento de triunfo:

> Grande foi o júbilo naquele lugar
> Quando meu Cid tomou Valência e entrou na cidade.
> Os que antes iam a pé, transformaram-se em cavaleiros montados;
> e quem poderia contar o ouro e a prata?
> Todos estavam ricos, tantos quantos havia.
> Meu Cid Don Rodrigo tomou seu quinto dos espólios,
> Apenas em moeda cunhada, trinta mil marcos couberam a ele,
> e as outras riquezas, quem poderia contá-las?
> Meu Cid se alegrou, e com ele, todos os seus,
> Quando sua bandeira tremulou no topo do palácio mouro.

Como era essa cidade da qual o Cid se tornara senhor? Aqui temos o *Poema de mio Cid* novamente descrevendo a chegada de Doña Jimena e de seus filhos a Valência, pouco depois da conquista:

> Meu Cid e eles foram à fortaleza,
> E lá, ele os levou para o ponto mais alto.
> Belos olhos então olharam por todos os lados,
> E viram Valência, a cidade, espraiada,
> E voltando-se para o outro lado, seus olhos viram o mar,

> E viram terras cultivadas, amplas e densas de verde,
> e todas as outras coisas que dão alegria;
> E levantaram as mãos para agradecer a Deus,
> por toda essa fartura, tão vasta e tão esplêndida.

Hoje, quem visita Valência pode repetir essa experiência, subindo à torre do sino da catedral conhecida como o Miguelete (ou, na fala local, o Micalet). Sua recompensa será, de certo modo, maior que a deles; mas haverá perdas, tanto quanto ganhos. Maior, porque o Miguelete, construído por volta de 1400, é mais alto que qualquer edifício que poderia existir no tempo de Rodrigo; e quando se alcança o fim da resfolegante escalada de seus íngremes degraus, e se chega a uma plataforma a cerca de sessenta metros acima do nível do solo, a recompensa, de fato, é o *panorama magnifique* que o *Guide Bleu* havia prometido. As perdas ficam por conta do tamanho e da feiura da Valência moderna, que se alastra de forma descontrolada. Hoje, ela é uma cidade grande, de cerca de um milhão de habitantes. Da cidade em si até o porto de El Grao, a cerca de um quilômetro a leste, os terrenos foram todos construídos. Em direção ao interior, nos sentidos norte, sul e oeste, monótonos conjuntos residenciais de alta densidade invadiram a zona rural. Ao longo de toda a costa, altos hotéis e *villas* de veraneio arruinaram de todo o que antes era um belo litoral.

É difícil, mas não impossível, o esforço de apagar os acréscimos de nove séculos, e ver a paisagem como Doña Jimena a viu, ou como o poeta Ibn az-Zaqqaq (morto em 1134) a viu:

> Valência – quando penso nela, e
> em suas maravilhas – é a mais bela da terra:
> sua melhor testemunha é ela própria, porque sua
> beleza salta aos olhos.
> Seu Senhor vestiu-a com um manto de beleza,
> orlado por duas fímbrias, o mar e o rio.

Nessa área do litoral mediterrâneo, a terra vem progressivamente avançando sobre o mar. É possível que a linha costeira, no tempo do Cid, fosse até um quilômetro mais próxima da cidade do que é hoje. A rocha de Murviedro, a atual Sagunto, que fecha a planície de Valência, ao norte, provavelmente se erguia quase à beira-mar, e não a cerca de dois quilômetros e meio da costa, como hoje. Do lado sul houve menos transformações. Cullera, situada na foz do Rio Júcar, com sua serra em forma de leão correndo acima, ainda fica na costa; e os sopés das cordilheiras que avançam para o interior chegam até o mar em Denia, onde, hoje, a *autopista* que leva de Valência a Alicante as atravessa, oferecendo aos motoristas vistas merecedoras de cinco estrelas nos guias de turismo. A oeste de Valência, a terra plana começa a se elevar suavemente a cerca de quinze quilômetros dali. Chegando a Liria, Chiva ou Montroy, já se está no sopé das vastas cordilheiras que se avistaram ao longe, do alto do Miguelete.

Huerta é o nome dado às terras planas, férteis e irrigadas que se estendem em torno de Valência. O termo deriva do latim *hortus*, "jardim", e é como um jardim que elas de fato se apresentam, mesmo hoje, aos olhos do visitante. Como os conquistadores, vindos da inóspita Castela, devem ter perdido o fôlego ao contemplar a fertilidade ordeira daquela paisagem tão surpreendentemente abundante: os campos alagados de arroz, os verdes lustrosos dos pomares cítricos, o xadrez da alternância de plantações de frutas e de legumes; mais a oeste, já num aclive, os vinhedos, as oliveiras e os campos de milho e, mais além, as florestas de pinheiros subindo as encostas das montanhas. Esse jardim tem o seu lago, o Albufera, uma lagoa rasa que cobre cerca de quarenta quilômetros quadrados, logo ao sul da cidade, separada do mar por uma fina faixa de dunas de areia pontilhadas de pinheiros: fonte de alimento para as aves silvestres e para as enguias, fonte de encantamento para os olhos, especialmente depois de uma chuva, quando a atmosfera se torna perolada e translúcida, o sonho de um pintor de aquarelas.

Nenhuma estrutura construída sobreviveu da cidade da qual o Cid se tornou senhor, em 1094. Para conhecê-la, dependemos inteiramente daquilo que pode ser extraído de fontes literárias e do desenho das ruas de seu bairro mais antigo. A situação e a forma da cidade foram determinadas pelo leito do Rio Turia, que, nesse ponto, desenha uma alça para o norte, em seu caminho em direção ao mar. Em data muito anterior, parece que o rio possuía um outro braço, que traçava uma alça para o sul nesse mesmo ponto. Esse curso d'água mais para o sul, ao que tudo indica, sofreu assoreamento bem antes da era cristã, mas, no século XI, ainda era nitidamente visível como uma depressão no solo, e ainda pode ser vagamente discernido nos quase imperceptíveis aclives de certos setores da atual cidade, por exemplo, próximo à Praça Redonda e ao mercado, ou na Praça Tetuán. Valência cresceu na ilha formada entre o Turia e o curso d'água que secou.

O terreno é plano: não há cidadela natural. Desse modo, o centro urbano, no período romano e, posteriormente, sob o domínio islâmico, situava-se no cruzamento das duas estradas principais que atravessavam a cidade de norte a sul e de leste a oeste. Esse cruzamento localizava-se na região onde hoje se ergue a catedral. A principal mesquita da cidade, que Rodrigo converteu em igreja para o bispo Jerónimo, subjaz à catedral hoje existente. A seu lado, ficava o palácio dos reis *taifa*, de cuja torre diz-se que Rodrigo mostrou a cidade à sua mulher e a seus filhos.

A seus olhos, a cidade se delimitaria por seus muros. Possuímos uma descrição deles, feita naquela mesma época pelo geógrafo al-'Udri, morto em 1085:

> Valência tem muros: 'Abd al-'Aziz, o neto de Almanzor, construiu-os com grande cuidado. Nenhuma cidade de al-Andaluz possui muros tão perfeitos ou tão elegantes. Há cinco portas. A porta do Levante é chamada Porta da Ponte [Bab al-Qantara] e, passando por ela, atravessa-se a ponte. Ela também foi construída por 'Abd al-Aziz. Não há ponte melhor em al-Andaluz: através dela partem caravanas para Toledo, Saragoça e Tortosa. Também do lado do Levante há a porta chamada de Bab al-Warraq: os que saem por ela atravessam o rio por uma ponte de madeira que leva ao subúrbio logo adiante. Na direção de Qibla, ou seja, no rumo de Meca, há a Porta de Ibn Sajar. Do lado norte, há a Porta da Cobra [Bab al-Hanas]. Do lado sul, há a porta chamada Baytala, e próxima a ela, a oeste, a Porta do Mercado de Seda [Bab al-Qaysariya]. Por essas portas saem as caravanas que se dirigem para o oeste de al-Andaluz e para Denia, Játiva e Alcira.

Al-'Udri, assim, nos lista seis, e não cinco pontes. E ainda podemos acrescentar-lhes uma sétima, não mencionada por ele, mas atestada em uma fonte do ano de 1088: a Bab al-Sari'a, do lado leste.

Aqui há conexões interessantes. A Porta do Mercado de Seda situava-se no local onde, posteriormente, viria a ser a Lonja de la Seda, ou Bolsa da Seda, um belo prédio do século XV que ainda está de pé e hoje é um museu. Comerciou-se seda nesse local por muitas centenas de anos. O mercado principal da cidade, no século XI, ficava perto dali, e ainda fica. O outro foco importante de atividade comercial situava-se próximo à Porta da Ponte, onde ficavam a alfândega, os armazéns e as hospedarias. Se algum carregamento subia o Turia até Valência no tempo do Cid não o sabemos. Talvez naquela época, como ainda hoje acontece, os navios fossem descarregados mais abaixo, no porto de El Grao (que era mais perto da cidade do que hoje, como já vimos), sendo suas cargas transportadas até a cidade no lombo de camelos, de jumentos e de escravos. De qualquer modo, o Turia, nos meses de verão, baixa até tornar-se inavegável. O rio, entretanto, sempre foi tratado com respeito. Tempestades fortes, especialmente no outono, podiam produzir enxurradas súbitas – e ainda o fazem, apesar das sofisticadas obras de engenharia hidráulica. A bela ponte de pedra construída por 'Abd al-'Aziz sofreu pesados danos numa dessas inundações, em outubro de 1088.

Do lado nordeste da cidade, do outro lado do rio, ficavam os jardins reais, também construídos por 'Abd al-'Aziz. Nada restou deles e, há muito, a área foi tomada por edificações. Do outro lado da cidade, é provável que tenha existido muita ocupação urbana fora dos muros. Contam-nos, por exemplo, que o bairro judeu, a sudeste, situava-se tanto dentro quanto fora dos muros, o que indica que a área murada era densamente construída.

Um poema de autoria de al-Muranabbi (1090-1130) foi inspirado pela visão de uma moça saindo da Bab al-Hanas de Valência. Ele começa assim:

> A que eu vi na Porta da Cobra é
> uma lua cheia surgindo das trevas...

A beleza da moça emerge do escuro para a luz, quando ela atravessa a porta. Intui-se a presença de ruas estreitas, prédios apinhados, muito movimento e muito barulho. Não possuímos uma descrição originária da época de como era Valência dentro dos muros, mas temos uma descrição de Sevilha, nesse mesmo período. É claro que duas cidades nunca são exatamente iguais, mas é razoável supor que Valência e Sevilha tivessem algo em comum.

O tratado sobre a administração de Sevilha, de autoria de Ibn 'Abdun, foi escrito por volta do ano 1100. Seu autor era, provavelmente, funcionário do governo municipal. Ao que parece, suas principais motivações, para escrever seu livro, foram a correção de fraudes burocráticas e comerciais, a manutenção da limpeza e de padrões morais e a prevenção do crime. Esses fins, por mais admiráveis que sejam, tendem a incentivar uma veia puritana em quem os defende, e Ibn 'Abdun não é exceção a essa regra. Ele aparece como um desmancha-prazeres meticuloso, intrometido e desprovido de qualquer senso de humor. Ele queria banir o xadrez por este ser um jogo de azar (*sic*) e por distrair a atenção da observância religiosa; ele achava que a venda de trufas devia ser proibida por causa das suas propriedades afrodisíacas. Mas não devemos nos queixar: seu tratado derrama jorros de luz sobre os cantos escuros das apinhadas ruas de Sevilha.

Apinhadas elas certamente o eram, ao que tudo indica. Podemos perceber situações de superlotação em muitas de suas recomendações. Os vendedores de lenha, por exemplo, não deveriam freqüentar os mercados: seus feixes faziam as pessoas tropeçar e as roupas se enganchavam neles. Os balcões dos açougues que se projetavam na calçada deveriam ser serrados, porque a carne ali dependurada sujava a roupa dos transeuntes. Não havia muito "espaço público". Em Valência, o mercado talvez fosse o único espaço aberto de dimensões consideráveis situado no interior dos muros, e veremos, mais adiante, o sinistro uso lhe dado por Rodrigo. Os lugares públicos tendiam a ser fechados, e não abertos, como nas cidades do mundo antigo: as mesquitas, as casas de banho. Em Sevilha, nos muros da grande mesquita eram exibidas amostras dos vários tamanhos das peças de madeira usadas na construção civil, como traves e vigas. Ibn 'Abdun tinha grandes reservas quanto aos banhos e ao que ali acontecia: empregados, massagistas e barbeiros não deveriam frequentá-los sem estar usando calças. A desordem e o crime, como se pode imaginar, eram assuntos de preocupação para Ibn 'Abdun. Ficamos sabendo de pombos treinados para roubar, de ledores de sorte visitando residências particulares para espionar o terreno para ladrões, de batedores de carteira agindo em conluio com perfumistas itinerantes. A polícia patrulhava as ruas à noite, mas o mesmo acontecia com os encrenqueiros, como os soldados mercenários da guarnição. Ibn 'Abdun era de opinião de que os balseiros deveriam ser proibidos de transportar berberes e negros até a cidade – não havendo pontes sobre o Guadalquivir – porque estes eram desordeiros notórios.

A cidade talvez fosse turbulenta, mas podemos sentir também sua solidariedade ante o amedrontador mundo lá fora: o campo. Embora Ibn 'Abdun tivesse algumas palavras de simpatia convencional para com os camponeses que sofriam com a ganância dos calculadores e coletores de impostos, ele via com apreensão a zona rural. Armas nunca deveriam ser vendidas aos camponeses e – uma observação reveladora – cada vila deveria contar com um vigia, incumbido sob juramento de proteger da atenção hostil do campesinato as propriedades rurais dos moradores da cidade. Ele, entretanto, tinha uma incômoda consciência do quanto a cidade dependia do campo. Há indícios de que forte demanda pressionava seus recursos. Os moradores de Marismas, as terras pantanosas do delta do rio, deveriam ser obrigados a plantar juncos para a fabricação de cestas. E o fornecimento de gêneros alimentícios para a cidade causava preocupação.

Se Valência era de alguma forma assemelhada a Sevilha, podemos, a partir daí, fazer uma idéia sobre os problemas que preocupavam seus governantes, fossem eles muçulmanos ou cristãos.

Rodrigo Díaz não podia perder tempo refletindo sobre a administração urbana da sua nova conquista. No verão de 1094, o principal imperativo era a defesa. O exército almorávida, convocado por Ibn Jahhaf, ao que parece, havia dispersado. Yusuf, entretanto, mal saído da conquista da *taifa* de Badajoz, não estava disposto a abandonar suas ambições com relação a Valência. Ele designou seu sobrinho Muhammad para o comando de um enorme exército, recrutado tanto em Marrocos como em al-Andaluz. As ordens de Yusuf eram de capturar Rodrigo vivo e trazê-lo acorrentado à sua presença.

É provável que Rodrigo esperasse auxílio de seu aliado, o rei de Aragão. Em dezembro de 1093, no mais tardar, existia um posto avançado meridional de Aragão em Culla, nas montanhas situadas ao norte da atual cidade de Castellón de la Plana. Culla era distante de Valência cerca de 110 quilômetros de território acidentado, mas ela era a fonte mais próxima onde auxílio cristão poderia ser obtido. No entanto, nessa crise tão grave, a sorte desertou Rodrigo. Apenas alguns dias antes de ele entrar em Valência, o rei Sancho Ramírez de Aragão morreu (4 de junho de 1094). É provável que Rodrigo tenha se apressado em abrir negociações com o filho e sucessor do rei, Pedro I (1094-1104), tendo em vista uma renovação da aliança. Os dois se encontraram em Burriana, no litoral, logo ao sul de Castellón, e seu pacto foi reafirmado. Mas, naquela ocasião, o novo rei não era capaz de oferecer a Rodrigo nada de mais tangível do que palavras. Os primeiros meses do reinado de um novo monarca eram sempre politicamente perigosos e, de qualquer modo, Pedro estava ocupado em dar continuidade ao cerco de Huesca, iniciado por seu pai: não era hora de conduzir um exército para fora dos limites de seu reino. Do ponto de vista de Aragão, Rodrigo não passava de um aventureiro que mantinha, de forma precária, a posse de uma cidade isolada em meio a território inimigo. Quaisquer que fossem suas inclinações pessoais, o rei de Aragão jamais conseguiria convencer seus barões a se lançar numa operação de socorro tão arriscada e em local tão distante. Aragão era o grande trunfo de Rodrigo, e lhe faltou. Por causa dos seus encontros recentes com o conde Berenguer de Barcelona, era inútil buscar ajuda na Catalunha. Restava o reino de Leão e Castela. Um contemporâneo seu, Ibn 'Alqama, nos conta que Rodrigo buscou o apoio de Afonso VI e que o rei partiu, comandando um exército, para prestar-lhe apoio. Rodrigo, ao se voltar para pedir ajuda ao rei, deve ter tido que engolir seu orgulho, e a resposta de Afonso mostrou generosidade. O problema é que o rei estava de mãos atadas. No centro da Península, havia Toledo a ser defendida. Mais para o oeste, ele acabara de perder para os almorávidas as terras centrais de Portugal – Lisboa, Santarém e Cintra – que al-Mutawakkil de Badajoz lhe cedera em 1093, como preço de uma aliança: o outono de 1094 seria dedicado aos preparativos para uma tentativa de recuperá-las, que acabaria em fracasso. Assim, o exército real que partiu para Valência era pequeno. Mas a questão de seu tamanho é irrelevante, uma vez que ele não chegou a tempo.

Foi assim que Rodrigo se viu sozinho. Sua situação era um pouco parecida com a dos exércitos da Primeira Cruzada, que, quatro anos mais tarde, se viram fechados em uma cidade conquistada há pouco, esperando ansiosamente pela chegada de uma grande e determinada força de socorro inimiga. As dimensões do exército almorávida nós não conhecemos. O autor da *Historia Roderici*, que não estava disposto a subestimar seu tamanho, nos mostra "quase 150 mil homens montados". Isso é um exagero, obviamente. Mesmo que, como já foi sugerido, tenha havido um erro na transcrição do texto, e que o original dissesse 50 mil, este número ainda é muito elevado. Nenhum exército almorávida parece ter ultrapassado a metade dessa cifra. Podemos ter a certeza de que as tropas de Rodrigo eram em número inferior, mas quão inferior podemos apenas tentar adivinhar.

Esse foi um tempo de grave crise para Rodrigo e seus homens. A atmosfera então reinante pode ser captada a partir dos relatos de Ibn 'Alqama. Circulou a notícia de que, caso o exército almorávida se aproximasse para sitiar a cidade, a população muçulmana seria executada – uma indicação significativa de quão pouco os conquistadores cristãos confiavam nos cidadãos de Valência. Medidas defensivas marcadas por pânico foram adotadas. Todas as ferramentas de metal deveriam ser entregues ao Cid, sob pena de morte e confisco de propriedades, ordem essa (que supomos fosse impossível de ser posta em prática) que visava ao mesmo tempo desarmar os habitantes e aumentar o arsenal dos defensores. Usaram-se truques para atrair toda a população de homens válidos para fora da cidade, para o litoral, e todos os agitadores potenciais foram expulsos, para estarem sozinhos em outras partes.

O exército almorávida se aproximava. No fim do mês do Ramadan (início de outubro) ele estava concentrado fora dos muros da cidade, no terreno plano chamado de Cuarte, onde se localiza, hoje, o aeroporto de Valência, e cujo nome ainda sobrevive no subúrbio próximo de Cuart de Poblet. As hostilidades começaram para valer após o jejum do Ramadan, no primeiro dia do mês seguinte de Shawwal (14 de outubro). Aqui fala o autor da *Historia Roderici*:

> O exército almorávida rondou Valência por dez dias e dez noites ... Todos os dias eles davam a volta na cidade, berrando e gritando num vozerio caótico, e enchendo o ar com seus urros; e muitas vezes disparavam flechas nas tendas e nas habitações de Rodrigo e de seus soldados ... Mas Rodrigo, forte de coração como sempre, consolava e incentivava suas tropas de maneira viril, rezando constantemente a Jesus Cristo para que Ele enviasse sua divina ajuda a seu povo. Chegou um dia em que o inimigo estava, como de costume, rodeando a cidade aos gritos e badernando, na firme crença de que iriam capturá-la, quando Rodrigo, o guerreiro invencível ... corajosamente saiu da cidade para atacar, acompanhado de seus bem-armados seguidores. Eles lançaram gritos ao inimigo, aterrorizando-o com palavras ameaçadoras. Eles caíram sobre eles, e uma grande batalha aconteceu. Pela graça de Deus, Rodrigo derrotou os almorávidas. Ele assim teve vitória e triunfo sobre eles, concedidos-lhe por Deus. Assim que foram derrotados, eles deram as costas em fuga. Uma multidão deles pereceu pela espada. Outros, com suas mulheres e filhos, foram levados presos ao quartel-general de Rodrigo. Os homens de Rodrigo tomaram-lhes todas as tendas e equipamentos, onde eles encontraram muito dinheiro de ouro e prata, e muitos tecidos preciosos. Eles saquearam toda a riqueza que encontraram por lá. Rodrigo e seus homens assim enriqueceram muito – com muito ouro e prata, muitos tecidos preciosos, cavalos de batalha, palafréns e mulas, e armas de diversos tipos. Eles supriram-se fartamente com provisões em quantidade e com tesouros inenarráveis.

Ibn 'Alqama nos fornece mais detalhes sobre a batalha. Rodrigo dividira suas forças em duas partes. Um ataque súbito foi executado por uma delas, de maneira a sugerir que ele a comandava. Enquanto isso, à frente do outro corpo das tropas, Rodrigo saiu da cidade por uma porta diferente e caiu sobre o acampamento indefeso. A derrota logo se transformou em debandada.

Tratava-se da tática clássica do ataque simulado, seguido de ataque vindo de outra direção, cuidadosamente planejada e ousadamente executada. Ao que parece, Rodrigo conseguiu tomar o inimigo de surpresa: talvez os compiladores da *Primera crónica general,* no século XIII, estivessem certos ao relatar, ou pelo menos ao sugerir, que a operação começou ao alvorecer. Foi uma vitória notável: nas palavras de um seguidor de Rodrigo, escritas alguns anos mais tarde, ela foi "inacreditável" (*ultra quam credi potest*). Sua fama espalhou-se por toda a parte. Aquela vitória foi o acontecimento do ano. Um tabelião aragonês assim datou uma carta patente: "no ano em que os almorávidas vieram a Valência e Rodrigo Díaz os derrotou e fez prisioneiras todas as suas tropas". O juízo do escriba estava correto. A batalha de Cuarte foi a primeira ocasião em que um exército almorávida havia sido derrotado. Rodrigo havia demonstrado que eles não eram invencíveis, levantando assim o moral de todos os cristãos da Espanha, de forma semelhante ao que ocorreu com a vitória sobre Kerbogha de Mosul, em frente aos muros de Antioquia, que restabeleceu o moral dos exércitos da Primeira Cruzada.

Quanto a Rodrigo, um soldado encurralado, lutando pela simples sobrevivência, a vitória deu espaço de manobra. Sua posição de senhor de Valência havia passado pelo primeiro teste. Nada era mais garantido do que a certeza de que outras ameaças estavam por vir. Quanto a isso, contamos com uma testemunha exatamente dessa mesma época. 'Abd Allah, o rei destronado de Granada, terminando suas memórias no inverno de 1094-1095, observou que

> se fosse minha intenção interromper este trabalho até a conclusão da história de Valência, eu atacaria minha tarefa com uma vitória muçulmana já alcançada. É por essa razão que uma lacuna foi deixada neste livro, na expectativa de que uma esperança há muito acalentada venha a se realizar.

'Abd Allah estava bem situado o suficiente para saber o que ia pela mente dos líderes almorávidas. O que Rodrigo faria com o tempo precioso que ele havia ganho?

Valência e as partes adjacentes da *huerta* eram uma ilha em meio a um oceano de território hostil. Mais uma vez, cabe uma comparação com a Primeira Cruzada. Edessa, Antioquia e Jerusalém, conquistadas pelos cruzados em 1098-1099, permaneceriam isoladas e vulneráveis, até que fossem consolidadas novas conquistas territoriais. Após sua vitória em Cuarte,

Rodrigo dirigiu-se para o norte de Valência e tomou o castelo de Olocau, que guardava uma das entradas norte para a planície de Valência, e havia sido um dos guarda-tesouros de al-Qadir. A obtenção de Olocau marcou a reivindicação da posse da extremidade norte do principado de Rodrigo, deixando claro para o governante do pequeno reino *taifa* de Alpuente, a noroeste, que Rodrigo não estava para brincadeiras. A obtenção do tesouro de al-Qadir, guardado em Olocau, reabasteceu os cofres de Rodrigo, permitindo-lhe recompensar seus seguidores.

Operações de arrastão como essas, visando destruir os últimos elementos de resistência e consolidar a ocupação, são ocasionalmente citadas pelo autor da *Historia Roderici,* e podem também ser inferidas a partir de outros indícios, tais como a lista das doações feitas ao bispado de Valência, em 1098 (da qual teremos mais a dizer em seguida). Embora rotineiras e nada espetaculares, essas manobras de policiamento constituíam a atividade cotidiana dos soldados de Rodrigo, enquanto durou seu domínio sobre Valência. Isso, provavelmente, era verdade em um sentido bem literal. Os suprimentos dos quais dependiam os conquistadores tinham de ser obtidos em território próximo. Milho e carne, azeite e vinho tinham de ser coletados e transportados para Valência. Aqui, castelos como Olocau tinham um papel a desempenhar. Suas guarnições lá estavam não apenas para lutar contra os muçulmanos, mas também para amedrontar os aldeãos, confiscar os seus produtos e requisitar seus animais de tiro, e não devemos supor que esses soldados tivessem grandes escrúpulos quanto às maneiras usadas para alcançar seus fins. Seu comandante, afinal de contas, era bem capaz de dar-lhes lições sobre como devastar uma área rural. Não houve nada de bonito ou de romântico na forma com que o Cid governou Valência.

Às vezes, essas operações podiam assumir dimensões mais sérias, como aconteceu no inverno de 1096-1097. O aliado de Rodrigo, Pedro I de Aragão, havia conquistado Huesca em novembro de 1096, e viajou para o sul, ao que supomos pela primeira vez, para inspecionar seus postos avançados próximos a Castellón. (A *Historia Roderici*, como era de esperar, afirma que seu único motivo foi o desejo de ajudar seu aliado.) Pedro seguiu viagem para encontrar-se com Rodrigo em Valência, onde decidiram usar a grande força assim reunida para reforçar a fortaleza de Benicadell, na fronteira meridional, no sopé da serra daquele mesmo nome, situada entre Játiva e Denia. Foi esse o castelo que Rodrigo havia reconstruído e fortificado em 1091. Ele era de máxima importância estratégica, guardando a principal entrada sul de Valência pelo interior de seu território. Quando avançaram em direção ao sul, encontrando-se próximos a Játiva, Rodrigo e o rei Pedro depararam com um exército almorávida liderado por Muhammad, sobrinho de Yusuf, o comandante que Rodrigo havia derrotado em Cuarte, dois anos antes. Eles conseguiram abastecer o castelo, e então se dirigiram apressadamente para o leste, rumando para o Mediterrâneo, esperando poder desviar para o norte ao longo do terreno mais ameno da faixa costeira, voltando então para a relativa segurança da *huerta* valenciana, na outra extremidade do morro de Cullera, então visível a distância. Mas os almorávidas também conseguiam mover-se com rapidez. Quando os exércitos cristãos chegaram a Bairén, eles encontraram as tropas de Muhammad ocupando o terreno mais alto que de lá se estendia até o mar, ali perto; muito mais perto do que hoje, devemos nos lembrar. Os almorávidas haviam trazido, ao longo da costa, navios provenientes dos portos controlados por eles mais ao sul, como Almería. Rodrigo e o rei viram-se encurralados entre o terreno íngreme e o mar, sujeitos a saraivadas de flechas disparadas dos navios e a ataques de cavalaria vindos das montanhas, e compelidos a lutar em condições desvantajosas, num terreno não escolhido por eles. Lacônica como sempre, a *Historia* nos conta que "eles não sentiram pouco medo". Rodrigo cavalgou em meio a suas tropas, fazendo discursos entusiásticos para levantar seu moral. A batalha então começou.

> Ao meio-dia, o rei e Rodrigo, com todo o exército cristão, caíram sobre eles e deram-lhes luta. Por fim, com a clemência de Deus, eles os derrotaram e os puseram em fuga: alguns morreram pela espada, alguns caíram no rio e grande quantidade deles fugiu jogando-se no mar, onde se afogaram.

Mais uma vez, como acontecera em Cuarte, em 1094, Rodrigo mostrou que os exércitos almorávidas podiam ser derrotados. Os aliados voltaram a Valência carregados de pilhagem, "glorificando a Deus devotadamente, de todo o coração, pela vitória que Ele lhes havia concedido".

Mais tarde, ainda naquele ano de 1097, Rodrigo teve de se confrontar com uma nova investida almorávida, essa, entretanto, de menores dimensões. O governador de Játiva, numa jogada de ousadia insolente, conduziu uma força através da *huerta* de Valência, estabelecendo-se em Murviedro, no litoral norte da cidade. Rodrigo conseguiu desalojá-lo, perseguindo-o ao longo da costa, em direção ao norte, até Almenara, a qual ele sitiou. O cerco de Almenara durou três meses, após o que a cidade caiu em poder de Rodrigo (outono (?) de 1097).

Estando seguro o litoral norte de Valência, até Murviedro, e tendo Almenara, mais acima, em suas mãos, Rodrigo decidiu-se por um projeto necessário, porém mais árduo: a conquista do próprio Murviedro. Se era possível a um governador de Játiva conduzir expedições de ataque através do coração do principado de Rodrigo e encontrar abrigo temporário em Murviedro, então Murviedro deveria vir para as mãos de Rodrigo. Até aí, estava claro, mas a tarefa não seria fácil. Murviedro não era um castelo comum. O rochedo sobre o qual ele se ergue é a mais sólida das fortalezas naturais da costa do Levante espanhol. A arte havia vindo em auxílio da natureza. No alto dessa rocha os iberos haviam erguido a cidade de Saguntum. Tendo entrado em relações de tratado com Roma, ao final do século III a.C., Saguntum tornou-se alvo de um ataque de Aníbal, em 219 a.C. Heróica e tragicamente defendida por seus habitantes, ela acabou por cair em poder de Aníbal, e esse acontecimento precipitou a Segunda Guerra Púnica. Em 212, a cidade foi recapturada pelos romanos, reconstruída e refortificada. O nome pelo qual ela era conhecida no tempo do Cid refere-se às fortificações iberas e romanas: Murviedro vem do latim *muri veteres* – "muros velhos". (Nos tempos modernos, a cidade reassumiu seu nome antigo, sendo hoje conhecida como Sagunto.) Ela foi remendada e ampliada desde isso, sofreu ataques do arsenal das guerras modernas em 1811 e 1938, foi embelezada para os turistas e revirada pelos arqueólogos, mas ela ainda está lá. O visitante, à primeira vista, pode perceber por que o celebrado autor de livros de viagem, Richard Ford, em seu *Handbook for Travellers in Spain* [*Guia para os que viajam na Espanha*], publicado em 1845, chamou-a de "a importante e quase inexpugnável fortaleza". Ford também a chamou de "desconexa e enorme". De fato, isso é verdadeiro. As fortificações no topo do rochedo cercam uma área de aproximadamente quatro hectares. Cisternas construídas durante o período do domínio islâmico garantem um abastecimento d'água abundante. De todos os lados, a rocha se precipita para a planície abaixo numa queda íngreme. Fartos estoques de alvenaria romana forneciam aos seus defensores mísseis para serem lançados sobre os invasores.

Ataques diretos estavam fora de questão. Teria de ser um cerco. Deve ter sido com o coração pesado que Rodrigo chegou a essa decisão. Um bloqueio eficaz seria difícil sem um corpo de tropas muito maior do que o que ele conseguiria convocar, e ele não contava com navios para evitar que suprimentos de emergência chegassem à cidade, por mar. (Teria Rodrigo tentado obter auxílio naval da fonte mais óbvia, as cidades marítimas de Gênova e de Pisa? Não o sabemos. Se ele o fez, é razoável supor que seu pedido tenha sido recusado, porque as frotas italianas já estavam comprometidas no Mediterrâneo oriental, prestando auxílio aos exércitos da Primeira Cruzada.) Exércitos sitiantes entediam-se, tornam-se inquietos, e são dados a reclamar da comida e da falta do que saquear. Desfalcados por deserções e por doenças, eles se tornam muito vulneráveis às forças de socorro. Rodrigo, entretanto, não tinha escolha. Ele sitiou Murviedro no início de 1098.

Ele pressionou o cerco da melhor forma que pôde. Seu biógrafo nos conta que ele "evitou totalmente qualquer entrada ou saída do castelo", o que é difícil de acreditar, e também que ele usou a artilharia, o que talvez tenha feito mais estrago no moral que na estrutura defensiva da fortaleza. No final de março, os defensores de Murviedro já estavam aturdidos. Se a eficácia do cerco de Rodrigo foi em parte um blefe, este havia funcionado. Dentro da fortaleza circulavam histórias aterrorizantes sobre a sina dos habitantes de Valência e de Almenara. Eles abriram negociações com Rodrigo e pediram um período de trégua: caso não fossem socorridos em trinta dias, eles render-se-iam. Rodrigo atendeu a seu pedido. Concedido esse cessar-fogo, os defensores de Murviedro apelaram a Yusuf, aos almorávidas, ao rei Afonso VI, a al-Musta'in de Saragoça e a Abu Marwan, governante do principado *taifa* de Albarracín, pedindo auxílio. O autor da *Historia Roderici* nos relatou suas respostas ou inventou respostas que pareciam adequadas. Afonso VI, como era de esperar, respondeu que preferia que Rodrigo, e não um governante muçulmano, controlasse Murviedro. Al-Musta'in, que anteriormente havia apoiado Rodrigo, disse aos habitantes de Murviedro que cuidassem de sua própria defesa. O conde de Barcelona, que juntamente com o apelo havia recebido um suborno maciço, tentou atrair Rodrigo para longe de Murviedro, sitiando o castelo de Oropesa, mais ao norte. Rodrigo deu tão pouca importância a isso que nem se dignou a ir a Oropesa, apenas fez circular a notícia de que iria em breve, e o conde esgueirou-se, aterrorizado, de volta a seu país. (Oropesa, nessa época, era mantido em nome do rei de Aragão, de modo que o conde de Barcelona, ao atacá-lo, estava abrindo hostilidades contra o rei

Pedro, e não contra Rodrigo. Estariam as tropas aragonesas ajudando Rodrigo no cerco de Murviedro?) O velho rei de Albarracín – ele já governava o principado há 54 anos – disse simplesmente que não tinha como ajudar. O que Yusuf disse, não o sabemos, mas o fato é que os almorávidas não vieram.

Quando o prazo de trinta dias chegou ao fim, os habitantes de Murviedro pediram mais tempo, alegando, de forma mentirosa, que eles ainda não haviam recebido as respostas a seus apelos. Rodrigo sabia que isso era mentira, mas mesmo assim lhes concedeu mais doze dias. Talvez ele tenha pensado que um ataque seria por demais arriscado. Ele juntou à sua oferta a ameaça de queimar vivos ou torturar e, em seguida, executar tantos defensores de Murviedro quanto ele conseguisse capturar, caso a rendição não acontecesse rapidamente após o fim do novo prazo. Mas isso ainda não foi o bastante, e Rodrigo viu-se obrigado a oferecer uma nova trégua, até o dia 24 de junho, a festa da natividade de São João Batista. Ele insistiu que os habitantes de Murviedro evacuassem o local antes desse dia. A maior parte deles o fez, ao que parece. Quando chegou o dia marcado, Rodrigo mandou suas tropas irem adiante dele tomar posse da fortaleza quase deserta. Pouco depois, ele fez sua própria entrada formal e mandou celebrar uma missa campal para marcar a ocasião. Uma nova guarnição foi instalada, todos os bens que puderam ser encontrados foram confiscados e os habitantes que lá permaneciam foram arrebanhados: três dias depois, Rodrigo os reuniu, tomou deles todas as suas posses, acorrentou-os em fila e os mandou para Valência. Murviedro agora lhe pertencia.

Não sabemos o que sucedeu aos cativos. Talvez nos seja possível adivinhar que tipo de gente não havia obedecido à ordem de evacuar Murviedro em junho de 1098: os velhos e os enfermos, os renitentes, os desesperados e os confusos. Não o tipo de pessoas, ao que se pode supor, que valeria grandes resgates. A escravidão provavelmente foi sua sina. Cerca de quarenta anos depois, o poeta al-Higari, professor de retórica em Granada, teve o infortúnio de ser capturado por navarreses ao acompanhar uma expedição de ataque comandada por seu amigo al-Mustansir ibn Hud, de Rueda (descendente dos amigos de Rodrigo, a dinastia reinante em Saragoça). Sentimos pena das desventuras desse professor, descritas num poema enviado a um amigo:

> Um cativo tornei-me na fria Vizcaya,
> entre inimigos ferozes, nenhum muçulmano vejo eu!

> Obrigado a fazer o que está além de minhas forças,
> atado a uma corda, comandado aos gritos, subjugado à força:
> eles querem que eu faça trabalho duro, e
> ai de mim! sou forçado a ceder.

Destinos semelhantes sem dúvida esperavam os que, postos a ferros, penosamente arrastaram-se de Murviedro a Valência, no verão de 1098.

Rodrigo havia feito todo o possível para manter suas conquistas pela força das armas. Ele podia também usar os métodos da diplomacia. Suas duas filhas, agora, estavam em idade de casar. Como outras moças da aristocracia, elas podiam esperar ser encaminhadas de maneira calculada a favorecer as ambições de seu pai. Elas acabaram por fazer casamentos extremamente ilustres. Cristina casou-se com Ramiro, neto do rei García III de Navarra (morto em 1054) e filho de Ramiro, senhor de Calahorra, que havia morrido em Rueda, em 1083. Esse Ramiro mais jovem era um dos nobres de maior relevo no reino de Aragão, e viria a servir como senhor da importante localidade de Monzón, de 1104 até sua morte, em 1116. O casamento (que pode ter acontecido em qualquer ano entre 1094 e 1099) deve ser interpretado como uma jogada de Rodrigo visando fortalecer sua aliança com Aragão. Ramiro e Cristina tiveram um filho, García, que veio a ser rei de Navarra, quando esse país reconquistou sua independência política, em 1134. A outra filha, Maria, casou-se com Ramón Berenguer III de Barcelona. (Já foi sugerido, embora de forma pouco convincente, que ela fez um primeiro casamento com o *infante* Pedro, filho de Pedro I de Aragão, que morreu, após uma longa doença, em 1102 ou 1103.) Esse casamento, ao que se pode supor, tinha como objetivo aplacar a hostilidade catalã, recentemente demonstrada em 1098, em Oropesa.

A outra criança nascida do casamento de Rodrigo com Jimena que viveu até idade adulta foi um filho homem, Diego. (Não sabemos a ordem de nascimento dessas crianças.) Esse Diego é um personagem nebuloso, sua própria existência é atestada em apenas uma única fonte, e esta, bastante tardia, um texto aragonês de cerca de 1200, conhecido como o *Liber Regum*. Essa fonte, como se pode ver, nos diz que Diego foi morto na batalha de Consuegra, a sudeste de Toledo, em agosto de 1097. Ora, Consuegra foi uma vitória dos almorávidas sobre Afonso VI. Diego, portanto, estava lutando no exército real. Quaisquer que sejam suas implicações – e as possibilidades são vastas –, esse fato nos leva a imaginar quais seriam as relações entre Rodrigo Díaz e o rei Afonso durante o último pe-

Em busca de El Cid

ríodo da vida deste, em Valência. Teria a diplomacia de Rodrigo lançado os olhos a oeste, em direção ao reino de Castela, sua terra natal, e não apenas a Aragão e à Catalunha?

Ramón Menéndez Pidal não tem dúvidas quanto a isso. Em sua opinião, argumentada de forma eloqüente e persuasiva, Rodrigo conquistou Valência para o rei e a governou como vassalo seu. Mas essa versão, na verdade, é muito duvidosa. Aceitar essa tese exige que acreditemos nas fontes mais tardias, não comprometidas com o registro da verdade estritamente histórica, principalmente o *Poema de mio Cid* e seu derivado, a *Primera crónica general*. Contrapondo-se a esse testemunho, temos duas fontes mais antigas. Em primeiro lugar, o autor da *Historia Roderici* jamais sugere que Rodrigo estivesse agindo em nome do rei. Aliás, entre o capítulo 50 (passado em 1092) e o capítulo 75 (passado em 1102, após a morte de Rodrigo), Afonso é mencionado apenas uma única vez, no capítulo 70, quando os defensores de Murviedro julgaram conveniente pedir o auxílio do rei *contra* Rodrigo. Em segundo lugar, possuímos testemunhos que são exatamente contemporâneos aos fatos, e que, quase que certamente, refletem as opiniões do próprio Rodrigo. Trata-se do longo preâmbulo à carta de concessão na qual ele fez doações à Catedral de Valência, em 1098. Essa carta deve ter sido redigida por um dos assistentes do bispo, mas podemos ter a certeza de que as opiniões ali expressas teriam de ser aceitáveis ao próprio Rodrigo, na qualidade de doador; na verdade, há grande probabilidade de ele próprio ter revisado o texto. Nele, Rodrigo recebe o título de príncipe (*princeps*) de Valência, e é apresentado como lutando as guerras de Deus, mas não as do rei. Não há nenhuma referência ao rei Afonso no preâmbulo ou em qualquer outra parte do documento. Dar preferência às fontes mais antigas e confiáveis sobre as mais recentes e menos confiáveis é uma sensata máxima do método histórico. Não se pode escapar à conclusão de que, entre 1094 e 1099, Rodrigo não servia a ninguém, salvo a si próprio. Obviamente, é possível que ele e o rei se encontrassem bem dispostos um em relação ao outro. Afinal, eles possuíam um interesse em comum, o de dar combate à ameaça almorávida. O fato de Rodrigo ter se prontificado a dar permissão a Diego para ir lutar no exército real pode ser um sintoma dessa política de boa-vizinhança.

Talvez nos agrade pensar que a tragédia privada representada pela perda de seu filho, em 1097, ajude a explicar o tratamento cruel dado por Rodrigo aos habitantes de Murviedro, no ano seguinte. Talvez ela tenha contribuído para tal. Mas Rodrigo já havia se mostrado um governante severo. Os sobreviventes de Murviedro não foram os únicos a ter razões para lamentar as conquistas de Rodrigo.

Pouco sabemos sobre como Valência foi administrada entre 1094 e 1099, mas esse pouco nos sugere que o governo de Rodrigo foi duro. Na medida em que ele possuía algo que possa ser chamado de uma política, esta era impulsionada por uma incessante busca por dinheiro. Isso veio a ser a causa de seu ato mais bárbaro, o de queimar vivo o *qadi* Ibn Jahhaf, em 1095. O fato não pode ser posto em dúvida, mas as circunstâncias que levaram a ele nem de longe estão claras, e os historiadores que tentaram condenar ou justificar a conduta de Rodrigo em nada contribuíram para nossa compreensão. O que parece ter acontecido foi o seguinte: pouco após Rodrigo ter se tornado o senhor de Valência, ele mandou prender Ibn Jahhaf e todos os membros de sua família nos quais ele conseguiu pôr as mãos. O que estava em questão era o paradeiro do tesouro de al-Qadir. Antes de ser assassinado, em 1092, al-Qadir havia encontrado meios de enviar parte de sua fortuna para lugares seguros, como Olocau; mas boa parte dela havia caído nas mãos de Ibn Jahhaf, que, na época da capitulação da cidade, prometeu entregá-la a Rodrigo. Sob suspeita de estar guardando uma porção dela para si, Ibn Jahhaf foi torturado para revelar seu paradeiro. É evidente que as opiniões divergem quanto ao tratamento dado a Ibn Jahhaf. Até mesmo Ibn Bassam, em geral hostil a Rodrigo, pensava que, com sua fraude, Ibn Jahhaf tinha perdido todo e qualquer direito à clemência de Rodrigo. Ibn 'Alqama nos conta que algum tipo de julgamento teve lugar, no qual Ibn Jahhaf foi acusado do assassinato de al-Qadir. Conta-se que Rodrigo afirmou que, "segundo a nossa lei", um regicida deve ser queimado vivo. Que lei ele tinha em mente não o sabemos. Seja como for, foi esse o horrendo fim de Ibn Jahhaf. Um buraco foi cavado, provavelmente no mercado público, no qual ele foi colocado, enterrado até a altura das axilas, e uma fogueira foi então acesa em torno dele. "Uma testemunha ocular contou-me" – escreveu Ibn Bassam –, "que quando o fogo foi aceso em torno dele, ele se esticou para puxar para mais perto de seu corpo as brasas incandescentes, para apressar seu fim e encurtar seu sofrimento." Foi com dificuldade que se evitou que Rodrigo infligisse a mesma sorte à mulher e aos filhos da vítima.

A execução de Ibn Jahhaf foi apenas o mais selvagem dos atos de Rodrigo. Após a batalha de Cuarte, ele reuniu todos os cidadãos mais ricos de Valência em seu palácio e anunciou que eles permaneceriam presos até terem pago por si próprios um resgate de 700 mil *mithqals* de ouro. Uma soma tão absurda estava além de sua capacidade, e ela foi posteriormente reduzida para 200 mil. Ao que parece, a quantia foi levantada e paga a Rodrigo.

Os agentes de Rodrigo no governo da cidade eram judeus. No outono de 1094, ele já havia nomeado um vizir judeu (cujo nome não sabemos) como seu principal adjunto. São esses os comentários de Ibn 'Alqama:

O judeu submeteu a população muçulmana a situações vexatórias: seus correligionários fizeram tudo o que podiam contra os valencianos, que sofreram as mais amargas humilhações. Era dentre os judeus que eram escolhidos os funcionários fiscais encarregados da coleta de impostos, os servidores públicos, os redatores de documentos, os funcionários administrativos das forças armadas. O vizir judeu tomou a si o papel de prefeito da cidade (*sahib al-madina*), decretando prisões e administrando punições. Cada muçulmano tinha um oficial da polícia em seus calcanhares, que o seguia todas as manhãs para assegurar que ele contribuiria com algo para os baús de tesouro do senhor de Valência. Caso ele não o fizesse, seria morto ou torturado.

É difícil dizer quanto desse relato deve ser tomado como verdade literal. O autor era hostil a Rodrigo. Ele pode ter exagerado quanto às somas de dinheiro exigidas ou cobradas. É impossível acreditar que "cada muçulmano" pudesse ser seguido da maneira aqui descrita – embora os mais ricos talvez fossem. Entretanto, o relato é plausível nas suas linhas gerais, e pode ser confirmado por uma testemunha acima de qualquer suspeita. Muhammad ibn Ahmad ibn Tahir havia governado o estado *taifa* de Múrcia de 1063 até 1078, quando foi deposto por Ibn 'Ammar. O ex-rei estabeleceu-se em Valência, onde presenciou os tumultos dos anos 1085-1092, e o cerco e a tomada da cidade por Rodrigo. Na esteira desses acontecimentos, ele foi preso, e possuímos o texto de uma carta que ele escreveu a um amigo, da prisão, em fevereiro de 1095:

Tornamo-nos prisioneiros após uma série de infortúnios tão graves a ponto de não terem paralelos. Se você pudesse ver Valência – que Deus a favoreça com Seu cuidado e derrame sobre ela Sua luz – se você pudesse ver o que o destino lhe reservou e a seu povo, você lamentaria, você choraria por suas calamidades ... No momento, vejo-me obrigado a comprar minha liberdade pagando um resgate, após sobreviver a perigos que quase me custaram a vida. Minha única esperança continua sendo a bondade de Deus.

Ao que parece, o velho homem conseguiu pagar seu resgate, pois num determinado momento ele foi libertado e teve permissão para deixar Valência.

Ele não foi o único a emigrar. Como já vimos, Rodrigo expulsou o que talvez tenha sido um bom número de pessoas, no outono de 1094. No ano seguinte, parece que houve algum tipo de revolta contra ele – nossas informações sobre os detalhes são poucas – após a execução de Ibn Jahhaf: ela foi debelada, e mais expulsões ocorreram. Mais emigrações tiveram lugar em 1097, após a batalha de Bairén. Um dos que partiram em 1095 foi o poeta al-Waqqasi, que se estabeleceu em Denia, onde veio a morrer no ano seguinte. Antes de sua morte, ele compôs um célebre lamento sobre a sorte de Valência. Um outro que chorou em versos a queda de Valência foi Ibn Khafaja, que morava perto dali, em Alcira:

> Espadas forjaram a tua ruína, ó moradas,
> tuas belezas foram apagadas por fogo e por estrago.
> Quando se olha para ti, vez após vez,
> Agitam-se os pensamentos, e chora-se, chora-se.

Tanto Ibn Tahir como Ibn Khafaja viriam a celebrar a reconquista de Valência para o Islã, em 1102. Mas ainda na década de 1090, quando Rodrigo infligia derrotas aos almorávidas, capturava fortalezas e oprimia seus súditos, um tal desfecho não podia ser imaginado.

O biógrafo de Rodrigo nada nos diz sobre seu governo em Valência. Entretanto, ele nos conta algo sobre a restauração, por iniciativa de Rodrigo, de um estabelecimento eclesiástico nos territórios por ele conquistados. Quando conquistou Almenara, Rodrigo ordenou que fosse construída uma igreja, e fez o mesmo em Murviedro. Como nesses lugares, pode-se supor, não havia comunidades cristãs, as igrejas encomendadas por Rodrigo eram destinadas às necessidades religiosas das novas guarnições, bem como de quaisquer colonos cristãos que fossem para lá atraídos. Com Valência, a história foi diferente. Ali havia uma cidade grande, com uma comunidade cristã chefiada por um bispo. O último bispo moçárabe do qual temos alguma informação segura morreu por volta de 1087, em Bari, na Apúlia, a caminho de Jerusalém, como peregrino. Os cristãos de Valência deviam ter uma igreja, talvez situada num dos subúrbios extra-muros. Rodrigo decidiu que uma igreja melhor se fazia necessária, e transformou a principal mesquita da cidade numa catedral dedicada a Santa

Maria. De forma, ele seguia os passos do arcebispo Bernard de Toledo, que havia convertido a mesquita de Toledo na sua catedral. É possível que a atitude semelhante de Rodrigo tenha sido idéia de um dos protegidos de Bernard, um outro monge francês de Cluny, Jerónimo, que se tornou bispo de Valência.

Jerónimo era natural do Périgord e, quando ainda jovem, tornou-se monge em Moissac. Em 1096, ele foi convidado a vir à Espanha pelo arcebispo Bernard, que estava de passagem pelo sudoeste da França (terra natal dele, também), voltando da corte papal. Bernard estava reunindo um *jardim da infância* de jovens e promissores clérigos, aos quais ele podia acenar com a perspectiva de altos cargos na Igreja espanhola, que ele, na qualidade de primaz, presidia. Eles lhe prestaram bons serviços, e ele foi um patrono generoso: pelo menos sete deles tornarem-se bispos ou arcebispos; um deles disputando, embora sem êxito, o papado. Após uma curta temporada como cônego de Toledo, Jerónimo juntou-se ao Cid em Valência, em 1098, ao que parece. (A *Historia Roderici* nos diz que a mesquita de Valência foi convertida ao uso cristão após a queda de Murviedro, em junho de 1098. A carta de dotação implica que Jerónimo foi feito bispo após aquela data, embora mostre também que ele havia recebido de Rodrigo algumas terras antes de sua nomeação. A questão cronológica é tratada em detalhe porque ela deixa claro que as providências tomadas por Rodrigo para restaurar o bispado de Valência não foram apressadas. Pode, é claro, ter havido boas razões para a demora, tal como o fato de que, até 1098, ainda vivia um bispo "moçárabe", do qual nada sabemos.)

É razoável inferir que a iniciativa da indicação de Jerónimo tenha partido do arcebispo de Toledo. (É muito provável que o rei também tenha sido consultado, talvez uma outra indicação indireta de relações harmoniosas entre Afonso e Rodrigo.) Bernard era um construtor de impérios. Colocar um homem "seu" na Sé recriada de Valência significava estender a influência eclesiástica de Toledo, até então restrita apenas a Castela, à zona oriental e mediterrânea da península. Ele acreditava, talvez com razão, que isso estava de conformidade com os antigos acertos administrativos da Igreja espanhola. Ele foi capaz de apresentar registros do período visigótico, que mostravam que a Igreja de Valência deveria estar subordinada à Sé metropolitana de Toledo. Em vista disso, é de surpreender que Bernard não tenha, ele próprio, oficiado a sagração de Jerónimo como bispo, numa afirmação inequívoca dos direitos de Toledo. No entanto, nossa fonte afirma categoricamente que Jerónimo foi sagrado na Itália, pelo papa Urbano II, nos contando também que, nessa mesma ocasião, ele foi "elevado pela liberdade de um privilégio especial" (*specialis privilegii libertate*). Essa é a linguagem técnica da lei canônica. O que isso provavelmente significa é que o bispado de Valência foi colocado sob a supervisão *direta* do papa, sem a interposição de nenhuma outra autoridade eclesiástica. Em outras palavras, o papa passou por cima das pretensões de Toledo. A iniciativa dificilmente teria partido do homem de Toledo, Jerónimo. De quem, então? Certamente que do governante secular de Valência, Rodrigo Díaz. Seu êxito em desligar Jerónimo de Toledo, voltando-se para a fonte de toda a autoridade sobre a Igreja do Ocidente, é mais uma prova de sua determinação em tornar-se senhor em sua própria casa.

Se houve algum mal-estar com relação ao restabelecimento do bispado de Valência, em 1098, isso explicaria o fato surpreendente de o autor da *Historia Roderici* não mencionar o bispo Jerónimo. Ele, aliás, nem sequer se refere de forma explícita à restauração do bispado. Tudo o que faz é nos contar sobre os presentes dados por Rodrigo à catedral: um cálice de ouro valendo 150 marcos e "duas tapeçarias muito preciosas, tecidas em seda e fios de ouro, tais como nunca se havia visto em Valência". Chegamos à conclusão, indigna, talvez, mas irresistível, de que o conquistador que havia se apossado do tesouro de al-Qadir, extorquido enormes somas de dinheiro dos cidadãos de Valência e saqueado o acampamento almorávida em Cuarte, poderia ter feito mais que isso. A carta de concessão de Rodrigo fazendo doações ao bispado fornece detalhes das terras que haviam sido cedidas ao bispo Jerónimo após este ter retornado da corte papal. Ela soa como uma listagem de suas conquistas recentes: "o jardim-mercado que fica ao lado da igreja de Santa Maria ... doze *pariliatas* de terra dentro dos limites de Murviedro ... outras doze dentro dos limites do castelo chamado de Almenara...". Alguns dos locais são, hoje, de impossível identificação. Por exemplo, não sabemos onde se localizava "a fortaleza que os homens chamam de Almunia de Sabaleckem" e só podemos supor que ela tenha sido obtida em uma das campanhas menores dos anos 1095-1098. As doações não foram feitas todas de uma só vez: "após a minha morte, concedo o jardim que se encontra dentro dos limites do castelo de Cebolla, parte do qual Nossa Excelência já doou ao bispo Jerónimo, antes de ele ter assumido o bispado".

As doações em terras, feitas ou prometidas em 1098, eram modestas. Isso não tem a intenção de ser uma crítica. Os bispados recém-restaurados, nessa época, recebiam, em geral, poucos bens, pela simples razão de que os doadores tinham tão pouco a dar. A Sé de Toledo, que mais tarde viria a possuir riquezas fabulosas, permaneceu em má situação financeira por um século após sua restauração, em 1098. A Sé restaurada de Cória foi tão miseravelmente dotada por Afonso VII, em 1142, que seus bispos se viram impossibilitados de lá continuar suas atividades. O que parece ser avareza da parte de Rodrigo, no que se refere a terras, serve para nos lembrar de quão limitados eram seus domínios territoriais.

A carta patente de Rodrigo também concedia às pessoas que dele haviam recebido doações em terras, a liberdade de transferi-las para o bispado de Valência. Esse é nosso único e fascinante vislumbre das tentativas feitas por Rodrigo para incentivar a ocupação de Valência e de seus arredores, recompensando com terras a seus seguidores. A recolonização das terras tomadas do Islã representou, para as autoridades cristãs de toda a Europa mediterrânea, um tremendo problema, que haveria de perdurar ainda por muitos séculos. É pouco provável que Rodrigo, nos poucos anos que teve à sua disposição, possa ter feito grande coisa quanto a isso. A década de 1090 não foi uma boa época para atrair os camponeses de Castela e de Aragão para virem se instalar na *huerta* de Valência: a presença dos almorávidas e de seus planos os impediam.

Os líderes das tropas de Rodrigo (*obtimates*) são citados mais de uma vez no texto da carta de 1098. No pé da página, ela exibe a subscrição autografada do doador – "Eu, Rodrigo, juntamente com minha mulher, confirmo o que está escrito acima" (*Ego Ruderico simul cum coniuge mea afirmo oc quod superius scriptum est*) –, seguida dos nomes de diversas testemunhas: Ramiro, Nuño, Rodrigo, Martín, Diego, Fernando. Estes, provavelmente, eram os mais próximos do círculo dos *obtimates* de Rodrigo. É pena que o escriba não tenha visto como necessário acrescentar seus patronímicos, o que tornaria a tentativa de identificar esses homens ao menos viável. Da maneira como ela foi feita, não há nada que possamos fazer com essa lista.

O *Poema de mio Cid* e as crônicas da Idade Média mais tardia dele derivadas não dão os nomes de diversos homens que poderiam estar entre os seguidores de Rodrigo, em Valência, os integrantes de sua *mesnada* ou séquito. Nos casos em que é possível verificar onde se encontravam os personagens genuinamente históricos ali citados, em geral descobrimos que eles estavam em outros lugares. Por exemplo, Alvar Fáñez estava ocupado especialmente com a defesa de Toledo, a partir de sua base em Zorita, no Tagus. Mais uma vez, o *Poema de mio Cid* mostra-se pouco confiável como fonte de informações históricas. O único integrante da *mesnada* citado no poema do qual se pode dizer, com algum grau de plausibilidade, que de fato fazia parte do séquito do Cid na década de 1090 é Martín Múñoz, "ele que comandava Montemayor", como dele disse o poeta. Martín era genro de Sisnando Davídez, para quem ele governava Montemayor, na região central de Portugal, e a quem sucedeu como conde de Coimbra. Expulso desse posto em 1094, talvez por obra de Raymond da Borgonha, Martín desaparece dos registros históricos, para reaparecer a serviço do rei de Aragão, no início do século XII. É razoável supor, embora seja impossível provar, que ele tenha ingressado no séquito do Cid, em Valência, transferindo-se mais tarde, após a morte de Rodrigo, para o serviço de Aragão. Talvez ele seja o Martín que subscreveu a carta patente de 1098.

Rodrigo havia feito todo o possível para consolidar seu poder sobre Valência e seu interior. Ele não teve tempo de fazer mais. Apenas cinco anos após sua conquista daquela cidade, ele lá morreu, em seu leito, em julho de 1099. Fontes muito mais tardias viriam a dar 10 de julho como a data de sua morte. Cinco dias depois, os exércitos da Primeira Cruzada armaram seu assalto final e triunfante a Jerusalém.

Seus contemporâneos reconheceram que, com o falecimento de Rodrigo, o mundo havia perdido um herói. Ibn Bassam, que o detestava, escreveu que "esse homem, o flagelo de seu tempo, por seu apetite pela glória, pela tenacidade prudente de seu caráter, e por sua bravura heróica, foi um dos milagres de Deus". Seu biógrafo termina seu relato da seguinte maneira: "Enquanto vivia neste mundo, ele sempre alcançou um nobre triunfo sobre seus inimigos: jamais ele foi derrotado por homem algum". O cronista de Maillezais, em Poitou, anotou em seu verbete relativo ao ano de 1099 que, "na Espanha, em Valência, morreu o conde Rodrigo: o que foi uma grande tristeza para os cristãos e um grande júbilo para seus inimigos pagãos".

Quem sucederia Rodrigo no principado de Valência? Seu único filho morrera antes dele, em 1097. Seus dois genros, Ramiro, o Navarrês, e Ramón Berenguer III, conde de Barcelona, teriam pretensões. O rei Pedro de Aragão, seu aliado, estaria interessado, como também o rei Afonso VI de Leão e Castela. Todos eles, entretanto, encontravam-se assoberbados por outras preocupações. A defesa de Valência coube à viúva de Rodrigo, Jimena. Ela teria de lutar, isso era certo. Yusuf estava absolutamente decidido a que Valência voltasse ao poder do Islã. É possível que Jimena tenha pedido o auxílio dos catalãos e dos aragoneses, e certamente o de Afonso VI. Em 14 de maio de 1100, ele datou uma de suas cartas "a caminho de Valência, onde pôr-me-ei à frente dos cristãos". Se, naquela ocasião, ele chegou a Valência, não o sabemos. Doña Jimena era de espírito indomável. Em uma carta patente de 12 de maio de 1101, na qual confirmava e ampliava as doações de Rodrigo para a Catedral de Valência, ela falou bravamente de conquistas futuras "que, com a ajuda de Deus, viremos a fazer, por terra e por mar". Mas o jogo estava chegando ao fim. No final do verão de 1101, o general berbere Mazdali, um dos comandantes almorávidas de maior experiência, aproximou-se de Valência com um grande exército e instalou-se para sitiar a cidade. Quando o cerco já se prolongava inverno adentro, Jimena enviou o bispo Jerónimo à corte de Afonso para pedir auxílio. Em março de 1102, logo no início da estação das campanhas, ele veio. Quando chegou, as tropas de Mazdali se retiraram para Cullera. Afonso levou algum tempo fazendo o reconhecimento da situação. Ele decidiu-se pela evacuação. Valência estava a grande distância de seu reino, ele não podia abrir mão de tropas e não possuía um comandante do calibre do Cid. Foi uma decisão prudente, embora ela deva ter-lhe doído. Para Jimena, isso representava o fim de tudo pelo qual Rodrigo havia lutado tão ferozmente, e que ela havia tentado manter.

Durante o mês de abril, foram feitos os preparativos para a partida. O espólio das guerras, as armas e os utensílios domésticos foram empacotados; bem como os tesouros e os documentos de propriedade da catedral, a serem cuidadosamente guardados para ser usados por ocasião de uma reocupação futura; e o mais precioso de tudo, o corpo do Cid, que não poderia ser abandonado para ser desonrado por seus inimigos. A longa caravana de carroças e liteiras, camelos, cavalos, mulas e jumentos sacudia-se por sobre as terras planas da *huerta*, acompanhada por sua escolta armada. O rei havia dado ordem para que alguns de seus soldados permanecessem na cidade para incendiá-la. Os homens de Mazdali, olhando de um terreno mais elevado em direção ao sul, puderam ver colunas de fumaça subindo, para logo se transformarem em grossas nuvens negras. Quando eles entraram nas ruínas carbonizadas de Valência, o corpo do Cid já estava longe, a caminho de Castela, sua terra natal.

12
Meu Cid de Vivar

Doña Jimena ressepultou o corpo de seu marido no monastério de Cardeña, e viveu naqueles arredores pelo resto de sua vida. Ela ainda vivia em 1113, ano no qual vendeu uma igreja em Valdecañas – uma das propriedades que Rodrigo havia colocado no nome dela, na época de seu casamento – a dois compradores que talvez fossem cônegos da Catedral de Burgos. O ato da venda foi testemunhado pelo bispo García de Burgos, pelo abade Pedro de Cardeña e por uma multidão de outros castelhanos ilustres. Essa é a única notícia que temos dela em sua viuvez, e é provável que ela tenha morrido pouco depois. (Anais de épocas posteriores dão o ano de 1006 como a data de sua morte: supondo-se que um X tenha sido omitido da data por erro do copista, ela foi corrigida para 1116.) Quanto às suas filhas, nada sabemos delas, após terem se casado. Maria deve ter morrido jovem, em 1107 ou mesmo antes, pois naquele ano, seu marido, o conde Ramón Berenguer III, casou-se pela segunda vez. Não fazemos a menor idéia de quanto tempo Cristina ainda viveu.

Os anos da viuvez de Jimena foram tempos difíceis para a vida pública do reino de Leão e Castela. Os almorávidas continuaram a pressionar suas fronteiras meridionais durante todo o primeiro quartel do século XII, pondo em cheque as conquistas de Afonso VI. Quando morreu, em 1109, o rei não deixou herdeiro varão e legou seu reino à sua filha Urraca, que se casou com Afonso I de Aragão, conhecido como *el Batallador*. Mas o casamento e a conseqüente união das coroas não funcionou. Guerras entre

Aragão e Leão e Castela logo vieram a eclodir. Os aragoneses invadiram Castela, e grandes extensões de terras situadas ao redor de Burgos e de Palencia permaneceram sob seu controle durante todo o restante do reinado da rainha Urraca. (Não é impossível que tenham sido as dificuldades financeiras ocasionadas pela conturbada situação do país que levaram Doña Jimena a levantar capital vendendo propriedades, em 1113.) No extremo oeste, a irmã da rainha, Teresa, e seu marido, o conde Henrique de Portugal, eram vassalos insubordinados, que pouco a pouco iam adquirindo uma independência de fato: seu filho acabaria, mais tarde, por assumir o título de rei de Portugal. Houve períodos, durante o reinado de Urraca, em que parecia que a Galícia iria pelo mesmo caminho. O reino parecia estar se esfacelando. Além disso, essa foi uma época de dificuldades econômicas. Quando os almorávidas tomaram os reinos *taifa* e interromperam o pagamento dos *parias* para os reis cristãos, eles precipitaram uma crise de grandes proporções nos assuntos financeiros do maior desses reinos, e o que mais dependia do ouro muçulmano, Leão e Castela. Uma importante fonte de receita foi estancada. Uma das medidas que Afonso VI e Urraca, em situação de desespero, se viram obrigados a tomar foi a desvalorização da moeda; o que acarretou, como sempre acontece, inflação e perda de autoconfiança.

É para o filho de Urraca, Afonso VII (1126-1157), que deve ir o crédito de ter restaurado a riqueza do reino. A pressão dos almorávidas nas fronteiras perdeu ímpeto, os aragoneses foram expulsos de Castela, chegou-se a um acordo com Portugal, e a estabilidade fiscal foi alcançada. Tudo isso levou tempo: foi apenas em 1135, quando o rei foi coroado imperador em Leão, numa cerimônia que parecia anunciar um estado de espírito mais otimista, que o ânimo e a confiança retornaram. No decorrer da década de 1040 e no início da de 1050, Afonso e seus barões retomaram o avanço rumo ao sul, que havia sido interrompido nos tempos de seu avô. Em 1147, ele conquistou Almería e, pela primeira vez, os monarcas de Castela tiveram uma janela para o Mediterrâneo.

Nos dias incertos da rainha Urraca, as pessoas olhavam com nostalgia para o glorioso reinado de Afonso VI. Esse era o estado de espírito, por exemplo, do autor da *Historia silense*, que em Leão por volta de 1120 pretendia escrever uma biografia do rei, mas que nunca chegou a fazê-lo. Assim se sentia também o bispo Pelayo de Oviedo, em seu breve relato sobre Afonso VI, e também os autores da *Historia compostellana*, escrita em Santiago, por encomenda de seu bispo, Diego Gelmírez. Talvez as pessoas também relembrassem com nostalgia os grandes feitos de Rodrigo Díaz, o sempre vitorioso conquistador de Valência. Os que haviam servido com ele ainda estavam vivos: o bispo Jerónimo viveu até 1120, e os jovens que combateram em Bairén ou Murviedro podem ter vivido até grande parte do reinado de Afonso VII.

De que maneira, nesse período, as lendas sobre os reis e os heróis germinaram, nasceram, floresceram e se multiplicaram é um tópico que já foi objeto de longas discussões, sem que jamais se chegasse a uma conclusão. Uma suposição geralmente aceita é a de que deve haver um intervalo de tempo considerável, antes que a realidade histórica possa ser transmutada em lenda. Mas esse intervalo não precisa ser longo. Como vimos no Capítulo 6, as lendas sobre as festas canibais de Roger de Tosny, na Espanha, foram colocadas por escrito, por um cronista que era monge em Limoges, apenas quinze anos após a data em que elas supostamente ocorreram. Uma história igualmente fantástica foi tecida em torno da prisão – historicamente verificável – de Bohemond de Antioquia, após ele ter sido capturado pelos turcos numa emboscada, em 1100. Conta-se que Melaz, a filha de seu captor – belíssima, como é desnecessário dizer – conseguiu sua libertação por meio de uma série de artimanhas, foi subseqüentemente batizada como cristã e casou-se com um dos parentes de Bohemond. Essa história foi escrita, na forma em que a conhecemos, no décimo livro da *Ecclesiastical History*, de autoria do cronista anglo-normando Orderic Vitalis, em 1135; mas é provável que ela já circulasse no norte da França em 1106, quando Bohemond, após ser libertado, visitou a Europa Ocidental para recrutar tropas para servir sob seu comando em Antioquia. Um último exemplo vem também da *History* de Orderic. No livro 13, provavelmente escrito em 1137, eles nos oferece um relato da batalha de Fraga, que ocorreu em 1134, na qual Afonso, *el Batallador*, de Aragão, foi derrotado pelos almorávidas. A narrativa de Orderic pode ser cotejada à de outras fontes, demonstrando que muitos dos detalhes relatados por ele são exatos. Mas seu relato do que teria sucedido após a batalha é pura fantasia. Ele mostra Afonso perseguindo seus inimigos (vitoriosos!) e massacrando centenas deles para vingar sua derrota. (Na verdade, Afonso foi gravemente ferido na batalha e morreu semanas depois.) Não há razão para supor que Orderic tenha inventado a história da vingança do rei. Ela, provavelmente, chegou a ele por meio dos normandos que haviam estado a serviço de Afonso. Seja como for, isso mostra como até mesmo no espaço de três anos o proliferar das lendas é capaz de obscurecer a realidade.

A referência mais antiga, passível de datação, que possuímos a respeito da circulação de histórias sobre o Cid ocorre num poema latino, mencionado de forma breve no Capítulo 1, que celebra a conquista de Almería por Afonso VII, em 1147. O poeta relembrava as grandes façanhas de Alvar Fáñez, herói da defesa de Toledo contra os almorávidas em 1110, e que morreu em 1114. Ele continua:

> *Ipse Rodericus, Meo Cidi saepe vocatus,*
> *de quo cantatur quod ab hostibus haud superatur,*
> *qui domuit Mauros, comites domuit quoque nostros,*
> *hunc extollebat se laude minore ferebat,*
> *sed fateor verum, quod tollet nulla dierum:*
> *Meo Cidi primus fuit, Alvarus atque secundus.*
> *Morte Roderici Valencia plangit amici,*
> *nec valuit Christi famulus ea plus retinere.*

Literalmente traduzido, isso significa:

> Rodrigo, muitas vezes chamado de "Meu Cid", de quem se canta (*cantatur*) que nunca foi derrotado por inimigos, que dominou os mouros e também dominou os condes, ele mesmo costumava elogiar esse homem (Alvar Fáñez), e dizia que ele próprio tinha reputação menor; mas eu proclamo a verdade, que a passagem do tempo não irá alterar – meu Cid era o primeiro, e Alvar o segundo. Valência chorou a morte do (seu) amigo Rodrigo, e nem o servidor de Cristo (o bispo Jerónimo? Afonso VI?) pôde conservá-la por mais tempo.

Esses versos, em especial a palavra-chave *cantatur*, deram origem a muitos debates acadêmicos. Boa parte deles foi mais brilhante do que convincente. A composição à qual o autor parece aludir teria sido escrita em língua vernácula, como o termo *Meo Cidi* sugere, ou em latim? Se em latim, seria possível que o autor, que talvez fosse catalão, e possivelmente estivesse familiarizado com o acervo da biblioteca de Ripoll, estivesse se referindo a *Carmem Campi Doctoris*? Seria essa composição recitada, entoada em cantochão ou cantada? Teria ela sido transmitida oralmente ou por escrito? A palavra *saepe* – "muitas vezes" – indica que o Cid foi assim chamado por muitas vezes num único poema, ou muitas vezes, em diversos poemas? Haveria um outro poema dedicado aos feitos de Alvar Fáñez, um outro tratando da evacuação de Valência por Afonso VI, e ainda um outro sobre o bispo Jerónimo?

Só pode haver uma única resposta a todas essas perguntas: não sabemos. O mínimo irredutível que nos resta é o seguinte: que um autor, escrevendo um panegírico em latim sobre Afonso VII, em 1147 ou pouco depois, podia aludir, de passagem, a *Rodericus, Meo Cidi*, um herói famoso de um passado recente, confiante de que sua platéia saberia de quem se tratava, tendo também conhecimento pelo menos da existência de composições verbais – escolho aqui o termo mais neutro possível – dedicadas às suas aventuras.

O ponto sobre o qual quase todos os estudiosos, atualmente, estão de acordo é que Menéndez Pidal estava enganado em sua convicção de que a composição citada era o épico vernáculo que conhecemos pelo nome de *Poema de mio Cid*. Esse poema é importante para nós porque nele, pela primeira vez, surge um *El Cid* que havia se distanciado um pouco do Rodrigo Díaz histórico. Ele não aparece ali de forma irreconhecível. No entanto, permanece o fato de que, naquele épico, o primeiro passo, e o mais decisivo de todos – a julgar, é claro, pelos textos que sobreviveram até nós – havia sido dado, levando da história ao mito. Esse, seu principal interesse histórico, empalidece até a insignificância se comparado a seu valor literário: o *Poema de mio Cid* é uma das obras-primas da literatura européia. Muitas vezes mencionado ao longo desse livro, mas nunca tratado de forma direta, agora é o momento de encerrarmos com ele. O que vem a ser esse poema?

A melhor resposta é o conselho de comprar uma cópia, sentar, lê-lo e descobrir por si próprio. Para aqueles a quem essa linha de ação for impraticável, oferecemos aqui um resumo, com a advertência de costume de que ele não substitui a coisa em si. O poema divide-se em três seções, convencionalmente denominadas de o *Cantar del destierro* ("Poema do exílio"), o *Cantar de las bodas* ("Poema das bodas") e o *Cantar de la afrenta de Corpes* ("Poema do insulto em Corpes"). Na abertura da primeira seção, o Cid, acompanhado de seu séquito, que incluía Alvar Fáñez, está partindo para o exílio por ordem de Afonso VI. Ele deixa sua mulher e suas filhas sob os cuidados do abade de Cardeña e então parte rumo ao sudeste, deixando os domínios do rei ao cruzar o Rio Douro. São então descritas em alguns detalhes as operações militares contra os mouros, comandadas por ele, que ocorreram, em parte, no vale do Henares, entre Sigüenza e Alcalá, e em parte do outro lado do divisor de águas, próximo a Medinaceli, nos vales do Jalón e do Jiloca, nos arredores de Catalayud.

(O poeta parece conhecer bem essa região.) Bem-sucedido em todos os seus empreendimentos, e tornado rico pelo produto dos saques, Rodrigo envia presentes ao seu senhor, o rei Afonso, pelas mãos de Alvar Fáñez. O rancor do rei pelo exilado começa a arrefecer. Após Alvar ter retornado da corte real, o Cid se dirige para o leste, e tem o seu combate vitorioso com o conde de Barcelona, em Tévar. O primeiro *cantar* termina com o Cid magnanimamente libertando seu ilustre prisioneiro.

O segundo *cantar* trata das campanhas do Cid no Levante, e de sua conquista de Valência. Em seguida a esses feitos, sua mulher e suas filhas têm permissão de vir à sua presença, sendo escoltadas até Valência pelo sempre fiel Alvar Fáñez. Jerónimo é feito bispo de Valência. Após derrotar o exército marroquino de Yusuf, o Cid envia mais presentes a Afonso, depois disso ele é perdoado e retorna às boas-graças do rei. Enquanto isso, dois irmãos de alta estirpe, mas de caráter maldoso, os *infantes* de Carrión, pedem as filhas do Cid em casamento. Pressionado pelo rei, mas indo contra seus próprios sentimentos, Rodrigo permite que os casamentos se realizem. Essa seção do poema é concluída com as celebrações que acompanharam o duplo casamento.

Na abertura do terceiro *cantar*, os *infantes* são mostrados como covardes, e ridicularizados pelos seguidores do Cid, num incidente no qual um leão cativo escapa de sua jaula, no palácio do Cid, em Valência. Mais escárnio é provocado pelo fato de os *infantes* não terem feito boa figura numa batalha contra Búcar, o governante marroquino. Os *infantes* planejam vingar-se desses insultos. Eles partem para Castela com suas esposas. No caminho, param para pernoitar na floresta de Corpes. Na manhã seguinte, tendo despachado seus empregados, arrancam as roupas de suas noivas e as espancam com correias e esporas até elas perderem os sentidos, e as abandonam, tomando-as por mortas. As mulheres são encontradas e salvas pelo sobrinho do Cid. Rodrigo decide vingar a honra da família, buscando reparação na forma da lei. Ele apela ao rei, que responde convocando uma reunião solene da corte real, em Toledo. Na corte, o Cid reivindica e obtém a restituição dos dotes de suas filhas. Os *infantes*, a seguir, são derrotados em duelos judiciais pelos campeões do Cid. A honra do Cid é assim vingada e ele se torna ainda mais ilustre graças ao casamento, em segundas núpcias, de suas filhas, nas cortes reais de Aragão e de Navarra.

Todos os críticos chamaram a atenção para a mistura de história e ficção, no poema. Muitos dos acontecimentos e das pessoas citadas são "reais", no sentido de serem historicamente comprováveis. O Cid histórico foi exilado por Afonso VI, derrotou o conde de Barcelona, conquistou de fato Valência e venceu os almorávidas. Da mesma forma, Doña Jimena, Alvar Fáñez e o bispo Jerónimo eram, todos eles, como sabemos, pessoas que realmente viveram no século XI e início do século XII. O poeta tomou algumas liberdades com a história: por exemplo, ele chama de Ramón o conde de Barcelona, quando seu nome, na verdade, era Berenguer, e se refere ao abade de Cardeña como Sancho, embora ele fosse conhecido pelo nome clamorosamente visigótico de Sisebut. Alterações como essas podem ter sido feitas pelas exigências da métrica dos versos. Outros abandonos dos registros históricos foram mais radicais. Embora os *infantes* de Carrión tenham de fato existido, eles nunca se casaram com as filhas do Cid. A terrível cena na floresta de Corpes nunca aconteceu. Razões estéticas e literárias ditaram o artifício dos casamentos, uma vez que nós, a audiência, ficaremos sabendo mais a respeito do Cid ao testemunhar suas reações a esses acontecimentos e sua conduta subseqüente. O poeta, evidentemente, sabia muito sobre o Cid histórico e sobre sua época – e já se discutiu muito como ele teria obtido essas informações –, mas ele remodelou esse material com considerável habilidade literária, segundo os propósitos que ele tinha em mente. Quem era ele? Onde e quando ele escreveu? Que propósitos eram esses?

O poema chegou a nós num único manuscrito, hoje na Biblioteca Nacional de Madri, copiado à mão por volta de 1350. Bem ao fim do texto, há uma frase, hoje quase ilegível, que parece dizer: *Per Abbat le escrivió en el mes de mayo en era de mill e CC xvl años"*, ou seja, "Per Abat escreveu no mês de maio, na Era de 1245". A era espanhola de 1245 equivale ao ano de 1207 A.D. Essas palavras provocaram ainda mais debates que as referências ao Cid no poema latino sobre a conquista de Almería.

Supondo que o escriba do século XIV tenha copiado corretamente o exemplar que ele tinha diante de si, fica claro que o épico já existia, na forma em que o possuímos, no ano de 1207. Ninguém discute isso. A dificuldade surge na interpretação da palavra *"escrivió"*, "escreveu". Será que ela significa "escreveu" no sentido de "fez uma cópia" (de um texto já existente) ou "anotou" (a partir do ditado de um poema transmitido oralmente)? Ou será que ela significa "escreveu" no sentido de "compôs" (pela primeira vez)? Teria Per Abbat sido um copista ou seria ele o autor do poema? As opiniões estão nitidamente divididas. A opinião de que Per

Abbat compôs o poema, em 1207, foi poderosamente defendida pelo Professor Colin Smith, em seu brilhante livro *The Making of the "Poema de mio Cid"* [*A escrita do "Poema de mio Cid"*], lançado em 1983, e numa série de artigos publicados antes e depois daquela data. Sua defesa dessa tese é firme e elegante, mas não convenceu a todos os críticos. Há aqueles, entre os quais me incluo, que, embora cheios de admiração pelo trabalho de Smith, não ficaram totalmente convencidos por ele, preferindo optar por uma data de composição um pouco anterior a 1207. Mas anterior em quanto? Pouquíssimos, hoje em dia, concordariam com Menéndez Pidal, quanto a que o poema já existisse por volta de 1140. No decorrer dos últimos trinta e poucos anos, linhas de pesquisa distintas, mas convergentes, sobre tópicos como a linguagem do poema, suas referências a procedimentos jurídicos e burocráticos e sobre o fato de ele parecer dever muito ao épico do francês antigo do século XII tendem a sugerir que é pouco provável que a obra tenha sido escrita antes de 1175. Como uma resposta prudente à pergunta "quando o *Poema de mio Cid* foi escrito?", uma formulação do tipo "por volta de 1207 – talvez no último quartel do século XII" será satisfatória para os nossos propósitos presentes. A questão de onde o épico foi composto é menos controversa. Sua língua é o espanhol de Castela. O foco geográfico do poema recai sobre locais castelhanos, como Burgos, Cardeña e Toledo (salvo a necessária excursão a Valência). O poeta parece estar bastante familiarizado com a topografia da Castela oriental. Todos os críticos concordam que o poema foi escrito por um castelhano para uma audiência castelhana.

Há três características importantes que distinguem o Cid do poema do Rodrigo Díaz da história. Em primeiro lugar, ele é enfaticamente castelhano. O fato de ele ser originário de Vivar é repetidamente ressaltado. Uma das dores do exílio é ver-se separado de sua "amada Castela". É para a Catedral de Burgos que o exilado envia uma bota cheia de ouro e prata para pagar por mil missas. O poema começa em Castela, com sua comovente narrativa da partida de Rodrigo de Burgos, rumo ao exílio, o que é equilibrado ao final, quando ele volta a Castela para o julgamento perante a corte do rei, em Toledo. A ênfase geográfica do poema, portanto, é bem diferente daquela do autor da *Historia Roderici*. Como vimos, esse escritor parece saber pouco e dar pouca atenção à qualidade castelhana de seu personagem: quase todo o seu interesse se volta para as guerras no vale do Ebro e no Levante.

Em busca de El Cid

Em segundo lugar, o Cid do poema é ferrenhamente cristão. Não se trata apenas de retratar Rodrigo como devoto, embora o poeta muitas vezes o faça – vemos o herói rezando, invocando São Tiago, recebendo a graça de uma visão do Arcanjo Gabriel, desejando recuperar Valência para a cristandade, repetidamente agradecendo a Deus por sua boa sorte e assim por diante. O mais significativo é que o poeta nada diz – e talvez nada soubesse – sobre as atividades de Rodrigo como capitão mercenário a soldo dos muçulmanos. O Cid nunca é mostrado lutando ao lado dos muçulmanos, apenas contra eles. É verdade que ele mantinha relações amigáveis com Avengalvón (Ibn Ghalbun), o governador muçulmano de Molina – "meu amigo, com quem estou em paz" –, mas isso apenas porque Avengalvón é tributário seu: ele é um amigo a quem ordens podem ser dadas. O governador de Molina tem uma importante função literária no poema, apontando o comportamento traiçoeiro dos perversos genros do Cid, mas, fora isso, seu papel é quase nulo. Esse papel é o de ser nobremente submisso ao Cid – estado de espírito esse bem captado pelo escultor que, na década de 1940, executou as estátuas dos personagens do poema, que hoje margeiam a ponte sobre o Rio Arlazón, em Burgos, e que retratou Avengalvón exatamente dessa maneira. A versão dada por esse mesmo artista ao bispo Jerónimo, um clérigo militante e triunfalista, é também fiel ao poema (e, além disso, talvez nos ofereça uma intrigante informação colateral sobre a auto-imagem da Igreja espanhola de cerca de cinqüenta anos atrás). Segundo o poeta, Jerónimo juntou-se ao Cid porque queria, em suas próprias palavras, "matar alguns mouros", e quando o Cid ouve isso, ele saúda Jerónimo como "um bom cristão". Jerónimo oferece a indulgência dos cruzados, de absolvição dos pecados para os que tombassem na batalha contra Yusuf, e reivindica o privilégio de desferir, ele próprio, o primeiro golpe. No decorrer da batalha, o bispo perde a conta do número de mouros mortos por ele.

Por fim, o Cid é mostrado pelo poeta como invariavelmente leal a seu senhor, o rei Afonso. Embora o rei o trate de forma injusta, sua lealdade jamais é abalada. "Não tenho desejo algum de lutar contra meu senhor Afonso." Do exílio, ele envia presentes a Afonso, bem como troféus de batalha, tais como a tenda de Yusuf. Tendo conquistado Valência, ele jura lealdade ao rei enquanto viver. Apesar de suas desconfianças, ele cede ao desejo do rei, de que suas filhas se casem com os *infantes* de Carrión. Após elas terem sido desonradas, o Cid demonstra respeito pela paz real e confiança na justiça do rei, buscando reparação em juízo, e não vingança pessoal por meios violentos. O tom de suas relações com o rei é resumido com clareza no verso "o que quer que o rei deseje, o Campeador o fará". O independente, insubordinado e arrogante Rodrigo Díaz da história foi envolvido num manto de piedade realista.

Um Cid apresentado como castelhano, cristão e leal ao rei, encarnando virtudes tanto marciais quanto cívicas, tanto um cidadão cumpridor das leis quanto um bom pai de família e um soldado corajoso, num poema escrito por volta do final do século XII, era um Cid feito para agradar a quem? Consideremos brevemente as transformações ocorridas no cenário político espanhol ao longo desses anos. A expansão territorial alcançada por Afonso VII, como a conquista de Almería, tornou-se possível, em grande parte, pelo colapso do domínio almorávida em al-Andaluz, ocorrido entre as décadas de 1140 e 1150. Mas essa expansão não sobreviveu muito tempo à morte de Afonso VII. Uma nova seita de fundamentalistas islâmicos, os almôadas, havia crescido no Magreb a partir da década de 1120, em reação ao que era visto por eles como a crescente corrupção do regime almorávida: as lideranças almorávidas haviam "amolecido", traindo os ideais do movimento em suas origens. A intervenção dos almôadas na Espanha começou nos últimos anos do reinado de Afonso VII e, em 1173, ela já tinha a totalidade de al-Andaluz sob seu poder. Enquanto isso, os domínios de Afonso foram divididos, por ocasião de sua morte, em 1157, nos dois reinos de Leão e Castela, para seus dois filhos que ainda viviam. O mais velho, Sancho III de Castela, morreu ainda jovem, deixando, para sucedê-lo, um filho ainda bebê, Afonso VIII. Os primeiros anos do reinado desse menino foram extremamente agitados pelas lutas entre as facções rivais da aristocracia que disputavam o poder na regência, às vezes pedindo ajuda ao tio da criança, Fernando II de Leão. Esse período de instabilidade, até mesmo de guerra civil intermitente, coincidiu, obviamente, com a época em que os almôadas pressionavam fortemente as fronteiras de Castela ao sul. (Uma historiadora recente, María Lacarra, tentou relacionar de forma direta a composição do *Poema de mio Cid* com esse período de turbulência na aristocracia.) Somente após o jovem Afonso VIII ter atingido a maioridade, em 1169, que algum grau de estabilidade foi restaurado na vida pública de Castela. Mas a ameaça almôada ainda existia e, em 1195, em Alarcos, suas forças infligiram uma derrota decisiva ao rei castelhano. Mas essa veio a ser sua última investida. Em 1212, Afonso VIII venceu uma batalha ainda mais decisiva, derrotando os almôadas em Las Navas de Tolosa. Seu sucessor, Fernando III, que reuniu as coroas de Leão e de Castela, usou essa vitória para dar ímpeto a uma cruzada de reconquista que alcançou o extremo sul. Em 1236, ele conquistou Córdoba e, em 1248, Sevilha. Dessa vez, o avanço cristão foi definitivo.

Pode-se perceber como o Cid do poema teria uma ressonância especial na Castela de Afonso VIII. Aí havia um reino posto em perigo por aqueles que colocavam os interesses setoriais acima do bem comum, que negligenciavam seu patriotismo cristão e esqueciam-se de seus deveres para com o rei. O poeta lembrava a seus compatriotas de suas responsabilidades. Ele deixava claro também que seus interesses coincidiam com seus deveres. Um tema muitas vezes repetido no poema é o de que lutando contra os mouros que o Cid e seus seguidores subiram na vida e se tornaram muito ricos. Talvez esse fosse um lembrete necessário nos dias sombrios após a derrota em Alarcos, e na escalada que levou a Las Navas. Isso não faz do *Poema de mio Cid* um "poema político", no sentido mais cru da palavra. No entanto, pode-se entender que o *establishment* castelhano aprovasse a figura do Cid tal como mostrada pelo poeta.

À essa luz, não é de admirar que, no final do século XIII, quando a equipe de estudiosos de Afonso, O Erudito, sentou-se, sob a supervisão do rei, para redigir a história de sua nação, eles tenham decidido dar tanta proeminência aos feitos de Rodrigo Díaz, usando a imagem que o poeta havia-lhe forjado. Seu real patrono pôde apresentar-lhes uma outra obra literária relacionada a seus propósitos, que lhe havia sido dada em 1272. Naquele ano, Afonso X visitou o monastério castelhano de Cardeña onde, como se deve lembrar, o Cid e (segundo se acreditava) sua mulher Jimena estavam sepultados. Surpreendentemente, suas tumbas não levavam epitáfios. O rei redigiu pessoalmente algumas linhas apropriadas, a serem gravadas na sepultura, e os monges, agradecidos, em troca presentearamno com um volume dedicado aos últimos dias do Cid, sua morte em Valência, o subseqüente traslado de seu corpo para Castela e, por fim, seu enterro em Cardeña. (Na verdade, não podemos provar que a obra tenha sido dada ao rei naquela ocasião, mas é extremamente provável que sim.) A obra, em si, perdeu-se, mas ela – ou, pelo menos, partes dela – foi incorporada, ao que parece numa transcrição *ipsis literis*, na história escrita pelos cronistas afonsinos. Essa obra costuma ser citada ou pelo título conferido por seus autores, *Estoria de Cardeña*, ou pelo título moderno, *Leyenda de Cardeña*. Esse trabalho demonstra que os monges de Cardeña haviam criado um culto ao Cid, centrado em sua tumba, localizada na igreja de sua abadia. Por volta do ano de 1272, esse culto, evidentemente, estava em pleno florescimento, embora não saibamos quanto tempo havia que isso ocorria.

O mosteiro beneditino de Cardeña fora fundado, como vimos no Capítulo 5, no final do século IX. Desde seus primeiros dias, ele desfrutou de relações calorosas com a aristocracia de Castela Velha, que lhe renderam riqueza e renome, atingindo seu ápice ainda no tempo de Rodrigo. Nos dois séculos posteriores ocorreu o declínio da sorte da abadia. O lento deslocamento da fronteira em direção ao sul fez que o centro de gravidade do reino fosse transferido de Castela Velha para Castela Nova, ou, em outras palavras, de Burgos para Toledo – e ainda mais além. Novos modismos na piedade aristocrática e novas ordens religiosas significavam desdém por aquilo que os monges de Cardeña, por tanto tempo e de forma tão confiante, tiveram a oferecer. Primeiramente, os monges cistercianos do século XII, depois os frades do século XIII e as ordens militares espanholas, tais como a Ordem de Santiago, mostraram-se mais atraentes para os patronos leigos que a piedade submissa do beneditinismo ultrapassado. Os monges de Cardeña se viram abandonados à própria sorte. À medida que os benfeitores desapareciam, pequenos, mas inconfundíveis sinais podiam ser detectados, indicando que os tempos andavam difíceis e que a autoconfiança estava em baixa: nenhum edifício novo, medidas de economia na biblioteca e no escritório monásticos, vendas de terras, direitos abaciais sendo contestados em juízo por locatários. Nada havia de incomum quanto a isso. Diversas outras fundações eclesiásticas, há muito estabelecidas, vinham sofrendo da mesma forma e pelas mesmas razões. Para dar apenas um único exemplo, os clérigos de Oviedo nunca passaram tão bem como quando sua cidade era a principal sede do governo dos reis asturianos, no século IX. Mas quando, no século X, os reis se mudaram para Leão, mais ao sul, Oviedo se transformou no fim-de-mundo provinciano que é até hoje.

Mas uma desgraça adicional se abateu sobre os monges de Cardeña, no meado do século XII, tornando seus sofrimentos ainda piores que os das demais comunidades em situação comparável. Em 1142, Pedro, o Venerável, abade de Cluny, visitou a corte de Afonso VII. Nessa época, a famosa abadia da Borgonha estava quase falida. Essa situação fora provocada, como costuma acontecer, por diversas causas, entre elas as prolongadas dificuldades financeiras precipitadas pela interrupção do pagamento do *census* anual pelos reis de Leão e Castela, quando os almorávidas estancaram o fluxo de ouro que corria para o norte sob a forma de tributos. Os pagamentos a Cluny havia muito tinham cessado, e era obviamente pouco realista, da parte do abade Pedro, insistir em sua retomada. O que ele poderia tentar fazer, contudo, era conseguir de Afonso VII algum tipo de acordo compensatório. Um tal acordo foi firmado, e uma de suas cláusulas era a cessão a Cluny, pelo rei, do monastério de Cardeña. Talvez os dois homens tenham agido de boa-fé, mas é difícil entender a legalidade da doação de Afonso, como também o que teria levado o abade Pedro a incentivá-la. O abade Martín, de Cardeña, não havia sido consultado. Quando bandos de monges de Cluny chegaram a Cardeña para tomar posse do mosteiro, Martín e seus monges tentaram resistir, mas foram dominados e forçados a desocupá-lo. Eles imediatamente entraram com ações na cúria papal – certamente incorrendo em altos custos – em defesa de seus direitos, e acabaram tendo ganho de causa. A comunidade retornou a Cardeña em 1146, mas encontrou o monastério vazio. Os monges de Cluny haviam levado os tesouros acumulados durante dois séculos e meio.

O interlúdio de Cluny, que durou de 1142 a 1146, deve ter sido traumático na vida da comunidade de Cardeña, e talvez tenha intensificado as pressões para mudar e adaptar-se às novas circunstâncias, pressões essas que vinham sendo sentidas, nessa época, por todas as comunidades religiosas "fracassadas" do norte da Espanha. Algumas vinham enfrentando essa situação com bastante sucesso. O clero de Compostela, por exemplo, estava, no meado do século XII, ocupado em remodelar a imagem de São Tiago, até aquela época não particularmente marcial, transformando-o no *Santiago Matamoros*, santo patrono de uma cruzada de reconquista que contava com sua própria ordem militar. Não sabemos dizer como e quando ocorreu aos monges de Cardeña que, nos corpos do Cid e de sua mulher, eles possuíam "relíquias" de potencial considerável. Reis eram reverenciados em outras casas monásticas, onde repousavam seus corpos, como o rei Sancho II – o patrono do Cid – no monastério próximo de Oña. O herói Rolando era lembrado em Roncesvalles, onde suas "relíquias" eram exibidas. Muitos peregrinos que usavam aquele caminho através dos Pireneus passariam, mais adiante, perto de Burgos e de Cardeña, e o nome do Cid já fora ligado ao de Rolando no poema de Almería. É, com certeza, infrutífero tentar datar com precisão o início da proliferação das lendas sobre o Cid, em Cardeña. O culto aos heróis mortos em suas tumbas (de Heitor a Elvis Presley) é um instinto humano demasiadamente perene e imorredouro para que possa ser metodicamente enquadrado e explicado pelo historiador (ou por quem quer que seja). Onde houver a devoção de amigos ou de parentes, o orgulho dos vizinhos, a cupidez dos guardiães, a credulidade dos turistas, a bajulação dos guias, a ilimitada capacidade da mente humana de suspender a descrença, o que pode ser dito a não ser que as lendas irão fatalmente florescer? Em Cardeña, o clima era propício para seu crescimento, e o ano de 1272 (no máximo) marca uma das etapas de sua elaboração.

A *Estoria* (ou a parte dela que foi preservada pelos cronistas do século XIII) é uma obra bizarra. Ela começa com a chegada a Valência de uma comitiva, enviada ao Cid pelo "Grão Sultão da Pérsia". Os enviados trazem consigo diversos presentes raros, dentre eles "um dos mais belos jogos de xadrez do mundo, que ainda hoje se encontra no monastério de Cardeña" e, sobretudo, "uma libra de mirra e de bálsamo, que é o ungüento usado por eles para embalsamar os corpos de homens famosos, quando eles morrem". Pouco tempo depois, São Pedro – o patrono de Cardeña – aparece ao Cid numa visão e o informa de sua morte iminente, que irá ocorrer dentro de trinta dias; anunciando também, misteriosamente, que "Deus te ama tanto que te concederá vitória em batalha, até mesmo depois de tua morte". O Cid, da forma costumeira, se prepara espiritualmente para a morte, tomando também algumas providências extremamente incomuns, de natureza física. No decorrer de sua última semana de vida ele não come nem bebe, tomando apenas uma dose diária de mirra e de bálsamo, executando assim um ato de auto-embalsamamento, para assegurar a preservação de seu corpo após a morte. Após dar a seus seguidores instruções quanto ao que fazer com seu cadáver e (é claro) estipular que seu lugar de repouso eterno deve ser em Cardeña, "onde hoje ele jaz", ele morre. Depois disso, seu corpo recebe um embalsamamento adicional, sua face é maquiada, seus olhos são abertos, "de modo a que ninguém o tomasse por qualquer coisa que não vivo". De acordo com as instruções dadas por ele em seu leito de morte, seu corpo é vestido e calçado com botas e esporas, montado em Babieca, seu cavalo de batalha, e levado a Castela pelo bispo Jerónimo. Enquanto isso, Alvar Fáñez derrotava o "rei Búcar de Túnis", com o auxílio de São Tiago. (A história de que o corpo morto do Cid chegou a comandar suas tropas no campo de batalha, tão memoravelmente representada por Charlton Heston, é um acréscimo posterior.) Afonso VI corre a Cardeña para o funeral e fica maravilhado ao ver o corpo de seu vassalo parecendo tão miraculosamente preservado; mas ao ser informado do embalsamamento, "ele deixou de ver o fato como um milagre, pois havia ouvido dizer que, no Egito, eles tratam assim os reis". De qualquer modo, ele não permite que um enterro normal aconteça, e o corpo do Cid é colocado na igreja da abadia, próximo ao altar-mor, sentado num banco de marfim que o herói havia tomado dos mouros, vestido em sedas preciosas e empunhando em sua mão esquerda sua espada, Tizon, guardada em sua bainha.

Gil Díaz, empregado do Cid – que se diz ter sido um *faqih* de Valência convertido ao cristianismo –, cuida de seu cavalo por dois anos. Durante esse tempo, ele o leva para cruzar, para que possa procriar uma prole notável, cujos descendentes "talvez ainda estejam entre nós, hoje". Ao fim desses dois anos Babieca morre e Gil Díaz o enterra "defronte os portões do monastério", onde ele planta dois elmos para marcar o local, "e esses elmos ainda estão lá até hoje". Depois de algum tempo, Gil Díaz, por sua vez, morre e, a seu próprio pedido, é enterrado ao lado de Babieca. Quando Doña Jimena morre, ela é enterrada aos pés do marido. O Cid continua lá, sentado em sua cadeira de marfim. Sete anos após sua morte, um intruso judeu entra na igreja da abadia, sozinho, e tenta puxar a barba do herói. Imediatamente a mão direita do Cid segura o punho de sua espada e a faz deslizar alguns centímetros para fora de sua bainha – para o terror do intruso que, então, converte-se ao cristianismo. Após dez anos, a ponta do nariz do Cid cai. O abade decide que não fica bem o corpo do Cid permanecer lá por mais tempo, "porque ele está feio". O herói, então, é por fim enterrado ao lado de sua mulher.

O que quer que pensemos disso, certo é que, por volta de 1272, os monges de Cardeña haviam conseguido montar um culto ao Cid como uma espécie de santo. A visão de São Pedro e a descrição da cena no leito de morte devem muito às convenções literárias da hagiografia. Relíquias são exibidas aos devotos – o jogo de xadrez, o banco de mármore. No mínimo, uma história semimiraculosa estava em circulação. Após o culto ter deslanchado, era necessária apenas uma cutucada ocasional para mantê-lo em movimento. As sepulturas de Cardeña se multiplicaram, para incluir as dos parentes do Cid e de Jimena, a de seu filho Diego e as de vários dos companheiros de armas do Cid. A seu tempo, essas pessoas receberam brasões fictícios de nobreza. A capela na qual eles jaziam foi reconstruída no século XVIII, e lá as tumbas podem ser vistas ainda hoje – exceto as do Cid e de sua mulher, cujos supostos restos mortais foram transferidos para a catedral de Burgos, em 1921. Os elmos que marcavam a sepultura de Babieca há muito se foram, mas uma lápide memorial hoje marca o lugar onde ela se encontrava. Por incrível que pareça, na recente data de 1948 o duque de Alba contratou uma escavação arqueológica para tentar localizar os ossos de Babieca, sem êxito, entretanto. As relíquias se multiplicaram: os dois baús de tesouro do Cid, suas espadas, seu estandarte, seu crucifixo (que Afonso XI tomou emprestado, no século XIV, para levar consigo para o campo de batalha). Um derivado antigo das crônicas afonsinas, que parece ter sido redigido antes de 1312, foi impresso em Burgos no ano de 1512, pelo então abade de Cardeña, sob o título *Crónica del famoso cavallero Cid Ruy Díez Campeador*, e mais edições vieram em 1552 e 1593. Quando a tumba do Cid foi aberta, em 1541, para transportar os restos mortais para um outro setor da igreja da abadia, uma fragrância deliciosa subiu do caixão – sinal de santidade – e a chuva caiu, pondo fim a uma longa estiagem, o que foi atribuído "aos méritos do santo cavaleiro Rodrigo Díaz". Evidentemente, os monges de Cardeña viam Rodrigo como um santo. E eles não eram os únicos. Em 1554, Felipe II pediu sua canonização: o processo teve início em Roma, mas foi interrompido mais tarde, não sendo jamais retomado.

Pouco teríamos a ganhar com o levantamento exaustivo das diversas manifestações do Cid lendário e de seu culto. No século XIV foi composto um épico dedicado às façanhas de sua juventude, o *Mocedades de Rodrigo*. Baladas celebrando seus feitos circularam nos tempos mais tardios da Idade Média, e sua popularidade veio a se mostrar duradoura: o *Romancero del Cid*, uma coleção de centenas dessas baladas, publicada em Lisboa em 1605, foi reeditada 26 vezes. Baladas e xilogravuras mantinham firmemente a imagem do Cid na consciência dos espanhóis, em seu próprio país ou espalhados por seu vasto império. O potencial dramático dessas baladas foi percebido primeiramente por Guillén de Castro que, em 1618, adaptou com êxito algumas delas para o palco. Sua peça inspirou *Le Cid*, de Corneille, que foi entusiasticamente recebida em Paris, por ocasião de sua primeira apresentação, em 1636.

O único manuscrito do *Poema de mio Cid* foi descoberto – por estranho que pareça, em Vivar – em 1596, mas só veio a ser impresso em 1779.

Ele logo atraiu interesse, especialmente no mundo de língua inglesa, em parte pela publicidade dada por Southey, que publicou um livro sobre o Cid em 1808; em parte porque uma forte preocupação com a Espanha foi despertada, entre os britânicos, pela invasão napoleônica e pela Guerra da Península; e em parte porque o interesse romântico pelo passado espanhol foi estimulado pelas traduções feitas por Lockhart das baladas espanholas e por obras como os contos de Washington Irving, publicados em 1832 em *The Alhambra*. Entre as viagens feitas pelo manuscrito, no século XIX, está uma travessia do Atlântico, quando ele foi levado a Boston, para ser consultado pelo ilustre hispaniólogo George Ticknor, para a sua *History of Spanish Literature*, publicada em 1849.

O ano de 1849 foi notável também por um outro acontecimento relativo ao crescimento da literatura dedicada ao Cid: a publicação, em Leiden, da primeira edição de uma coleção de ensaios modestamente intitulada *Recherches sur l'histoire et la littérature de l'Espagne pendant le Moyen Âge* [*Pesquisas sobre a história e a literatura da Espanha durante a Idade Média*], de autoria de um jovem (de apenas 29 anos) orientalista holandês de nome Reinhardt Dozy. Sob o inócuo título *Le Cid d'après de nouveaux documents* [*O Cid segundo os novos documentos*] ou, como poderíamos traduzi-lo, *Novas luzes sobre o Cid*, Dozy atirou uma bomba na confortável arena da hagiografia nacional e da tagarelice romântica. A essas alturas, o Cid histórico tinha sido, havia muito, totalmente obscurecido pelo Cid lendário. Dozy não foi exatamente o primeiro autor a tentar libertar o Rodrigo histórico do seu casulo mítico, mas ele foi o primeiro a enfrentar essa tarefa combinando uma formidável inteligência crítica com o conhecimento em primeira mão de textos árabes então disponíveis que traziam informações sobre a história do Cid. (O próprio Dozy, em 1844, havia descoberto o texto de Ibn Bassam relativo ao Cid.) Seu ensaio possui uma vivacidade e um frescor maravilhosos, sendo, até hoje, digno de ser lido. Seu efeito foi devastador porque ele, minuciosamente, cortesmente, mas com toda a clareza, demonstrou quão diferentes eram o homem real e o homem da lenda. Dozy classificou o poema como ficção, vazio de qualquer valor como testemunho histórico. O Cid real era um *condottière*. Ele não era nem bondoso, nem leal, nem patriótico. Ao contrário, ele era um homem rude, um quebrador de promessas, um saqueador de igrejas, interessado apenas em soldo e pilhagem. E o golpe mais cruel de todos: Dozy, no último parágrafo de seu ensaio, descreveu o Cid como "mais muçulmano que católico".

Na Espanha, as opiniões de Dozy provocaram uma tempestade de críticas, pois ele estava atacando um dos mais venerados mitos nacionais. O fato de fazê-lo com autoridade, com base numa erudição que nenhum espanhol de sua época poderia igualar, só serviu para esfregar mais sal na ferida aberta por ele. Ele manteve sua interpretação do Cid nas edições subseqüentes de seu ensaio, publicadas em 1860 e 1881. No exterior, ele obteve aceitação ampla. Na Espanha, Dozy e seu trabalho continuaram a ser abominados, mas nunca refutados.

O contra-ataque a Dozy só veio a ser finalmente desferido em 1929, quando Menéndez Pidal publicou *La España del Cid*. Sua interpretação da obra, publicada em 1934, veio a se tornar mais influente que qualquer outra. Em essência, o que Menéndez Pidal fez foi ressuscitar, de forma amorosa e reverente, tanto da lenda quanto seria coerente com o que ele acreditava ser uma crítica acadêmica rigorosa, e apresentá-la como história. O resultado é menos uma interpretação que uma visão. Pois, para Menéndez Pidal, o Cid era um homem de caráter sem falhas, e personificava o que ele via como virtudes dos castelhanos: bravo e orgulhoso, piedoso e patriótico, cavalheiresco e generoso, um marido e pai amantíssimo, um vassalo tão fiel que mesmo a hostilidade caprichosa de um rei injusto não foi capaz de abalar sua lealdade. Era de importância crítica para sua visão que as virtudes especificamente castelhanas do Cid fossem também virtudes nacionais. Sua visão do Cid se sobrepunha a uma outra visão, já então bastante difundida, mas de forma alguma universalmente compartilhada, sobre o papel desempenhado por Castela na história espanhola como um todo. O destino histórico de Castela foi o de unificar a Espanha. O Cid, assim, oferecia um padrão a ser seguido por todos os espanhóis. No Prefácio à primeira edição de *La España del Cid*, bem como nos seus capítulos finais, Menéndez Pidal admitiu com sinceridade que sua obra era piedosa, tanto quanto histórica, e que ela tinha uma função didática. Menéndez Pidal tinha lições a ensinar à sua geração, talvez de forma muito semelhante ao autor do *Poema de mio Cid*, que tinha lições – bastante semelhantes, por sinal – a ensinar para a versão de Pidal.

O Prefácio e os dois capítulos finais, nos quais o autor elaborou em mais detalhes sua visão do Cid, nos conduzem a um mundo moral e intelectual que, para a prosaica mente anglo-saxã, parecerá bastante estranho. Essa visão teve importância central na vida e no pensamento de Menéndez Pidal. Ela está presente também, em sua essência, na sua edição do *Poema de mio Cid*, que foi publicada nos anos de 1908-1911, embora grande parte do trabalho que levou a ela tenha sido feita entre 1892 e 1893, concorrendo a um prêmio oferecido pela Academia Real Espanhola (que Menéndez Pidal ganhou). Ela está também fortemente presente nas obras de sua velhice, como no longo ensaio "Los españoles en su historia", publicado por ele em 1947, como prefácio para a *Historia de España,* um trabalho escrito em colaboração, do qual ele foi o editor-fundador, e ela aparece como pano de fundo de seu livro sobre a *Canção de Rolando* e outros épicos medievais, que ele publicou em 1959, quando tinha noventa anos. Essa visão, que ele teve pela primeira vez quando ainda jovem, o sustentou e foi sustentada por ele durante toda uma vida acadêmica ativa, que durou setenta anos.

Como e por que Menéndez Pidal chegou à sua visão do Cid e de Castela, e de seu lugar na história espanhola? Por que ele a comunicou com tanta urgência e eloqüência a seus compatriotas? Algumas conjecturas podem ser oferecidas a título de resposta.

Ramón Menéndez Pidal não era natural de Castela: ele nasceu em Corunna, em 1869, de pais de origem asturiana. Embora sua família fosse bem relacionada, seus pais não eram ricos e, logo após o nascimento de Ramón, eles enfrentaram tempos de grandes dificuldades financeiras, sendo reduzidos a uma existência mais ou menos nômade, em razão de uma das muitas revoluções espanholas do século XIX. Seu pai perdeu a magistratura por ter se recusado a jurar lealdade à nova constituição – federalista, anticlerical e civil – que surgiu da revolução de 1868. Seu pai só foi recuperar seu cargo em 1876, morrendo quatro anos depois. O menino Ramón foi levado de Oviedo a Sevilha, a Albacete, a Burgos e de novo a Oviedo. A família finalmente se estabeleceu em Madri, em 1884.

Pode-se dizer que a infância de Ramón foi obscurecida pela experiência do federalismo, que teve conseqüências politicamente desastrosas e perturbadoras para sua família, mas não foi uma infância infeliz. Um dos parentes seus que mais influência tiveram sobre ele foi seu tio, o marquês de Pidal, que era um colecionador e um homem de gostos eruditos. Em 1863, ele havia comprado o único manuscrito existente do *Poema de mio Cid.* O jovem Ramón foi apresentado ao trabalho de sua vida ainda bem jovem. A mudança para Madri – para o centro, para Castela – trouxe estabilidade. E trouxe também sucesso: uma brilhante carreira universitária, prêmio para sua edição do poema, seu primeiro livro sobre o épico medieval (em 1896), uma cátedra de Filologia Românica, e seu casamento, em 1900, que viria a ser singularmente feliz. Os recém-casados passaram a lua-de-mel refazendo, a cavalo, a rota da viagem do Cid no exílio, tal como descrita no primeiro *cantar* do épico. Um incidente da maior importância ocorreu durante essa idílica jornada. Em Osma, em 28 de maio de 1900, Ramón e sua mulher ouviram uma lavadeira, às margens do rio, cantar uma balada, até então sem registro, sobre a morte do filho mais velho de Fernando e Isabel, ocorrida quase quatrocentos anos antes. Eles reconheceram nela informações históricas autênticas. O incidente impressionou vivamente Ramón, e muito contribuiu para fortalecer sua convicção, que desde então jamais fraquejou, de que as poesias transmitidas oralmente poderiam ser fonte de informações históricas confiáveis.

Como estudante na Universidade de Madri, entre 1885 e 1890, Ramón havia assistido às palestras do orientalista Francisco Codera, um acadêmico notável, cujos trabalhos sobre a história hispano-muçulmana ainda não foram superados. Codera apresentou seu talentoso aluno à obra de Dozy, emprestando-lhe a cópia particular de seus ensaios, cuja terceira edição havia recentemente sido publicada, pouco antes da morte daquele autor, em 1883. Ramón ficou magoado com o tratamento dado ao Cid por Dozy. Algo de muito venerado por ele havia sido profanado. Anos mais tarde, ele acusaria Dozy de "cidofobia", dedicando vinte páginas do primeiro capítulo de *La España del Cid* a uma refutação ponto-a-ponto das teses de Dozy. Uma outra pessoa a ter influência sobre o jovem Ramón foi Marcelino Menéndez y Pelayo (1856-1912), o principal crítico e historiador da literatura de sua geração, na Espanha, nomeado para uma cátedra na Universidade de Madri com a idade de 21 anos, após uma solicitação partindo do primeiro-ministro, dirigida às Cortes, com o intuito de que o candidato fosse dispensado da regra que exigia a idade mínima de 25 anos. A erudição e a laboriosidade lendárias de Menéndez y Pelayo foram postas a serviço de uma interpretação da história espanhola de natureza violentamente católica e nacionalista. "Espanha, a evangelizadora de metade do globo; Espanha, o malho dos hereges, Espanha, a espada do papa. Esta é nossa grandeza, essa é nossa glória: não temos outra." Não havia lugar para dissidentes numa história assim concebida. Sua *Historia de los heterodoxes españoles* (1880-1882) foi dedicada à proposição de que todos os que se desviavam dos ensinamentos eclesiásticos originais – fossem eles heréticos medievais, mouriscos, judeus ou os racionalistas do Iluminismo – estavam engajados numa conspiração que visava subverter a ortodoxia católica da qual a nação espanhola era a guardiã. As opiniões de Menéndez y Pelayo encontraram aceitação ampla. Quando Menéndez Pidal acusou Dozy de "cidofobia", de "se deixar desencaminhar pelo racionalismo", pode-se detectar aí o tom de seu mestre.

Embora gratificante para Menéndez Pidal, em termos pessoais, a última década do século XIX foi de humilhação pública para seu país. Os últimos farrapos do império transatlântico foram arrancados de seu domínio após as vergonhosas derrotas sofridas, em 1898, nas mãos dos Estados Unidos. A degradação nacional deu origem a um estado de espírito de auto-exame angustiado. O que havia saído errado? Os historiadores deram sua contribuição ao prolongado debate público que surgiu. Eles eram capazes de redescobrir e de delinear o destino manifesto da Espanha. Eles podiam identificar as influências heterodoxas que a haviam seduzido, levando-a a se desviar de seus imperativos. Eles podiam exibir exemplos enobrecedores, retirados do passado, para consolar e instruir o presente. Esses foram os anos em que o "espírito" de Castela foi redescoberto, ou inventado; os anos em que Antonio Machado, um professor primário da cidade prototipicamente castelhana de Soria, escreveu poemas celebrando a árida paisagem das cercanias e as rudes virtudes de seus camponeses; os anos em que as botas de solas tacheadas dos intelectuais rangiam pelas estradas pedregosas que partiam de Soria, atravessando aquela mesma paisagem árida, os homens que as calçavam indo inspecionar os restos recém-escavados de Numância, e contemplar, com inspiradora tristeza, o cenário da derradeira resistência oferecida pelos celtiberos – os proto-castelhanos verdadeiros e originais – aos invasores estrangeiros.

"Embora engajado no estudo de nosso passado nacional", disse Menéndez Pidal em 1916, numa entrevista, "nada me interessa tanto quanto nosso presente e nosso futuro." Mais adiante, nessa mesma entrevista, ele afirmou:

> Ao longo de toda a história da Espanha, Castela desempenhou um papel unificador e estabilizador. Castela não é a totalidade da Espanha, mas seu espírito é a *própria* unidade espanhola. Foi assim desde que ela despontou na história.

Em 1929, *La España del Cid* foi recebida pelo público com grande aclamação. Dentre os primeiros a analisá-la estava o influente crítico Azorín (1873-1967) que, em 1899, havia publicado um trabalho entitulado *La alma castellana*. Azorín elogiou a obra de Menéndez Pidal como "uma maravilhosa lição de patriotismo". Essa frase é reveladora. Menéndez Pidal havia dado aos espanhóis o Cid que eles queriam. E sua versão era inatacável. O herói nacional que ele apresentava de forma tão convincente e de tão fácil leitura, no texto de sua obra, era defendido de forma elaborada, cercado por muralhas de notas de rodapé, por contrafortes de apêndices de erudição meticulosa, e fortificado pela autoridade intelectual maciça do Diretor da Academia Real Espanhola, o editor do *Poema de mio Cid* e da *Primera crónica general*. Não poderia haver críticas ao Cid de Don Ramón em sua terra natal, e houve muito poucas em outros países.

Dois anos após sua publicação, veio a abdicação de Afonso XIII e a proclamação da Segunda República e, cinco anos mais tarde, a eclosão da Guerra Civil e, em 1939, a vitória dos nacionalistas liderados pelo general Franco. O Cid católico, castelhano e cruzado – mas não o Cid leal ao rei – de Menéndez Pidal mostrou ser irresistível para os propagandistas de Franco. Logo no início do conflito, os nacionalistas reivindicaram para seu movimento o caráter de "cruzada", o que mais tarde veio a ser entronizado no título da história oficial de sua luta. As ligações de Franco com Burgos, semelhantes às do Cid, foram muito alardeadas. Em 1937, lá foi fundado um jornal que recebeu o nome de *Mio Cid*: seu primeiro editorial proclamava o objetivo de "levantar o estandarte do Cid por toda a Espanha". Naquele mesmo ano foi publicada uma coletânea de baladas modernas, nas quais o Cid e Franco foram explicitamente comparados. Quando a guerra cessou, o general Aranda comparou seu avanço de Teruel até o Mediterrâneo às campanhas do Cid no Levante. Imediatamente após a guerra foi encomendada a enorme estátua eqüestre do Cid, que hoje permanece em Burgos. *La España del Cid* tornou-se leitura obrigatória para os cadetes das academias militares espanholas, e continuou por muito tempo ainda.

O autor deve ter achado tudo isso extremamente desagradável. Embora de temperamento conservador, Menéndez Pidal era genuinamente neutro em matéria de política. Ele não confiava nos nacionalistas, desprezava sua retórica e ficou chocado com os atos mais impalatáveis do regime de Franco, nos anos posteriores à Guerra Civil. Ele sofreu maus-tratos nas mãos do governo que havia explorado seu trabalho de forma tão crua. Ele teve cassada a presidência da Academia e foi submetido a perseguições de pouca monta, embora vexatórias, como o congelamento temporário de sua conta bancária. Num determinado momento ele foi denunciado por um delator anônimo e, por um certo período, obrigado – esse erudito de fama internacional, e aos setenta anos de idade – a se apresentar semanalmente perante um tribunal encarregado de examinar as opiniões políticas de supostos dissidentes. Os ventos mudaram por volta de 1947. Don Ramón foi reconduzido à presidência da Academia e – generosamente, tendo em vista seus sofrimentos de pouco antes – redigiu seu ensaio "Los españoles en su historia", um apelo em favor da reconciliação nacional. Ele viveu, pelo resto de sua longa vida, recebendo muitas honras. O Prefácio à última edição de *La España del Cid* revista por ele foi escrito quando ele tinha 97 anos. Ele morreu aos 99 anos, em 1968.

Desde a morte de Menéndez Pidal e, de certa forma até mesmo antes dela, estudiosos de literatura, história e filologia vêm criticando diversas facetas de seu trabalho. Seu livro mais famoso ainda se mantém de pé, embora, hoje, com ares de um castelo medieval sob cerco: castigado pela artilharia, partes de sua cantaria rachadas pelas minas colocadas entre as fundações pelos engenheiros militares inimigos, com o moral da guarnição faminta em baixa, à medida que a perspectiva da chegada de forças de socorro se torna cada dia mais remota. No entanto, os corpos dos que cedo demais tentaram tomá-lo de assalto jazem por entre os escombros das escadas improvisadas, que não conseguiram levá-los até as ameias, uma advertência aos sitiadores para que não sejam demasiadamente apressados. Ainda pensamos na Espanha do século XI como a Espanha do Cid, e temos que agradecer a Menéndez Pidal por isso. Já se vão sessenta anos desde a primeira edição de *La España del Cid,* um trabalho longamente premeditado, cujo propósito foi o de refutar um autor cuja obra havia sido publicada em 1849. De que espécie de Cid precisamos hoje? Não tenho a pretensão de ter a resposta. Minha única pretensão é a de compartilhar a afirmação de seu biógrafo mais antigo, o autor anônimo da *Historia Roderici*: "O que nossa limitada capacidade pôde fazer, nós o fizemos: escrever de forma breve, e em mau estilo, sobre seus feitos, mas sempre com a consideração mais estrita pela verdade".

Bibliografia

1 O problema e o método

A primeira edição (1929) de *La España del Cid*, de Ramón Menéndez Pidal, foi traduzida para o inglês por H. Sutherland, sob o título *The Cid and His Spain* (Londres, 1934). Os usuários dessa tradução devem ter em mente que ela foi despida de todo o aparato acadêmico – notas de rodapé, apêndices, edições de documentos – constante do original espanhol.

O *Poema de mio Cid* foi editado por diversas vezes. Duas excelentes edições foram recentemente publicadas por acadêmicos britânicos, hoje professores de inglês, respectivamente, em Cambridge e em Oxford. A primeira a ser lançada foi o *Poema de mio Cid*, de Colin Smith (Oxford, 1972), que traz uma introdução e notas de grande valor. Ela foi seguida, pouco tempo depois, por *The Poem of the Cid*, de Ian Michael (Manchester, 1975), acompanhada não apenas de um aparato admirável, mas também de uma tradução em prosa inglesa de autoria de Rita Hamilton e de Janet Perry: essa edição foi reeditada na série Penguin Classics, em 1984. O texto do poema de Smith foi também reeditado, desta vez acompanhado de uma tradução linha a linha para o inglês, com comentários de Peter Such e John Hodgkinson, *The Poem of My Cid* (Warminster, 1987). Dentre as muitas tentativas de traduzir o poema para versos em inglês, a mais bem-sucedida, a meu ver, foi a de W. S. Merwin (Londres, 1959), citada no texto deste capítulo.

Uma introdução divertida e atualizada às questões cidianas nos foi fornecida por Peter Linehan, em seu artigo "O Cid da história e a história do Cid", *History Today*, 37 (setembro de 1987).

2 Al-andaluz

De longe, a melhor introdução à história da Espanha na Alta Idade Média é a de Roger Collins, *Early Medieval Spain. Unity in Diversity 400-1000* (Londres, 1983). A história da Espanha islâmica anterior ao ano de 1031 considerada como padrão é a de E. Lévi-Provençal, *Histoire de l'Espagne musulmane* (Paris e Leiden, 1950-1955). A contribuição mais importante de tempos recentes para nossa compreensão da história social dos primórdios de al-Andaluz foi feita por Pierre Guichard, *Tribus arabes et berbères en al-Andalus* (Paris, 1973). A *Conversion to Islam in the Medieval Period*, de R. W. Bulliet (Harvard, 1979) é uma introdução estimulante ao assunto, enquanto *Islamic and Christian Spain in the Early Middle Ages* (Princeton, 1979) é cheia de novos *insights*, por vezes obscurecidos por um estilo rígido. A história econômica dos primórdios da Idade Média teve sua análise mais recente em *Mohammed, Charlemagne and the Origins of Europe* (Londres, 1983). Essa obra pode ser complementada por *Agricultural Innovation in the Early Islamic World: the Diffusion of Crops and Farming Techniques*, de A. M. Watson (Cambridge, 1983), uma mina de informações sobre esse assunto, e por *Islamic Technology*, de A. Y. al-Hassam e D. R. Hill (Cambridge, 1986), um levantamento conciso e bem ilustrado.

Dentre as fontes originais citadas neste capítulo, Ibn Hawkal pode ser lido na tradução de M. J. Romani Suay (Valência, 1971); Idrisi, na reedição das traduções de Saavedra e Blázquez, editadas por A. Ubieto Arteta (Valência, 1974); o poema de Ibn Wadah é citado na tradução de A. R. Nykl, em sua *Hispano-Arabic Poetry* (Baltimore, 1946). Pascual de Gayangos traduziu a grande história de al-Andaluz de al-Maqqari (Londres, 1840-1843), que é a fonte, dentre outras coisas, da descrição do Pavilhão dos Califas e das histórias contadas sobre Almanzor. Coletei informações incidentais nos indícios epigráficos reunidos em *Inscriptions arabes d'Espagne*, de Lévi-Provençal (Paris, 1931) e na fascinante seleção de *Letters of Medieval Jewish Traders*, de S. D. Goitein (Princeton, 1973) e da Geniza do Cairo.

3 O rompimento do colar

A melhor análise do período dos estados *taifa* encontra-se em *The Rise and Fall of the Party-Kings, Politics and Society in Islamic Spain 1002-1086*, de D. Wasserstein (Princeton, 1985). Sobre Valência, ver *Historia musulmana de Valencia*, de A. Huici Miranda, (Valência, 1969); sobre Granada, o melhor guia é o próprio 'Abd Allah, na tradução recente de A. T. Tibi (ver as referências para o Capítulo 7); para Saragoça, há apenas a laboriosa compilação de A. Turk, *El reino de Zaragoza en el siglo XI de Cristo/ V de la Hégira* (Madri, 1978).

A história contada por Ibn Salim sobre o desmaio extático de Abu Muhammad é contada por al-Maqqari. Quanto à poesia, voltei-me para o trabalho de A. R. Nykl, citado nas referências para o Capítulo 2, e para a *Hispano-Arabic Poetry: a Student Anthology*, de J. T. Monroe (Berkeley, 1974). O famoso panegírico de Ibn 'Ammar sobre al-Mu'tatid é citado a partir da tradução de A. J. Arberry, em *Moorish Poetry. A translation of "The Pennants", an anthology compiled in 1243 by the Andalusian Ibn Sa'id* (Cambridge, 1953): na tradução em prosa de Monroe, há uma versão mais literal.

Sobre as comunidades judias de al-Andaluz nesse período, ver a obra mais recente, *The Jews of Moslem Spain,* v.3, de E. Ashtor (Filadélfia, 1984), que é também a fonte de informação sobre os bares de vinho monásticos de Toledo.

4 Os herdeiros dos visigodos

Excelentes introduções à história da Espanha cristã nos são fornecidas por *Early Medieval Spain,* de Roger Collins (ver a bibliografia para o Capítulo 2) e por seu volume complementar, *Spain in the Middle Ages: from Frontier to Empire 1000-1500,* de Angus MacKay (Londres, 1977). Nenhum livro realmente satisfatório sobre o reino asturo-leonês foi escrito até hoje. Sobre seus vizinhos a leste, ver *The Basques,* de Roger Collins (Oxford, 1986) e *The Medieval Crown of Aragon. A Short History,* de T. N. Bisson (Oxford, 1986).

O relato de Ibn Hayyan sobre a campanha de Pamplona de 924 pode ser encontrado na *Crónica' del Califa 'Abdarrahman III na-Nasir entre los años 921 y 942,* traduzida por M. J. Viguera e F. Corriente (Zaragoza, 1981). Em outro trabalho, apresentei algumas reflexões em "Reconquest and Crusade in Spain, *c.* 1050-1150", *Transactions of the Royal Historical Society, 5th series,* 37 (1987). As relações entre cristãos e muçulmanos são examinadas por N. Daniel, em *Islam and the West, the Making of an Image* (Edinburgo, 1960) e em *The Arabs and Medieval Europe,* de T. F. Glick (Londres, 1975) (ver a bibliografia do Capítulo 2); e *Crusade and Mission. European Approaches Toward the Muslims,* de B. Z. Kedar (Princeton, 1984). As cartas de Gerbert foram traduzidas por H. P. Lattin (Nova York, 1961). Walcher de Marwen é citado na tradução de R. W. Southern, *Medieval Humanism and Other Studies* (Oxford, 1970), p.166-67. Sobre o comércio de ouro trans-saariano e sobre Ibn 'Abdun, ver as bibliografias dos capítulos 10 e 11, respectivamente. *Saint James's Catapult,* de R. A. Fletcher (Oxford, 1984) examina as origens e o desenvolvimento do culto a São Tiago, em Compostela. *Sancho el Mayor de Navarra,* de J. Pérez de Urbel (Madri, 1950) é o único estudo detalhado sobre esse tema, embora seja insuficientemente crítico.

Richard Fletcher

5 Poucos homens numa terra pequena

O trabalho clássico sobre a Castela medieval é a *Historia del Condado de Castilla*, de J. Pérez de Urbel (2.ed., Madri, 1969), mas ele necessita urgentemente ser substituído por algo mais atualizado. Atualmente, muitos bons trabalhos estão sendo elaborados sobre os primórdios da história de Castela: por exemplo, C. Estepa Díez escreveu, recentemente, "Burgos en el contexto del nascimiento de la cuidad medieval castellano-leonesa", em *La Ciudad de Burgos. Actas del Congreso de Historia de Burgos. MC Aniversario de la Fundación de la Ciudad 884-1984* (Madri, 1985); e R. Collins tem algumas páginas muito úteis sobre o sistema jurídico dos primórdios de Castela, em seu trabalho "Visigothic law and regional custom in disputes in early medieval Spain", in *The Settlement of Disputes in Early Medieval Europe*, editado por W. Davies e P. Fouracre (Cambridge, 1986). Precisamos de uma nova síntese sobre os primórdios da história de Castela. *El Obispado de Burgos*, de L. Serrano (Madri, 1935), abrange uma vasta gama de tópicos relativos à história eclesiástica dos primeiros tempos de Castela, mas nem sempre de forma crítica.

Dentre as fontes originais citadas neste capítulo, lancei mão de quatro grupos indistintamente: em primeiro lugar, a remanescente documentação de casas monásticas da Velha Castilha, a maior parte da qual publicada por L. Serrano, em particular aquela de Covarrubias e Cardeña (Madri, respectivamente 1907 e 1910); em segundo, os primevos *fueros* de Castilha, na abrangente, embora não-crítica, edição de T. Múños y Romero (Madri, 1847); em terceiro lugar, as antigas cartas patentes da Catedral de Burgos, agora disponíveis na edição de J. M. Garrido Garrido (Burgos, 1983); finalmente, dois textos hagiográficos: as *vitae* de S. Domingos de Silos, hoje disponível na edição de V. Valcarcel (Logroño, 1982), e de San Juan de Ortega, publicada pelos bollandistas (*Acta Sanctorum, Iunii*, v.I).

Sobre a mecânica da indústria de sal e, de modo geral, sobre a economia de um grande monastério, ver *El Monasterio de San Pedro de Cardeña*, de S. Moreta Velayos (Salamanca, 1971). Sobre as relações entre os monastérios e a aristocracia, achei útil o *The World of Orderic Vitalis*, de M. Chibnall (Oxford, 1984).

As cartas régias de Fernando I foram editadas por P. Blanco Lozano, em *Archivos Leoneses* 79-80 (1986), e ela vem trabalhando num estudo sobre aquele reino. Sobre a operação da "proteção extorsiva" – a expressão é de Angus MacKay (ver a bibliografia do Capítulo 4) –, o melhor ponto de partida é a coletânea de ensaios de J. M. Lacarra, *Colonización, parias, repoblación y otros estudios* (Saragoça, 1981). As questões fiscais do conde de Barcelona, dentre muitos outros assuntos, são examinadas no magistral estudo de autoria de P. Bonnassie, *La catalogue du milieu de X^e à la fin du XIe siècle* (Toulouse, 1975); o conde Gómez Díaz pode ser reconstruído a partir de *Documentación del Monasterio de San Zoilo de Carrión* (Palencia, 1986). C. J. Bishko produziu um estudo elaborado: "Fernando I and the origins of the Leónese-Castilian alliance with Cluny", em seu *Studies in Medieval Spanish Frontier History* (Londres, 1980), embora nem todas as suas conclusões sejam aceitáveis. A vida de Santo Adelmo pode ser encontrada em *Acta Sanctorum, Januarii*, v.2. Sobre as peculiaridades da chamada liturgia moçárabe, encontrei dois trabalhos que considerei úteis, da autoria de A. A. King: *Notes on the Catholic Liturgies* (Londres, 1930), e *Liturgies of the Primatial Sees* (Londres, 1957). Muito já foi escrito sobre sua abolição: dentre os mais recentes, ver a coletânea de ensaios editada por B. F. Reilly, sob o título *Santiago, Saint-Denis and Saint Peter: the Reception of the Roman Liturgy in Léon-Castilla in 1080* (Nova York, 1985), bem como as referências ali contidas.

6 Contemporâneos

O material com o qual este capítulo é construído foi reunido de fontes tão diversificadas que não podem ser citadas individualmente, em uma breve nota bibliográfica como esta. Consideremos, por exemplo, o parágrafo que começa com: "A lista poderia ser mais longa... " na p.110. Sobre Domnal Déisech, ver *The Annals of Innisfallen*, editado por S. Mac Airt (Dublin, 1951), p.219; sobre o bispo grego na Espanha, ver *Colección de documentos de la Catedral de Oviedo*, editado por S. García Larragueta (Oviedo, 1962), n.41; sobre Ulf e Madselin, ver *Anglo-Saxon Wills*, editado por D. Whitelock (Cambridge, 1930), n.XXXIX; sobre o menino judeu de Przemysl, ver I. A. Agus, *Urban Civilisation in pre-Crusade Europe* (Leiden, 1965), p.104-5; sobre Guynemer, ver *A History of the Crusades*, v.1, de S. Runciman (Cambridge, 1951), p.199, 201, 217-8, 238, 255.

Certo ou errado, decidi não referir o leitor a cada uma das peças do mosaico. Para quem se interessar em saber mais sobre a aristocracia do século XI, o melhor caminho é uma longa imersão na *Ecclesiastical History of Orderic Vitalis*, magnificamente editada, traduzida e anotada por Marjorie Chibnall, para a série "Oxford Medieval Texts", especialmente os livros III-VI, nos volumes 2 e 3 (Oxford, 1969, 1972) que – apesar do título dado por Orderic a seu grande trabalho – é, na verdade, uma narrativa detalhada sobre a nobreza do sul da Normandia no século XI. O melhor trabalho recente sobre a aristocracia daquela época, pelo menos sobre parte dela, é *Rule and Conflict in an Early Medieval Society: Ottonian Saxony*, de Karl Leyser (Londres, 1979), um estudo denso, gratificante e que faz pensar. Embora ele austeramente evite as histórias ilustrativas, os ensaios de Georges Duby, traduzidos sob o título de *The Chivalrous Society* (Londres, 1978), são o trabalho de um acadêmico que em muito contribuiu para aumentar nossa compreensão da nobreza feudal da França, seguindo os passos de seu mentor, Marc Bloch, cujo *Feudal Society* (tradução inglesa, Londres, 1961) continua sendo um clássico.

Richard Fletcher

Há boas passagens em *Normandy Before 1066*, de D. Bates, (Londres, 1982) e em *The Byzantine Empire 1025-1204*, de M. Angold (Londres, 1984). *The Normans in the South*, de J. J. Norwich, é uma narrativa divertida e agradável de seu tema. Já o mesmo não pode ser dito de *Bohemond I, Prince of Antioch*, de R. B. Yewdale (Princeton, 1924), mas esse trabalho é minucioso e confiável.

7 As fontes

A edição mais recente de *Carmen Campi Doctoris* é de Roger Wright, "The first poem on the Cid – the *Carmen Campi Doctoris*", em *Papers of the Liverpool Latin Seminar*, v.2 (1979), p.213-48, que contém, em acréscimo, uma tradução inglesa do texto e uma admirável discussão do poema como um todo. Para um ponto de vista diferente sobre o poema, ver o artigo de C. Smith, "The dating and relationship of the *Historia Roderici* and the *Carmen Campi Doctoris*", *Olifant* 9 (1982), p.99-112: o professor Smith prefere localizar a composição do poema na segunda metade do século XII.

A *Historia Roderici* foi editada por R. Menéndez Pidal, entre os apêndices de *La España del Cid* (7.ed., Madri, 1969), p.921-71. Não há tradução publicada em língua inglesa.

O trabalho de Ibn 'Alqama tem sua melhor versão na tradução francesa de E. Lévi-Provençal, em seu artigo "La prise de Valence par le Cid", encontrada na coletânea de seus ensaios, *Islam d'Occident* (Paris, 1948), p.187-238. Os trechos pertinentes da obra de Ibn Bassam foram também publicados numa tradução francesa de autoria de R. Dozy, *Recherches sur l'histoire et la littérature de l'Espagne pendant le Moyen Âge* (3.ed., Leiden, 1881), p.8-28.

Sobre o *Poema de mio Cid*, ver as referências para o Capítulo 1. A melhor introdução às crônicas mais tardias encontram-se hoje em B. Powell, *Epic and Chronicle. The "Poema de mio Cid" and the "Crónica de veinte reyes"* (Londres, 1983), com copiosas referências a trabalhos mais antigos sobre o tema.

Dentre as outras fontes narrativas compostas na Espanha, a crônica de Pelayo foi editada por B. Sánchez Alonso (Madri, 1924), a *Historia silense* por J. Pérez de Urbel e A. G. Ruíz-Zorilla (Madri, 1959), a *Crónica nájarense* por A. Ubieto Arteta (València, 1966) e a *Life of Sto. Domingo de Silos* por V. Valcarcel (Logroño, 1982).

A autobiografia de 'Abd Allah pode ser consultada na tradução, anotada de forma muito completa, de A. T. Tibi, *The Tybian, Memoirs of 'Abd Allah b. Buliggin, last Zirid amir of Granada* (Leiden, 1986).

O processo judicial de Oviedo, de 1075, pode ser acompanhado na *Colección de documentos de la Catedral de Oviedo*, editado por S. García Larragueta (Oviedo, 1962), n.74. A doação de Sancho II a Oña, em 1070, encontra-se publicada na

Colección diplomática de San Salvador de Oña, editada por J. del Alamo (Madri, 1950), v.1, n.58: o pseudo-original encontra-se preservado no Archivo Histórico Nacional, em Madri, Sección de Clero, carpeta 271, n.6. A doação de Rodrigo à Igreja de Valência, em 1098, foi publicada entre os apêndices de *La España del Cid*, de Menéndez Pidal (7.ed.), p.868-71.

8 O campeador

Sobre as fontes originais relativas ao Cid, que cito neste e nos três capítulos subseqüentes, ver a discussão no Capítulo 7 e sua bibliografia. O estudo mais recente sobre aquele período é *The Kingdom of Léon-Castilla Under King Alfonso VI 1065-1100* (Princeton, 1988), que fornece uma detalhada história política do longo e importante reino de Afonso VI, com referências completas aos trabalhos anteriormente publicados sobre o assunto.

A carta patente de Pedro Rúiz, de 1062, encontra-se publicada no *Cartulario de San Pedro de Arlanza,* editado por L. Serrano (Madri, 1925), n.1XIV. A passagem sobre o uso da lança foi retirada de *Chivalry*, de Maurice Keen (Londres, 1984), p.24. Material comparativo útil pode ser encontrado em "The Military Household of the Norman Kings", de J. O. Prestwich, *English Historical Review,* 96 (1981). As memórias santiaganas de Afonso VI encontram-se na *Historia compostellana*, editada por E. Flórez (Madri, 1765), p.60, 65, 113, 140, 253. O registro do processo judicial Cardeña-Orbaneja foi publicado em *Becerro gótico de Cardeña*, editado por L. Serrano (Madri, 1910), n.XIV; a do processo relativo a Tol, na *Colección de documentos de la Catedral de Oviedo,* editada por S. García Larragueta (Oviedo, 1962), n.74, e sobre os antecedentes, ver n.40, 46, 63, 70, 71. O diploma real de 14 de março de 1075 (ibidem, n.72), que descreve a descoberta das relíquias de Oviedo, não pode ser autêntico na sua presente forma, mas provavelmente teve como base material genuíno. A *carta de arras* de Rodrigo para sua mulher teve sua edição mais recente na *Documentación de la Catedral de Burgos (804-1183)*, editada por J. M. Garrido Garrido (Burgos, 1983), n.25. Sua carta patente para Silos, ilustrada na Figura 9, foi publicada no *Recueil des chartes de l'Abbaye de Silos*, editado por M. Férotin (Paris, 1897), n.19.

9 Exílio em Saragoça

De modo geral, ver o parágrafo inicial da bibliografia do Capítulo 8. O livro de Turk sobre Saragoça (ver bibliografia do Capítulo 3) é um guia para o cenário político do reino *taifa* onde Rodrigo passou seu exílio. Sobre os assuntos da

Catalunha, ver *Els Grans Comtes de Barcelona*, de S. Sobreques Vidal (2.ed., Barcelona, 1970); sobre os aragoneses, *Historia de Aragón*, de A. Ubieto Arteta (Saragoça, 1981); para os navarreses, *Historia del Reino de Navarra em la Edad Media*, de J. M. Lacarra (Pamplona, 1975). A cronologia dos acontecimentos nos anos 1079-1081 é difícil de entender: sigo o que parece ser a seqüência mais plausível.

O convite de al-Mutawakkil a Abu Talib é retirado de *Moorish Poetry*, de A. J. Arberry (Cambridge, 1953), p.40: sobre a folha de repolho, ver *Hispano-Arabic Poetry*, de A. R. Nykl (Baltimore, 1946), p.173. Sobre a freqüência com que aconteciam expedições de ataque nas fronteiras, as possíveis reações das pessoas responsáveis às ações de Rodrigo e as provas sobre a existência de cavaleiros cristãos a serviço de Saragoça, ver *La "Vita Dominici Siliensis" de Grimaldo*, editada por V. Valcarcel (Logroño, 1982), respectivamente nas p.392, 376-8 e 478. A caracterização dos atos de Rodrigo como o de um "livre-atirador" (*maverick*, em inglês) é de Roger Wright, em sua discussão sobre *Carmen Campi Doctoris*. Sobre a Aljafería de Saragoça, ver *La cultura islámica en Aragon*, editada por J. L. Corral Lafuente (Saragoça, 1986). Os versos de al-Muqtadir foram retirados de *La poésie andalouse en arabe classique au XIe siècle*, de H. Pérès (2.ed., Paris, 1953), p.152. A aquisição de Caserras por Arnal Mir de Tost encontra-se registrada no *Liber Feudorum Maior*, editado por F. Miguel Rosell (Barcelona, 1945), v.1 n.151, 152. O testamento do conde Gonzalo Salvadoréz foi publicado na *Colección Diplomática de San Salvador de Oña*, editada por J. del Alamo (Madri, 1950), n.77.

O biógrafo de Rodrigo (Capítulo 24) nos conta que seu personagem permaneceu a serviço de al-Musta'in "por nove anos": assim como outros comentadores, concluí que isso se deve a um erro do copista, que escreveu "anos", em vez de "meses".

10 A invasão almorávida

Uma fonte adicional, que dá algumas informações sobre a campanha valenciana de 1092, de Afonso VI, é a *Historia de al-Andalus*, de Ibn al-Kardabus, traduzida por F. Maíllo Salgado (Madri, 1986). As demais fontes são as listadas na bibliografia do Capítulo 7: 'Abd Allah e Ibn 'Alqama são especialmente importantes.

Ao esboçar os acontecimentos no Magreb, vi utilidade nas seguintes obras: *Les Touareg au pays du Cid*, de J. Béraud-Villars (Paris, 1946); *The Golden Trade of the Moors*, de E. W. Bovill (2.ed., Oxford, 1970); *Medieval Muslim Government in Barbary, Until the Sixth Century of the Hijra*, de J. F. P. Hopkins (Londres, 1958); *Islam d'Occident*, de E. Lévi-Provençal (Paris, 1948); "New evidence on the life of Abdullah b. Yasin and the origins of the Almoravid movement", de H. T. Norris, em *Journal of African History* 12 (1971); "Nouvelles orientations des Berbères d'Afrique du nord (950-1150)", de R. le Tourneau, in *Islamic Civilisation 950-1150*, editado por D. S. Richards (Oxford, 1973); *A History of Islam in West Africa*, de J. S. Trimingham (Oxford, 1962). *Saints of the Atlas*, de E. Gellner (Londres, 1969) é um trabalho de antropologia social, mais que de história, mas é um livro fascinante que contém *insights* que os historiadores não deveriam ignorar. *Journal of a Tour in Morocco and the Great Atlas*, de J. D. Hooker e J. Ball (Londres, 1878), foi um achado que fiz por acaso, durante uma operação de limpeza das prateleiras da Biblioteca do Condado de North Yorkshire: essa foi uma expedição botânica, liderada pelo célebre botânico Sir Joseph Hooker, de Kew (1817-1911), tendo ocorrido antes que o interior de Marrocos fosse aberto aos visitantes europeus; a formação científica de seus integrantes, que os predispunha a observações e descrições exatas, faz que sua descrição da sociedade, e não apenas da flora de Marrocos tenha grande valor. Um outro achado ao acaso foi *The Pilgrimage of Ahmad, Son of Little Bird of Paradise*, traduzido por H. T. Norris (Warminster, 1977): uma história notável. Como muitos outros ingleses que viajaram pelo Marrocos, fiquei fascinado por *Lords of the Atlas*, de Gavin Maxwell (Londres, 1966), e devo à sua bibliografia ter-me encaminhado a curiosidades literárias deliciosas, tais como *Seventy-one days' camping in Morocco*, de Lady Grove (Londres, 1902).

Sobre Ibn Hawkal, ver as referências do Capítulo 2. O rei inglês citado foi Ealdred, neto de Alfredo, que morreu em 955; seu testamento encontra-se traduzido em *English Historical Documents*, de D. Whitelock, v.1 (2.ed., Londres, 1979), n.107. A. MacKay e M. Benaboud discutem "The authenticity of Alfonso VI's letter to Yusuf b. Tasufin", em *Al-Andalus,* 43 (1978). Sobre a carreira de Sisnando Davídez, ver García Gómez e R. Menéndez Pidal, "El conde mozárabe Sisnando Davídez y la política de Alfonso VI con los taifas", *Al-Andalus,* 12 (1947). *Trial by Fire and Water. The medieval judicial ordeal*, de R. Bartlett (Oxford, 1986) discute o julgamento por combate citado no Capítulo 6. O lamento de al-Mu'tamid foi retirado de *Hispano-Arabic Poetry*, de A. R. Nykl (Baltimore, 1946). Sobre Valência, ver *Historia musulmana de Valencia*, de A. Huici Miranda (Valência, 1969), que corrige Menéndez Pidal em diversos pontos, mas que, ele próprio, nem sempre é confiável.

11 O príncipe de Valência

Dentre as fontes, Ibn 'Alqama e Ibn Bassam são as mais importantes. O *Poema de mio Cid* é citado na tradução em versos de W. S. Merwin (ver Capítulo 1 e referências). As cartas de concessão pelas quais o Cid e Doña Jimena fizeram doações à Catedral de Valência constam dos apêndices de *La España del Cid*, de

Menéndez Pidal. O tratado de Ibn 'Abdun sobre a administração de Sevilha foi traduzido sob o título *Sevilla a comienzos del siglo XII*, por E. García Gómez (Sevilha, 1981). O relato de Reilly sobre o reino de Afonso VI continua a ser indispensável. Sobre os negócios aragoneses, ver *Colección diplomática de Pedro I de Aragón y Navarra*, de A. Ubieto Arteta (Saragoça, 1951).

12 Meu Cid de Vivar

The Making of the "Poema de mio Cid", de Colin Smith (Cambridge, 1983), trata de maneira extremamente estimulante o seu tema. *El Poema de mio Cid: realidad histórica y ideologia*, de M. E. Lacarra (Madri, 1980) é quase tão bom.

Sobre a história política do reino de Leão e Castela no século XII, ver *The Kingdom of Léon-Castilla under Queen Urraca 1109-1126*, de Bernard F. Reilly (Princeton, 1982); *Alfonso VII, emperador: el imperio hispánico en el siglo XII*, de M. Recuero Astray (Leão, 1979); e *El reino de Castilla en la época de Alfonso VIII*, de J. González (Madri, 1960). O poema sobre a conquista de Almería encontra-se na *Chronica Adefonsi Imperatoris*, editada por L. Sánchez Belda (Madri, 1950). O trabalho mais recente sobre o desenvolvimento das crônicas vernáculas é *Epic and Chronicle: the "Poema de mio Cid" and the "Crónica de Veinte Reyes"*, de B. Powell (Londres, 1983). Há muita coisa de enorme interesse a ser encontrada em *Epic Poetry and the Clergy: Studies on the "Mocedades de Rodrigo"*, de A. D. Deyermond (Londres, 1969).

Sobre a acidentada história de Cardeña, o estudo de Moreta Velayos, citado na bibliografia do Capítulo 5, pode ser consultado. Sobre as atividades literárias de seus monges, ver o artigo seminal de P. E. Russell, "San Pedro de Cardeña and the heroic history of the Cid", *Medium Aevum 27* (1958) e as demais pesquisas de Colin Smith, em "The diffusion of the Cid cult: a survey and a little-known document", *Journal of Medieval History, 6* (1980); "*Leyendas de Cardeña*", *Boletín de la Real Academia de la Historia* (1982) e "Historiadores de Cardeña", *Studia in honorem M. de Riquer* (Barcelona, 1987).

Ramón Menéndez Pidal ainda não foi tema de uma biografia completa. Na ausência de um tal trabalho, vi utilidade no seguinte: *Menéndez Pidal*, de C. Conde (Madri, 1969); "La utilización del Cid de Menéndez Pidal en la ideologia militar franquista", de M. E. Lacarra, em *Ideologies and Literature 3* (1980); *Ramón Menéndez Pidal*, de S. Hess (Boston, 1982).

Genealogias

Famílias reais de Leão e Castela e de Aragão

A genealogia encontra-se muito simplificada.
Deve-se ter em mente que o reino de Navarra foi dividido entre os reis de Castela e Aragão após o assassinato de Sancho IV, em 1076.

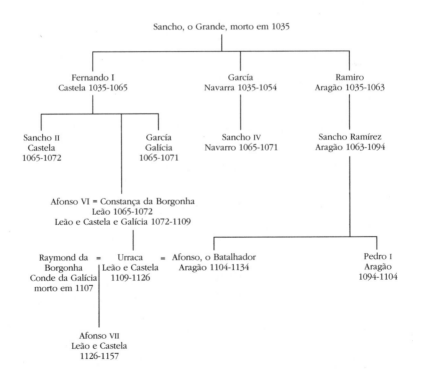

Governantes da *taifa* de Valência

Os que governaram Valência estão indicados em maiúsculas.

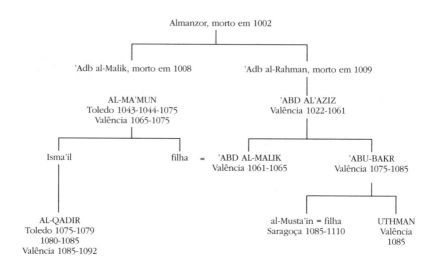

Os Banu Hud de Saragoça

A genealogia encontra-se muito simplificada.
Os que governaram Saragoça estão indicados em maiúsculas.

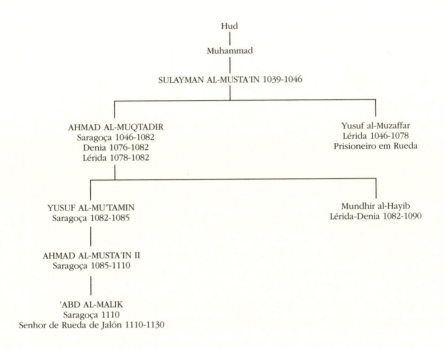

Índice remissivo

'Abd Al-Aziz, rei de Valência, 45-7, 56, 175, 225-7, 281

'Abd Allah, rei de Granada, 43, 45, 56-9, 95, 131, 176-7, 182, 202-8, 214-7, 230

'Abd al-Malik, filho de Almanzor, 40, 45, 49, 281

'Abd al-Malik, rei de Valência, 173, 281

'Abd al-Rahman I, amir de Córdoba, 28

'Abd al-Rahamn III, califa de Córdoba, 34-7, 39-41, 48, 69-71, 74, 82-3

Abu Bakr, rei de Valência, 173, 181, 189, 281

Adelelm, 98

Afonso I, rei de Aragão, 112, 128, 246, 249, 252, 280

Afonso III, rei de Astúrias e Leão, 64, 72, 78, 120, 126

Afonso V, rei de Leão e Castela, 120, 168

Afonso VI, rei e imperador de Leão e Castela, 48-50, 56-7, 86, 90, 95, 98-9, 111-3, 121-4, 128, 132, 135, 159, 162-71, 173-93, 197, 204-20, 228, 236, 246-50, 253-5, 257, 261

Afonso VII, rei e imperador de Leão e Castela, 13, 50, 248, 251-6, 258, 280

Afonso X, rei de Castela, 133, 257-61

al-Andaluz, 21-41

Albarracín, 46, 55, 59, 207, 216, 235

Alberite, 129, 217

Alcalá, 38, 179

Alcira, 220, 240

Aledo, 191, 209-13, 220

Alexandre II, papa, 112

Almanzor (al-Mansur) 36, 39-41, 44, 58, 71, 77, 90, 120, 281

Almenar, 123, 125, 185, 212

Almenara, 233-4, 240, 242

Almería, 13, 34, 55, 59, 208, 214, 232, 247-9, 252, 255

almorávidas, 60, 128, 132, 192-3, 195-220, 227-32, 235-6, 242-8, 253, 256

Alpuente, 46, 216, 231

Alvar Fáñez, 191, 215, 243, 250-3, 260

Améyugo, 87-8

Arlanza, monastério de, 90, 93, 153

astrolábio, 75-6

astrologia, 58-9

Ávila, 93

Badajoz, 34, 44, 49, 95, 157, 160, 174-5, 192, 219, 228

Bairén, batalha de, 232, 240, 249

Barbastro, 112, 155, 188
bascos, 24, 26, 65-6, 83
Benicadell, 218, 231
berberes, 23, 27-30, 40, 197, 200, 226
Berenguer Ramón, conde de Barcelona, 122, 182-5, 207, 210, 212-3, 217, 228, 234, 253
Berlangas, monastério de, 84, 90
Bernard, arcebispo de Toledo, 98, 202-3, 241
Bohemond de Taranto, príncipe de Antioquia, 109, 114, 130, 249
Burgos, 19, 88-90, 98-9, 136, 149, 151, 162, 164, 166-8, 205, 247, 253-4, 259, 262
Burriana, 211, 213, 227

Cabra, batalha de, 176-7
Calahorra, 66, 69, 71, 129, 186, 236
Cardeña, monastério de, 19, 84, 86, 89-92, 129, 162, 164, 168, 247, 253, 257-9
Carlos Magno, 65-6, 81, 121, 127
Carmen Campi Doctoris, 122-4, 150, 156, 159, 177, 183-4, 250
Carrión, monastério de, 97-8, 126
Castela, 81-100
Castrogeriz, 85-6
Catalayud, 38, 250
Cebolla, 207, 213, 218, 242
Ceuta, 23, 201
Canção de Rolando, 18, 76, 265
Cluny, monastério de, 78, 97-8, 168, 173, 197, 203, 259
Codera, Francisco, orientalista espanhol, 266
Coimbra, 38, 94, 164, 202, 244
Compostela, *ver* Santiago de Compostela
Constança de Borgonha, rainha, mulher de Afonso VI, 98, 112, 203, 206, 215, 281
Córdoba, 28-9, 33-41, 46-8, 69-71, 73, 77, 84, 90, 131, 172-3, 214, 257
Cória, 38, 174, 201, 243
Covarrubias, monastério de, 87, 90-2

Cristina, filha do Cid, 236, 247
Cuarte, batalha de, 229-30, 232, 238
Cuenca, 48-9, 174
Cullera, 222, 232, 243

Denia, 33, 46, 50, 58, 106, 127, 131, 181-2, 185, 207-10, 218, 223, 231, 240
Diego, filho do Cid, 236, 243
Domingos, São, abade de Silos, 87, 92-3, 121, 151, 179, 208
Dozy, Reinhardt, orientalista holandês, 263-4, 266

Elche, 127, 209, 213
Escarp, 183
escravos, comércio de, 35-6, 40, 44, 88, 110, 200, 235
exílio, 107, 111-2, 124, 152, 171-92

Fernando I, rei de Leão e Castela, 79, 86, 89, 93, 97-8, 120, 150, 153, 155-9, 171, 175, 186, 202, 281
Fernán González, conde de Castela, 82, 84-6, 89-90

Gana, 195-6
García, rei da Galícia, 157, 159, 281
García III, rei de Navarra, 79, 150, 236, 281
García Fernández, conde de Castela, 83-5, 87-90
García Ordóñez, conde de Nájera, 123, 167, 176-9, 186, 188, 205, 210, 217
García Sánchez, conde de Castela, 91
Gênova, 113, 216, 234
Gerbert de Aurillac, 75
Gerona, 49, 67, 184
Gómez, bispo de Burgos, 92-4
Gonzalo Salvadoréz, conde de Lara, 97, 186
Gormaz, 38, 178, 205
Granada, 32-4, 44-7, 59, 132, 191, 213, 215
Graus, batalha de, 155-6, 182

Gregório VII, papa, 99, 110, 112, 184, 191

al-Hakam II, califa de Córdoba, 36, 39, 49, 74

al-Hayib, rei de Lérida e Denia, 181-3, 187, 207-10, 212, 283

Historia Roderici, 19, 124-30, 150, 157, 160-2, 166, 175-6, 178-9, 182-3, 185-9, 205, 210-15, 218-19, 228, 231, 234, 237, 241, 254, 269

Hudidas, família dos, *ver* Saragoça

Huesca, 155, 227, 231

Hugo, Santo, abade de Cluny, 98, 197, 203

Ibn 'Abdun, 76, 225-6

Ibn 'Alqama, 131, 133, 218, 228, 238-9

Ibn 'Ammar, 52-5, 58, 239

Ibn Bassam, 131, 151, 177, 188-9, 202, 238, 244, 263

Ibn Hawkal, 30-5, 196-7

Ibn Hayyan, 69

Ibn Jahhaf, 218-9, 227, 238, 240

Ibn Tahir, rei de Múrcia, 56, 131, 239

Isidoro, Santo, bispo de Sevilha, 25, 97, 120, 125-6, 157

Játiva, 35, 218, 231-3

Jerónimo, bispo de Valência e Salamanca, 19, 134, 241-2, 245, 249, 250-3, 255, 260

Jimena, mulher do Cid, 126, 128,166-8, 178-80, 221-2, 245, 247-8, 253, 257, 261

judeus, comunidades na Espanha, 26, 28-30, 59, 74, 89, 189-90, 225, 239

Kairouan, 23, 198

Leão, 63-5, 72, 78, 94, 97, 120-1, 151, 157, 159-63, 247

Lérida, 182, 207

Lévi-Provençal, Evariste, orientalista francês, 38, 132

Liria, 207, 213, 215, 223

Lisboa, 34, 37, 131, 228

liturgia, mudanças, 98-9

Logroño, 129, 217

Machado, Antonio, poeta, 267

Magreb, 23, 28, 40, 197-200, 256

al-Ma'mun, rei de Toledo, 48-51, 159, 171-2, 180, 282

al-Mansur, *ver* Almanzor

marfim, 48

Maria, filha do Cid, 236, 247

Marraquesch, 199-200, 204

Marrocos, *ver* Magreb

Medinaceli, 38, 72, 156, 179, 251

Menéndez Pidal, Ramón, acadêmico espanhol, 15, 20, 128, 133-4, 162, 166, 211, 237, 251, 254, 264-8

mercenários, tropas de, 14, 35, 39-40, 57, 77, 86, 96, 103-6, 110, 210, 213, 255

Miranda de Ebro, 87, 89, 151, 210

moçárabes, cristãos, 29, 64, 69, 73, 84, 120, 190, 208, 240-1

Montecassino, monastério de, 98, 130

Monzón, 183, 187, 216, 236

Morella, 187, 215

al-Muqtadir, rei de Saragoça, 95, 111, 155, 173, 180-1, 185, 283

Múrcia, 32, 46, 55, 70, 191, 208-9, 217, 239

Murviedro, 207, 222, 232-8, 240-2, 249

Musa, 24-6

al-Musta'in, rei de Saragoça, 189, 191, 205, 210-2, 216, 234, 283

al-Mu'tamid, rei de Sevilha, 55, 172-5, 190-1, 200-1, 204, 208, 214

al-Mu'tamin, rei de Saragoça, 50, 58, 125, 181-9, 283

al-Mutawakkil, rei de Badajoz, 174, 190, 201, 219, 228

Nájera, monastério de, 126, 129, 186
Navarra, 65-6, 69-72, 78 *e ver* García III, Sancho IV
Numância, 81, 267

Olocau, 187, 218, 231, 238
Oña, monastério de, 90-1, 93, 97, 135, 186, 259
Orderic Vitalis, cronista anglo-saxão, 106-7, 249
Osma, 49, 92, 266
ouro, 31, 76-7, 96-100, 195-7
Oviedo, 63, 65, 120, 164-5, 248, 258

Palencia, 48-9, 248
Pamplona, 49, 65-6, 71, 81
Pancorbo, 87, 167
parias, 95-8, 157-8, 168, 171, 173, 176, 190, 201, 207-10, 213, 215-6, 248, 259
Pedro I, rei de Aragão, 188, 216, 227, 232, 235-6, 244, 281
Pedro Ansúrez, conde de Zamora, 112, 161, 167, 203
Pedro, o Venerável, abade de Cluny, 73, 258
Per Abbat, 253-4
peregrinação, peregrinos, 69, 77, 81, 87, 93, 98, 106, 112, 240
Pisa, 113, 216, 234
Poema de mio Cid, 18-20, 132, 149, 180, 211, 221, 237, 244, 251-7, 262-8
poesia, hispano-árabe, citações, 50-7, 174, 181, 200-2, 214-5, 222, 224-5, 237, 240
Polop, 127
Primera crónica general, 133, 230, 237, 268

al-Qadir, rei de Toledo e Valência, 173-5, 178-9, 189-91, 201, 207, 210, 213, 215, 218, 231, 238, 282

Ramiro I, rei de Aragão, 79, 155-6, 182, 281
Ramiro de Navarra, 186-7, 236

Ramiro, genro do Cid, 236, 244
Ramón Berenguer III, conde de Barcelona, 186, 236, 244, 247
Raymond de Borgonha, conde da Galícia, 206, 244, 281
reconquista, idéias sobre, 14, 72, 257, 259
Requena, 207-8
Ripoll, monastério de, 75, 122, 124, 159, 183-4, 250
rixas, 92, 106
Rodrigo Díaz, *El Cid, Campeador*,
   a serviço de Afonso VI, 162-8, 174-7
   a serviço de Sancho II, 157-62
   casamento com Jimena, 166-8 *e ver* Jimena
   cerca e toma Valência, 218-9
   chamado de volta do exílio, 189, 204-6
   comparado com Ibn Ammar, Bohemond e Tancred, 55, 114, 130
   derrota o conde de Barcelona, 182-3, 210-1
   derrota os almorávidas, 227-9
   desenvolvimento das lendas sobre, 14-5, 249-69
   exílio por Afonso VI, 178-9
   fontes para a vida cotidiana de, 119-37
   governo em Valência, 229-44
   morte de, 13, 244, 258, 260
   referências incidentais, 39, 58, 68, 78, 99, 109
   relações com os reis hudidas de Saragoça, 46, 56, 180, 189, 205, 210-2, 216-8
   relações posteriores com Afonso VI, 207, 209, 214-7, 236
   seu cavalo, Babieca, 129, 260-1
   seus filhos, 180, 221, 236-7, 247, 251-2 *e ver* Diego, Cristina e Maria
   vida familiar e juventude, 150-6
Rolando, 66, 259
Roncesvalles, 66, 81, 259
Rueda, 181, 185-6, 235

Sagrajas, batalha de, 192, 204, 216

Sahagun, monastério de, 71, 98, 203

Salamanca, 19, 68, 134

Sancha, rainha, mulher de Fernando I, 94, 97, 120, 159

Sancho, conde de Castela, 77-8, 83, 91

Sancho II, rei de Castela, 85, 89, 123, 135-6, 151, 153, 155-62, 167-8, 177, 186, 259, 281

Sancho, *el Mayor*, rei de Navarra, 78, 89, 98, 281

Sancho IV, rei de Navarra, 95, 111, 159, 173, 177, 181, 186, 188, 281

Sancho Ramírez, rei de Aragão, 112, 159, 182-3, 187, 210, 216, 227, 281

San Juan de la Peña, monastério de, 78

Santarém, 131, 228

Santiago de Compostela, 69, 71, 77, 81, 87, 93, 98, 106, 110, 112, 160, 163, 248, 259

Saragoça, 27, 32, 34, 38, 43-6, 50, 55-6, 59, 70-1, 76, 95, 111-2, 124, 128, 152, 155, 157-9, 175, 181-92, 201-2, 205, 212, 216-8, 235, 283

seda, tecidos de, 34, 49, 96

Sepúlveda, 83, 86

Sevilha, 34-7, 43-4, 46-7, 52-6, 59, 76, 95, 131, 157, 159, 175-7, 190, 201, 214, 225, 257

Sigüenza, 179, 251

Silos, monastério de, 87, 90, 168, 179

Silves, 46, 52, 55

Sisebut, abade de Cardeña, 93, 180, 251-3

Sisnando Davídez, 164, 175, 186, 202-3, 244

Soria, 38, 81, 267

taifa, estados, 43-60 *e ver também os estados específicos, como* Badajoz, Denia, Sevilha, Toledo, Valência *etc.*

Tamarite, 125, 183

Tancred de Antioquia, 130

Tânger, 23, 199, 201

Tarik, 24-6

Tévar, batalha de, 211-3, 252

Toledo, 24-6, 33-4, 44, 48-9, 57-8, 75, 95, 112, 157, 159-60, 171-3, 178, 189-91, 201, 209-10, 213, 215, 228, 244, 250, 252, 254

Tortosa, 37, 44, 70, 113, 182, 187, 217

traduções do árabe, 74-5

tributos, ver *parias*

Tudela, 46, 70, 187, 206, 217

Urbano II, papa, 105, 110, 113, 197, 203, 242

Urgel, 67, 77, 112, 210

Urraca, rainha de Leão e Castela, 163, 206, 247-8, 281

Valência, 13-4, 19, 32-3, 44-6, 56, 59, 70, 95, 115, 124-8, 131, 134, 152, 157, 173, 191, 201, 207, 213, 216-20, 221-45, 252

vendeta, 108, 111

Vich, 67, 77, 184

Visigodos, reis, 24-6, 63-6, 72, 85, 126, 203

Vivar, 149, 254, 262

Wilfredo, o Cabeludo, conde de Barcelona, 67, 75

Yusuf, líder almorávida, 132, 198-201, 204, 207-8, 213-4, 217-9, 227, 234, 245, 255

Yusuf al-Muzaffar, rei de Lérida, 111, 181, 185-6, 283

Zamora, 68, 160-2, 167

SOBRE O LIVRO

Formato: 16 x 23 cm
Mancha: 28 x 50 paicas
Tipologia: Gatineau 10,5/14,5
Papel: Pólen soft 80 g/m² (miolo)
Cartão Supremo 250 g/m² (capa)
1ª edição: 2002

EQUIPE DE REALIZAÇÃO

Coordenação Geral
Sidnei Simonelli

Produção Gráfica
Anderson Nobara

Edição de Texto
Nelson Luís Barbosa (Assistente Editorial)
Renato Potenza (Preparação de Original)
Nelson Luís Barbosa e
Ana Luiza Couto (Revisão)
Gilson Ferraz (Índice Remissivo)

Editoração Eletrônica
Lourdes Guacira da Silva Simonelli (Supervisão)
Cia. Editorial (Diagramação)

Impressão e Acabamento

GEOGRÁFICA
editora